저자 자신이 선조 연간에 직접 견문한 이야기 위주의 서술
과거 시험 및 일반 政事, 제도, 풍속, 詩話, 설화 등을 수록
조선 중기의 상층 문화 이해하는 데 참고가 되는 문헌

청천당 심수경 견한잡록

聽天堂 沈守慶 遣閑雜錄

沈守慶 원저 · 申海鎭 역주

머리말

이 책은 임진왜란과 정유재란이 있었던 시기를 포함하는 1591년부터 1599년까지 8년에 걸쳐서 청천당(聽天堂) 심수경(沈守慶, 1516~1599)이 저술한 《견한잡록(遣閑雜錄)》을 번역하였다. 심수경이 늙바탕에 전란을 겪으면서 자신의 살아온 삶에 대한 회상과 살아남은 자의 회한을 살펴볼 수 있는 자료로 여겼기 때문이다

이 문헌은 현재 목판본이나 활자본으로 전해지지 않고 필사본으로만 여러 기관에서 전해지고 있는데, 서울대학교 규장각한국학연구원 소장 필사본을 번역텍스트로 삼았다. 《대동야승》의 권13에 실린 것이다. 또한 홍만종(洪萬宗)이 편한 《시화총림》의 권2에 실린 이본도 있어 참고할 수 있다.

이 《견한잡록》은 곽열(郭說, 1548~1630)의 《서포집(西浦集)》, 심희수(沈喜壽, 1548~1622)의 《일송집(一松集)》, 장유(張維, 1589~1638)의 《계곡만필(谿谷漫筆)》, 이수광(李睟光, 1563~1628)의 《지봉유설(芝峯類說)》 등에서 이미 언급된 것을 고려하건대, 심수경 사후 곧바로 많은 문인들에 의해 읽혀졌음을 알 수 있다.

《견한잡록》은 주로 시화(詩話)를 중심으로 다루고 있는데, 작자 자신의 시를 포함하고 있어 기존의 시화집과는 그 유를 달리하고 있다. 그래서 "시평(詩評)을 중심으로 한 것이 아니고 개인적인 생활상을 중심으로 저자와 직접 관계있는 이야기를 쓴 일종의 체험기"라는 평가를

받고 있으며, 또한 자전적이고 개인 중심적인 성격의 글인 점에서 "자신의 화려한 벼슬 경력과 시문에 대한 재능을 기록하려는 의도가 내재해 있다."라고 평가되기도 한다.

심수경은 《견한잡록》에 편모슬하에서 자랐고, 고령의 나이에 득남했으며, 기생과 시를 주고받으면서 교유했던 일 등 개인사적 체험을 기록하고 있지만, 대부분 '과거(科擧), 장원'을 위주로 화제를 삼아 '관직'을 더하고 게다가 '장수(長壽)'까지 더하여 화제가 확장되면서 자신이 살아온 삶에 대한 자부심을 드러내고 있다.

그에 따라 자연스럽게 과거에 관한 내용이 많아질 수밖에 없었겠지만, 그렇더라도 심수경의 특별한 관심을 엿볼 수 있는 것이라 하겠다. 과거에 급제한 사람, 과거 시행에 얽힌 내력, 과거를 치르는 데에 생긴 병폐, 자신이 치른 과거에 관한 보고 등을 다루고 있기 때문이다.

한편, 함께 수학하고, 급제하고, 사귀고, 관직 생활을 같이하고 했던 이들이 유명을 달리하는 데서 오는 안타까움과 슬픔도 드러내었으니 바로 '사마방, 동년방 동기들', '기로회, 동갑회 인사들', '독서당 동료들'과의 추억이다. 이는 그 인원과 나이가 유달리 구체적이고 반복적으로 기술된 이면의 감정이었을 것이다.

이뿐만 아니라, 정월 초하루에는 도소주(屠蘇酒)를 마신다는 것과 설·한식·단오·추석 등 단편적이기는 하지만 풍속을 기록하고 있으며, 또한 시를 창작하는 데에 얽힌 이야기를 다루면서 다양한 시인들을 대상으로 삼고 있다. 서자, 사대부가의 아내 및 첩 등 문장에 자질이 있으면 신분을 가리지 않고 기록되어 있다. 특히 송순(宋純)의 〈면앙정가(俛仰亭歌)〉 및 〈만고가(萬古歌)〉 같은 국문시가에 관한 것도 포함되어 있다. 이렇듯 다양한 영역을 다루어 언급하고 있어 《견한잡록》의 성격을 명확하게 규정하기 어렵다.

그런데 《견한잡록》의 어떠한 조목에서도 당시 전란과 관련하여 구체적으로 그 상황이 언급되지 않은 것은 그가 임진왜란 당시 건의대장(建義大將)으로서 의병 활동을 한 인물로 알려져 있다는 점과 배치되는 것이라서 정치하게 주목할 필요가 있다.

심수경의 본관은 풍산(豐山), 자는 희안(希安), 호는 청천당(聽天堂)이다. 남곤(南袞), 홍경주(洪景舟) 등과 모의하여 기묘사화를 일으킨 후 정권을 장악하여 좌의정에까지 오른 심정(沈貞, 1471~1531)의 손자이다. 심정은 권력경쟁자였던 김안로(金安老)에게 패배하여 강서(江西)로 귀양갔다가 신묘삼간(辛卯三姦)으로 지목되어 사사된 인물이다. 1523년 비변사 낭관이 되어 서북면 야인 정벌에 공을 세운 후, 1528년 만포진 첨절제사(滿浦鎭僉節制使)가 되어 변방을 지키다가 야인의 기습을 받아 살해된 심사손(沈思遜, 1493~1528)의 첫째 아들이다. 심사손은 심정의 둘째 아들이다. 이렇듯 심수경은 13세 때 부친의 죽음을 겪어야 했고, 16세 때 조부 사사 사건을 목도해야만 했었으니, 홀어머니의 훈육이 무엇보다도 중요하였다. 그의 어머니는 이예장(李禮長)의 딸 경주이씨(慶州李氏, 1493~1578)이다.

1543년 진사시에 장원으로 합격하고, 1546년 식년문과에 장원으로 급제하여 본격적인 벼슬의 길로 들어섰으니, 1547년 봄에 사간원 정언이 되고, 겨울에 호조좌랑과 홍문관 부수찬을 역임하였다. 1548년 봄에 사가독서(賜暇讀書)를 하였다. 1551년 이조정랑으로 왕명을 받아 관서지방을 순시하였는데, 이때 평양 기생 동정춘(洞庭春)과 인연을 맺고 시를 지어주기도 했다. 1553년 봄에 홍문관 응교로 자리를 옮겼다가 그해 겨울에 모친의 봉양을 위해 부평부사(富平府使)로 자청하여 나갔다. 1555년 직제학에 올랐고, 호남에 침범한 왜구의 토벌작전에 참여하기도 하였다. 1558년 우승지와 좌승지를 거쳐 평안도 병마절도사를 지냈으며, 1559년 충청도 관찰사로, 1560년 전라도 관찰사로 나갔다. 이때 병이 났는데, 전주 기생 금개(今介)가 지극히 간호하였고 헤어질 때 심수경이 시를 지어주기도 했다. 1561년 경기도 관찰사를 거쳐 1563년 경상도 감사로 나갔다가 겨울에 평안도 관찰사로 또 나갔다. 1567년 안변부사로 나갔다가, 1568년 함경도 병마절도사로 전임되었으며, 1569년 함경 감사가 되었다. 1574년 한성부 판윤, 형조판서, 1583년 병조판서, 1584년 좌참찬, 1586년 우참찬, 1588년 우찬성, 1590년 우의정이 되고, 곧 기로소(耆老所)에 들어갔다.

항상 벼슬에서 물러나고자하는 마음을 품고서 70세 이후 여러번 사직할 것을 원했으나 받아들여지지 않자, 조정에 출사를 거르거나 출사를 거부하고 마을의 노인들과 어울려 시를 쓰고 술마시며 활, 바둑 등으로 노년을 소일하였다. 81세였던 1596년에 이르러 비로소 사직이 받아들여져 벼슬을 그만 두고 경기도 과천으로 은퇴하였다가 1599년 세상을 떠났다.

심수경은 평생토록 할아버지 심정의 죄과가 자신의 허물인양 따라다녔을 것으로 짐작되는데, 그에 따라 그는 스스로 처신에 극도로 근신하였던 까닭에 오랜 벼슬살이에서도 큰 변고나 어려움을 겪지 않고 비교적 순탄한 삶을 살았던 것으로 보인다. 이러한 점도 고려하면서 이 책을 읽으면 좋을 듯하다.

한결같이 하는 말이지만 나름대로 최선을 다하고자 했다. 그러함에도 불구하고 여전히 부족할 터이니 대방가의 질정을 청한다. 끝으로 편집을 맡아 수고해 주신 보고사 가족들의 노고와 따뜻한 마음에 심심한 고마움을 표한다.

2024년 4월 빛고을 용봉골에서

신해진

차례

일러두기

이 책은 다음과 같은 요령으로 엮었다.

01. 번역은 직역을 원칙으로 하되, 가급적 원전의 뜻을 해치지 않는 범위 내에서 호흡을 간결하게 하고, 더러는 의역을 통해 자연스럽게 풀고자 했다. 다음의 자료가 참고되었다.
    - 『견한잡록』, 김재두 역, 한국고전번역원, 1971.
02. 원문은 저본을 충실히 옮기는 것을 위주로 하였으나, 활자로 옮길 수 없는 古體字는 今體字로 바꾸었다.
03. 원문표기는 띄어쓰기를 하고 句讀를 달되, 그 구두에는 쉼표, 마침표, 느낌표, 물음표, 작은따옴표, 큰따옴표, 가운뎃점 등을 사용했다.
04. 주석은 원문에 번호를 붙이고 하단에 각주함을 원칙으로 했다. 독자들이 사전을 찾지 않고도 읽을 수 있도록 비교적 상세한 註를 달았다.
05. 주석 작업을 하면서 많은 문헌과 자료들을 참고하였으나 지면관계상 일일이 밝히지 않음을 양해바라며, 관계된 기관과 여러분께 진심으로 감사드린다.
06. 이 책에 사용한 주요 부호는 다음과 같다.
    - (　) : 同音同義 한자를 표기함.
    - [　] : 異音同義, 出典, 교정 등을 표기함.
    - “　” : 직접적인 대화를 나타냄.
    - ‘　’ : 간단한 인용이나 재인용, 또는 강조나 간접화법을 나타냄.
    - 〈　〉 : 편명, 작품명, 누락 부분의 보충 등을 나타냄.
    - 「　」 : 시, 제문, 서간, 관문, 논문명 등을 나타냄.
    - 《　》 : 문집, 작품집 등을 나타냄.
    - 『　』 : 단행본, 논문집 등을 나타냄.
    - ◇ : 초서원고본에는 있으나 석인본에는 없을 때.
07. 이 책과 관련된 안내 사항과 논문은 다음과 같다.

- 강성규, 「심수경의 《견한잡록》에 나타난 자기서사적 양상」, 『고전과 해석』 28, 고전문학한문학연구회, 2019.
- 박종우, 「청천당 심수경의 시 세계 연구」, 『한국인물사연구』 21, 한국인물사연구회, 2014.
- 김준형, 「《견한잡록》 해제」, 『연세대학교 중앙도서관 소장 고서해제』 Ⅲ, 연세대학교 국학연구원, 평민사, 2005.
- 박수천, 「심수경의 《견한잡록》과 시문학」, 『한국한시작가연구』 5, 한국한시학회, 2000.
- 한혜경, 「16세기 잡록 연구 : 〈음애일기〉〈용천담적기〉〈견한잡록〉을 대상으로」, 『한국고전연구』 6, 한국고전연구학회, 2000.
- 정주환, 「《견한잡록》의 연구」, 『원광한문학』 1, 원광한문학회, 1984.

견한잡록

遣閑雜錄

번역과 원문

01. 문과 과거에 잇따라 장원한 자들

우리 왕조의 과거에서 잇따라 장원한 자는 거의 없으나, 정인지(鄭獜趾: 鄭麟趾의 오기)는 급제(及第: 식년 문과, 1414)와 중시(重試: 승진 특별시험, 1427)에서 장원하였으며, 남계영(南季瑛)은 생원시(生員試: 1423)와 급제(及第: 친시 문과, 1427)에서 장원하였으며, 이석형(李石亨)은 같은 해에 생원·진사시(生員進士試: 1441)와 급제(及第: 식년 문과, 1441)에서 장원하고 각기 초시(初試)에서도 모두 장원하였으며, 김수온(金守溫)은 발영시(拔英試: 1466)와 등준시(登俊試: 1466)에서 장원하였으며, 김흔(金訢)은 진사시(進士試: 1468)와 급제(及第: 별시 문과, 1471)에서 장원하였으며, 신종호(申從濩)는 진사시(進士試: 1474)·급제(及第: 식년 문과, 1480)와 중시(重試: 1486)에서 장원하였으며, 배맹후(裵孟厚)는 생원시(生員試: 1462)와 진사시(進士試: 1462)에서 장원하였으며, 김천령(金千齡)은 진사시(進士試: 1489)와 급제(及第: 식년 문과, 1496)에서 장원하였으며, 김극성(金克成)은 생원시(生員試: 1496)와 급제(及第: 별시 문과, 1498)에서 장원하였으며, 김구(金絿)는 생원시(生員試: 1507)와 진사시(進士試: 1507)에서 장원하였으며, 양응정(梁應鼎)은 생원시(生員試: 1540)와 중시(重試: 1556)에서 장원하였으며, 김홍도(金弘度)는 진사시(進士試: 1546)와 급제(及第: 별시 문과, 1548)에서 장원하였으며, 이이(李珥)는 같은 해에 생원시(生員試: 1548)와 급제(及第: 식년 문과, 1564)에서 장원하고 생원시의 초시, 급제의 복시에서도 모두 장원을 하였으며,

정윤희(丁胤禧)는 급제(及第: 알성 문과, 1556)와 중시(重試: 1566)에서 장원하였으며, 강신(姜紳)은 진사시(進士試: 1567)와 급제(及第: 별시 문과, 1577)에서 장원하였으니, 이렇게 하기는 참으로 어려운 일로서 이석형·신종호·이이 같은 경우는 더욱 어려운 것이다.

한 집안으로 급제에서 거듭 장원한 자는 김흔(金訢: 별시 문과, 1471)·김전(金詮: 식년 문과, 1489) 형제와 김흔의 아들 김안로(金安老: 별시 문과, 1506)가 모두 장원하였으며, 김천령(金千齡: 식년 문과, 1496)·김만균(金萬鈞: 별시 문과, 1528)·김경원(金慶元: 별시 문과, 1553)은 3대가 잇따라 장원하였으며, 채수(蔡壽: 식년 문과, 1469)와 그의 사위 김안로·이자(李耔: 식년 문과, 1504)가 모두 장원하였으니, 참으로 드물게 있는 일이다.

우리 왕조에서 다섯 자식이 과거에 합격한 자는 거의 없으나, 그러한 경우 부모가 살아 있으면 쌀을 주고 죽었으면 관작(官爵)을 주는 것이 법도였다. 이예장(李禮長: 식년 문과, 1432)·이지장(李智長: 알성 문과, 1434)·이함장(李諴長: 식년 문과, 1438)·이효장(李孝長: 식년 문과, 1447)·이서장(李恕長: 친시 문과, 1457)은 모두 문과에 합격하였으며, 안중후(安重厚: 친시 문과, 1447)·안근후(安謹厚: 평양별시 문과, 1460)·안돈후(安敦厚: 평양별시 문과, 1460)는 문과에 합격하고 안관후(安寬厚: 식년 문과의 오기, 1447)·안인후(安仁厚: 친시 무과, 1447)는 무과에 합격하였으며, 이기(李芑: 식년 문과, 1501)·이행(李荇: 증광 문과, 1495)·이미(李薇: 알성 문과, 1515)는 문과에 합격하고 이권(李菤: 식년 무과, 1489)·이영(李苓: 식년 무과, 1510)은 무과에 합격하였으며, 윤길(尹晧: 전주별시 문과, 1593)·윤탁(尹晫: 별시 문과, 1594)·윤철(尹瞮: 별시 문과, 1595)·윤순(尹昫: 尹昫의 오기, 별시 문과, 1595)·윤서(尹曙: 별시 문과, 1597)는 모두 문과에 합격하고 4년 안에 잇따라 합격했으니 그 부모가 더욱 훌륭하다.

또 심연원(沈連源: 식년 문과, 1522)·심달원(沈達源: 별시 문과, 1517)·심봉원(沈逢源: 별시 문과, 1537)·심통원(沈通源: 별시 문과, 1537)이 모두 문과에 합격한 데다 심연원은 중시(重試: 1526)에 합격하고 심봉원은 탁영시(擢英試: 1538)에 합격하였는데, 심달원은 일찍 죽었지만 그 아들 심전(沈銓: 식년 문과, 1546)이 또 중시(重試: 1556)에 합격하였으니, 참으로 드문 일이다.

박형린(朴亨鱗: 식년 문과, 1516)·박홍린(朴洪鱗: 식년 문과, 1522)·박종린(朴從鱗: 별시 문과, 1532)·박붕린(朴鵬鱗: 별시 문과, 1533)은 모두 문과에 합격하였으며, 황위(黃瑋: 별시 문과, 1580)·황성(黃珹: 별시 문과, 1572)·황진(黃璡: 별시 문과, 1574)·황찬(黃璨: 알성 문과, 1580)은 모두 문과에 합격하고 황수(黃琇)는 생원시(生員試: 1568)에 합격하였으며, 윤방(尹昉: 식년 문과, 1588)·윤양(尹暘: 별시 문과, 1595)·윤휘(尹暉: 별시 문과, 1594)·윤훤(尹暄: 정시 문과, 1597)은 모두 문과에 합격한 데다 그들의 부친인 전(前) 의정(議政) 윤두수(尹斗壽)가 아직 살아 있으니 비록 다섯 자식은 아닐지언정 또한 어려운 일이다.

○ 國朝科擧, 疊爲狀元者無幾, 鄭獜趾[1]爲及第重試狀元, 南季瑛[2]

---

1 鄭獜趾(정인지): 鄭麟趾(1396~1478)의 오기. 본관은 河東, 자는 伯睢, 호는 學易齋. 1411년 생원시에 합격했고, 1414년 식년문과에 장원으로 급제하여 禮賓寺主簿에 제수되었다. 1427년 문과중시에 장원으로 급제하고 다시 직제학에 승진, 곧 세자시강원좌필선을 겸대한 뒤, 다음해 通政大夫에 오르면서 또다시 부제학에 승진되었다. 좌의정과 영의정부사를 지냈다. 그는 유학과 典故에 밝아 조선 초기의 대표적 유학자의 한 사람으로 추앙되었다.

2 南季瑛(남계영, 1415~?): 본관은 宜寧. 1423년 사마시에 장원 합격하고, 1427년 친시문과에 장원급제하였다. 글을 잘 짓고 학문이 깊어 일찍이 효령대군의 자녀들을

爲生員及第狀元，李石亨[3]一年爲生員進士及第狀元而初試皆壯元，金守溫[4]爲拔英試[5]登俊試[6]壯元，金訢[7]爲進士及第壯元，申從濩[8]爲進士及第重試壯元，裵孟厚[9]爲生員進士壯元，金千齡[10]爲進士及第

가르쳤으며 두보의 시를 즐겨 읽었다.

3 李石亨(이석형, 1415~1477): 본관은 延安, 자는 伯玉, 호는 樗軒. 1441년 생원진사시 두 시험에 합격, 이어 식년 문과에 장원으로 급제해 사간원 정언에 제수되었다. 집현전 응교로 재임한 1447년 문과 중시에 합격하였다. 만년에는 성균관 서쪽에 戒溢亭을 짓고 시문에 전념하였다.

4 金守溫(김수온, 1410~1481): 본관은 永同, 자는 文良, 호는 乖崖·拭疣. 1438년 식년시에서 진사에 합격하고, 1441년 식년 문과에 병과 1위로 급제하여, 正字가 되었다. 1457년 문과 중시에 을과 즉 2등으로 합격하고 첨지중추부사가 되었다. 1466년 拔英試와 登俊試에 모두 장원을 해서, 中樞府判事에 제수되었다가 곧이어 호조판서로 삼았다. 이때 등준시에 합격한 사람으로 강희맹과 노사신도 있었는데 효사정과 관련있는 인물들이다. 예컨대 예조판서 강희맹은 효사정의 기문을 썼고, 노사신은 효사정을 건립한 노한의 손자이다. 효사정은 세종 때 인물인 노한이 어머니를 기리며 머물러 살 던 곳에 세운 정자이다.

5 拔英試(발영시): 1466년 5월 10일 단오절을 맞아 序賢亭에 행차한 세조가 현직 중신과 문무관료를 대상으로 실시했던 重試의 일종.

6 登俊試(등준시): 1466년 8월 세조가 친림하여 제목을 정하고 문신 2품 이하 宗室과 駙馬 가운데 지원자를 대상으로 실시했던 임시 과거.

7 金訢(김흔, 1448~1492): 본관은 延安, 자는 君節, 호는 顔樂堂. 1468년 진사시에 1등으로 합격하고, 1471년 별시 문과에 장원으로 급제하여 성균관 전적이 되었다. 성품은 고결하고 지조가 있었으며 언행이 한결같았다.

8 申從濩(신종호, 1456~1497): 본관은 高靈, 자는 次韶, 호는 三魁堂. 조부는 영의정 申叔舟, 외조부는 영의정 韓明澮이다. 1474년 성균 진사시에 장원을 하고, 1480년 식년 문과에 다시 장원을 하였다. 1486년에 부응교로 있을 때에 또다시 문과중시에 장원하여 禮賓寺副正이 되었다. 마음이 너그럽고 후한 장자의 풍모를 지녔으며, 문장이 힘차고 원숙하여 일가를 이루었고, 시 또한 기묘하고 아름다웠다.

9 裵孟厚(배맹후, 1448~1478): 본관은 金海, 자는 載之, 호는 桂堂. 1462년 생원시와 진사시에 모두 장원하였으며, 그해 별시 문과에 정과로 급제하여 예문관에 들어갔다. 강직한 성품으로 조정의 기강을 바로잡고 불교를 배척하였다.

10 金千齡(김천령, 1469~1503): 본관은 慶州, 자는 仁老. 1489년 진사시에 합격하였고, 1496년 식년 문과에 장원으로 급제하였다. 외유내강하며, 강직한 언사 때문에

壯元, 金克成[11]爲生員及第壯元, 金絿[12]爲生員進士壯元, 梁應鼎[13]爲生員重試壯元, 金弘度[14]爲進士及第壯元, 李珥[15]一年爲生員及第壯元, 生員初試及第覆試皆壯元, 丁胤禧[16]爲及第重試壯元, 姜紳[17]爲進士及第壯元, 此誠難事, 而李石亨·申從濩·李珥尤難也。一家

재상의 비위를 거슬려 중죄를 입기도 하였다.

11 金克成(김극성, 1474~1540): 본관은 光山, 자는 成之, 호는 青蘿·憂亭. 1496년 생원시에 장원하고, 1498년 별시 문과에 장원으로 급제, 전적에 임명되어 宗學司誨를 겸하였다. 비교적 한미한 집안 출신으로서 매사에 신중하고 자세했으며, 세 번이나 예조판서를 지낼 만큼 문학에 뛰어났고 간결하다는 평을 들었다. 그러나 당시 사림과의 관계는 원만하지 못하였다.

12 金絿(김구, 1488~1534): 본관은 光山, 자는 大柔, 호는 自庵. 1507년 생원·진사에 모두 장원을 하고, 1511년 별시문과에 을과로 급제하여 홍문관 정자가 되었다. 글씨에 뛰어나 조선 전기의 4대 서예가의 한 사람으로 꼽힌다.

13 梁應鼎(양응정, 1519~1581): 본관은 濟州, 자는 公燮, 호는 松川. 1540년 생원시에 장원으로 합격하고, 1552년 식년문과에 을과로 급제하여 검열이 되었다. 공조좌랑으로 1556년 중시 문과에 장원으로 급제하여 湖堂에 들어갔다. 시문에 능하여 선조 때 8문장의 한 사람으로 뽑혔으며 효행으로 정문이 세워졌다.

14 金弘度(김홍도, 1524~1557): 본관은 安東, 자는 重遠, 호는 南峯·萊峯. 1546년 진사시에 장원하고, 1548년 별시 문과에 장원하여 경연관이 되었다. 尹元衡에 의하여 甲山으로 유배되었다가 죽었다. 家法을 이어 글씨와 그림에 능했다고 하지만, 남아 있는 작품은 없다.

15 李珥(이이, 1536~1584): 본관은 德水, 자는 叔獻, 호는 栗谷·石潭·愚齋. 1548년 진사시에 합격하였고, 1558년 별시와 1564년 식년시에 장원하였고, 1564년 실시된 文科의 初試·覆試·殿試에 모두 장원으로 합격하여 三場壯元으로 불렸다. 生員試·進士試를 포함해 응시한 아홉 차례의 과거에 모두 장원으로 합격하여 사람들에게 九度壯元公이라고 불리기도 했다. 1573년 직제학, 1581년 대제학을 지냈다.

16 丁胤禧(정윤희, 1531~1589): 본관은 羅州, 자는 景錫, 호는 顧庵·順庵. 1552년 생원·진사양시에 모두 장원으로 합격하고, 1556년 알성문과에 장원하여 홍문관 전적이 되었다. 1566년 문과중시에 다시 장원하여 문명을 떨쳤다. 문장이 뛰어났고, 특히 四六文에 능하여 한때 홍문관과 예문관의 서책을 많이 찬술하였다.

17 姜紳(강신, 1543~1615): 본관은 晉州, 자는 勉卿, 호는 東皐. 1567년 진사시에 장원하고, 1577년 별시문과에 장원으로 급제하였다.

疊爲壯元及第者，金訢[18]·金銓[19]兄弟及訢之子安老[20]皆爲壯元，金千齡[21]·金萬鈞[22]·金慶元[23]連三代爲壯元，蔡壽[24]及女婿金安老·李耔[25]皆爲壯元，誠罕有之事也。國朝五子登科者無幾，其父母生者賜

---

18 金訢(김흔, 1448~1492): 본관은 延安, 자는 君節, 호는 顔樂堂. 1468년 진사시에 1등으로 합격하고, 1471년 별시 문과에 장원으로 급제하여 성균관 전적이 되었다. 성품은 고결하고 지조가 있었으며 언행이 한결같았다. 문장은 율시에 능하였다.

19 金銓(김전, 1458~1523): 본관은 延安, 자는 仲倫, 호는 懶軒·能人. 1472년 진사시에 합격, 1480년 생원시에 합격하였으녀, 1489년 식년 문과에 장원급제하여 예안현감이 되었다. 1513년 조광조 등 신진사림파가 정계에 진출한 이후 급진적인 개혁정책을 펼치자 반대하였다. 金安老의 삼촌이자 영돈녕부사 연흥부원군 金悌男의 증조부이고, 선조의 계비 인목대비의 고조부가 된다. 또한 문정왕후의 남동생인 小尹의 윤원형이 그의 손녀사위였다.

20 安老(안로): 金安老(1481~1537). 본관은 延安, 자는 頤叔, 호는 希樂堂·龍泉·退齋. 1501년 진사가 되었고, 1506년 별시 문과에 장원으로 급제하여 전적이 되었다. 1531년 대제학이 되었다. 1537년 중종의 제2계비인 文定王后의 폐위를 기도하다가 발각되어 중종의 밀령을 받은 尹安仁과 대사헌 梁淵에 의해 체포되어 유배되었다가 곧이어 사사되었다. 우의정, 좌의정을 지냈다.

21 金千齡(김천령, 1469~1503): 본관은 慶州, 자는 仁老. 1489년 진사시에 합격하고, 1496년 식년 문과에 장원으로 급제하여, 전적이 되었다. 청빈한 대간으로 칭송을 받았으나, 1503년 35세로 요절하였다.

22 金萬鈞(김만균, ?~1549): 본관은 慶州, 자는 仲任. 1515년 진사가 되고, 1528년 별시 문과에 장원으로 급제하여 세자시강원 사서가 되었다. 가문은 김천령·김만균·김경원의 3대가 모두 장원급제하였고, 둘째 아들 金明元도 갑과 3인으로 급제하여 당시에 문명을 떨쳤다.

23 金慶元(김경원, 1528~?): 본관은 慶州, 자는 應善. 1553년 별시 문과에 장원급제하였다. 충청도 병마절도사를 지냈다.

24 蔡壽(채수, 1449~1515): 본관은 仁川, 자는 耆之, 호는 懶齋. 1468년 생원시에 합격하고, 1469년 식년문과에 장원하여 사헌부감찰이 되었다. 만년에 벼슬을 버리고 경상도 咸昌(지금의 경상북도 상주)에 快哉亭을 짓고 은거하며 독서와 풍류로 여생을 보냈다.

25 李耔(이자, 1480~1533): 본관은 韓山, 자는 次野, 호는 陰崖·夢翁·溪翁. 1501년 진사가 되었고, 1504년 식년문과에 장원급제하여 사헌부감찰이 되었다. 효도와 우애가 돈독했고 학문과 수양에 정력을 기울였다.

米, 死者贈爵法也。李禮長[26]·智長[27]·諴長[28]·孝長[29]·恕長[30]皆文科, 安重厚[31]·謹厚[32]·敦厚[33]文科, 寬厚[34]·仁厚[35]武科, 李芑[36]·荇[37]·薇[38]文科, 菤[39]·苓[40]武科, 尹咕[41]·晫[42]·瞰[43]·昫[44]·曙[45]皆文科, 四年

---

26 李禮長(이예장, 1406~1456): 본관은 全義, 자는 子文. 1432년 식년 문과에 급제하여 검열이 되었다. 아버지는 한성부윤 李士寬이다.

27 智長(지장): 李智長(생몰년 미상). 본관은 全義. 1434년 알성시 문과에 급제하여 승정원 주서가 되었다.

28 諴長(함장): 李諴長(1410~1467). 본관은 全義, 초명은 誠長, 자는 如神. 1438년 식년 문과에 급제하였다. 예조 참판을 지냈다.

29 孝長(효장): 李孝長(1412~1463). 본관은 全義, 1447년 식년 문과에 급제하여 예문관 대교가 되었다.

30 恕長(서장): 李恕長(1423~1484). 본관은 全義, 자는 子忠. 1457년 친시 문과에서 급제하여 宗簿寺主簿가 되었다.

31 安重厚(안중후, 생몰년 미상): 본관은 順興. 1447년 친시 문과에 급제하여 司憲府持平이 되었다. 安璟의 첫째 아들이다.

32 謹厚(근후): 安謹厚(1415~?). 본관은 順興, 자는 方敬. 1460년 평양별시 문과에 급제하여 성균관전적이 되었다. 安璟의 둘째 아들이다.

33 敦厚(돈후): 安敦厚(1421~1483). 본관은 順興, 자는 可化. 1460년 평양별시 문과에 급제하여 성균관사예가 되었다. 安璟의 넷째 아들이다.

34 寬厚(관후): 安寬厚(1417~1497). 본관은 順興, 자는 栗甫. 1447년 식년시 문과에 급제하여 교서관 부정자가 되었다. 安璟의 셋째 아들이다. 본문에는 무과에 급제한 것으로 되어 있으나, 국조방목에 따르면 오기이다.

35 仁厚(인후): 安仁厚(생몰년 미상). 1447년 식년시 무과에 급제하였다. 충청도 병마절도사를 지냈다. 安璟의 다섯째 아들이다.

36 李芑(이기, 1476~1552): 본관은 德水, 자는 文仲, 호는 敬齋. 李宜茂의 둘째 아들이다. 1501년 식년 문과에 급제하였다. 1545년 좌의정에 오르고 기로소에 들었다.

37 荇(행): 李荇(1478~1534). 본관은 德水, 자는 擇之, 호는 容齋·滄澤漁水·靑鶴道人. 李宜茂의 셋째 아들이다. 1495년 증광 문과에 급제하여 권지승문원부정자가 되었다. 1519년 홍문관 부제학, 1520년 예문관 대제학, 1527년 홍문관 대제학을 지냈다.

38 薇(미): 李薇(1484~1559). 본관은 德水, 초명은 李芃, 자는 子佩, 호는 山北. 李宜茂의 다섯째 아들이다. 1515년 알성 문과에 급제하여 정언이 되었다.

內連登，父母尤奇也。又有沈連源[46]·達源[47]·逢源[48]·通源[49]皆文科，而連源爲重試，逢源爲擢英試，達源早死，其子銓[50]爲重試，誠罕有也。朴亨鱗[51]·洪鱗[52]·從鱗[53]·鵬鱗[54]皆文科，黃瑋[55]·珹[56]·璡[57]·璨[58]

---

39 菤(권): 李菤(1467~?). 본관은 德水. 李宜茂의 첫째 아들이다. 1489년 식년시 무과에 급제하였다. 평안도 병마절도사를 지냈다.

40 苓(령): 李苓(생몰년 미상). 본관은 德水. 李宜茂의 넷째 아들이다. 1510년 식년시 무과에 급제하였다. 수안군수와 평해군수를 지냈다.

41 尹喆(윤길, 1564~1615): 본관은 南原, 자는 汝明. 尹民新의 셋째 아들이다. 1593년 전주별시 문과에 장원급제하였다.

42 晫(탁): 尹晫(1569~?). 본관은 南原, 자는 汝賓, 호는 坡村. 尹民新의 다섯째 아들이다. 1594년 별시 문과에 급제하였다.

43 瞮(철): 尹瞮(1567~?). 본관은 남원, 자는 汝輝. 尹民新의 넷째 아들이다. 1595년 별시 문과에 급제하였다.

44 眗(순): 尹眗(1558~?)의 오기. 본관은 南原, 자는 汝旭. 尹民新의 첫째 아들이다. 1595년 별시 문과에 급제하였다.

45 曙(서): 尹曙(1561~?). 본관은 南原, 자는 汝顯. 尹民新의 둘째 아들이다. 1597년 별시 문과에 급제하였다.

46 沈連源(심연원, 1491~1558): 본관은 靑松, 자는 孟容, 호는 保庵. 沈順門의 첫째 아들이다. 1522년 식년 문과에 급제하여 승문원권지정자가 되었다. 1526년 문과 중시에 급제하였다.

47 達源(달원): 沈達源(1494~1535). 본관은 靑松, 자는 子容. 沈順門의 둘째 아들이다. 1517년 별시 문과에 급제하여 홍문관정자가 되었다.

48 逢源(봉원): 沈逢源(1497~1574). 본관은 靑松, 자는 希容, 호는 曉窓老人·友松. 沈順門의 셋째 아들이다. 1537년 별시 문과에 급제하여 성균관학유가 되었다. 1538년 탁영시에 발탁되어 司果에 제수되었다.

49 通源(통원): 沈通源(1499~1572). 본관은 靑松, 자는 士容, 호는 勗齋. 沈順門의 넷째 아들이다. 1537년 별시 문과에 장원급제하였고, 1546년 문과 중시에도 급제하였다. 우의정, 좌의정을 지냈다.

50 銓(전): 沈銓(1520~1589). 본관은 靑松, 자는 叔平. 1543년 식년 생원진사시에 합격하여, 1546년 식년 문과에 급제하였고, 1556년 문과 중시에도 급제하였다.

51 朴亨鱗(박형린, 생몰년 미상): 본관은 咸陽, 자는 之衢. 朴訥의 둘째 아들이다. 1516년 식년 문과에 급제하였다.

皆文科, 琇[59]生員, 尹昉[60]·暘[61]·暉[62]·暄[63]皆文科, 而父前議政斗壽[64]尙在, 雖非五子亦難矣。

---

52 洪鱗(홍린): 朴洪鱗(1482~1555). 본관은 咸陽, 자는 子雲. 朴訥의 셋째 아들이다. 1522년 식년 문과에 급제하였다.

53 從鱗(종린): 朴從鱗(1496~1553). 본관은 咸陽, 자는 子龍. 朴訥의 다섯째 아들이다. 1532년 별시 문과에 급제하여 예문관주서가 되었다.

54 鵬鱗(붕린): 朴鵬鱗(생몰년 미상). 본관은 咸陽, 자는 凌雲. 朴訥의 넷째 아들이다. 1533년 별시 문과에 급제하였다.

55 黃瑋(황위, 1536~1583): 본관은 昌原, 자는 景溫, 호는 雲史. 1580년 별시 문과에 급제하였다. 黃湯卿의 첫째 아들이다.

56 珹(성): 黃珹(1538~1581). 본관은 昌原, 자는 景輝. 1572년 별시 문과에 급제하였다. 黃湯卿의 둘째 아들이다.

57 璡(진): 黃璡(1542~1606). 본관은 昌原, 자는 景美, 호는 西潭. 黃湯卿의 넷째 아들이다. 1574년 별시 문과에 급제하여 주서가 되었다.

58 璨(찬): 黃璨(1555~?). 본관은 昌原, 자는 景潤. 黃湯卿의 다섯째 아들이다. 1580년 알성 문과에 급제하였다.

59 琇(수): 黃琇(1539~?). 본관은 昌原, 자는 景獻. 黃湯卿의 셋째 아들이다. 1568년 증광 생원시에 합격하였다.

60 尹昉(윤방, 1563~1640): 본관은 海平, 자는 可晦, 호는 稚川. 尹斗壽의 첫째 아들이다. 1582년 진사가 되고, 1588년 식년문과에 급제하여 승문원정자가 되었다.

61 暘(양): 尹暘(1564~1638). 본관은 海平, 개명 尹昕, 자는 寬之, 개자 時晦, 호는 陶齋. 尹斗壽의 둘째 아들이다. 1582년 진사가 되고, 1595년 별시 문과에 급제하여 승문원 정자가 되었다.

62 暉(휘): 尹暉(1571~1644). 본관은 海平, 자는 靜春, 호는 長洲·川上. 尹斗壽의 셋째 아들이다. 1589년 진사가 되고, 1594년 별시 문과에 급제하여 史官이 되었다.

63 暄(훤): 尹暄(1573~1627). 본관은 海平, 자는 次野, 호는 白沙. 尹斗壽의 넷째 아들이다. 1590년 진사시에 장원하고, 1597년 정시 문과에 급제하여 史官이 되었다.

64 斗壽(두수): 尹斗壽(1533~1601). 본관은 海平, 자는 子仰, 호는 梧陰. 1555년 생원시에 1등으로 합격하고, 1558년 식년 문과에 급제해 승문원에 들어갔다. 1592년 임진왜란이 발발하자 다시 기용되어, 어영대장·우의정을 거쳐 좌의정에 이르렀다. 그해 평양 行在所에 임진강의 패배 소식이 전해지자, 명나라에 구원을 요청하자는 주장에 반대하고 우리의 힘으로 최선의 노력을 다하자고 주장하였다.

02. 계묘년 사마시에 합격한 자로 문과 급제자

무자년(1528) 이후로 사마방(司馬榜: 생원진사시 합격자 명부)에 합격하여 급제(及第: 문과)에서 장원한 자가 많았으니 때로는 대여섯 명이나 되었지만 적게는 두세 명 이하는 내려가지 않았는데, 유독 계묘년(1543) 사마시에 합격한 자 가운데는 오직 심수경(沈守慶: 식년 문과, 1546) 한 사람뿐이다. 이는 기이한 일로서 계묘년 이후로 갑진년(1544)부터 계축년(1553)까지 10년 동안 식년시(式年試)·별시(別試)와 알성시(謁聖試)·정시(庭試)의 급제에서 매번 방(榜)이 붙었었다. 계묘년(1543) 사마시(생원시와 진사시)에 잇따라 2등을 하고 그 후에도 여러 번 2등을 한 것은 더욱 기이한 일이니, 우연인 듯하면서도 우연이 아닐 것이다.

○ 戊子年以後, 司馬榜[1]中, 爲壯元及第者多, 或至五六, 少不下二三, 而獨癸卯榜, 唯守慶[2]一人而已。此爲可怪, 而癸卯後, 自甲辰至癸丑十年間, 式年別試·謁聖庭試, 及第每榜。癸卯司馬連居第二, 其後數榜亦有居第二者, 尤爲可怪, 似是偶然而非偶然也。

---

1 司馬榜(사마방): 생원진사시에 합격자 명부. 생원방과 진사방으로 구성되었다.

2 守慶(수경): 沈守慶(1516~1599). 본관은 豊山, 자는 希顔, 호는 聽天堂. 1543년 식년 생원시와 진사시에 합격하고, 1546년 식년 문과에 장원급제하였다. 우의정을 지냈다.

03. 고려조의 용두회가 조선조에서는 없어졌다

고려 때 급제에서 장원한 자의 방(榜)이 내걸릴 때마다 용두회(龍頭會)를 여니 당시에 부러움을 받았다. 김양경(金良鏡)이 뛰어난 재주로 과거(科擧)에 2등을 하였는데, 벼슬이 재상에 이르러서도 여전히 불만을 품고 있었다. 그의 이웃에 용두회를 여는 자가 있자, 김양경이 시를 지어 보내었다.

듣건대 그대 집에 귀빈 모여 잔치 연다고 하니
온통 계수나무 가지 하나씩 꺾어 봄인 듯하네.
성대한 모임 끼려도 분수가 아님에 부끄러워
도리어 당년에 2등 된 것만 한스러워한다네.

우리 왕조에서는 이러한 모임을 열지 않은 지가 오래되었다. 나 같은 재주가 없는 자도 어쩌다 요행히 장원을 할 수 있었기 때문에 장원했다는 명예를 사람들이 귀하게 여기지 않지만, 이웃에 사는 류근(柳根: 별시 문과, 1572)·황혁(黃赫: 별시 문과, 1580)·황치성(黃致誠: 알성 문과, 1580)이 모두 장원하였으니 같은 이웃에 네 명의 장원이 있는 것 또한 성대한 일이다. 내가 장난삼아 김양경의 시에 차운하였다.

옛날엔 용두회에 모인 주빈 성대했다는데

도중에 폐지된 이래로 몇 해나 지났는가.
나의 이웃들이 고려조의 일을 본받고자 하나
도리어 세상사람들 해괴하게 볼까 두렵도다.

【협주: 김양경은 김인경(金仁鏡)으로 이름을 고쳤다.】

○ 高麗時, 每榜壯元及第者, 設龍頭會[1], 一時歆艷。金良鏡[2], 以高才居榜眼[3], 官至宰相, 猶懷怏怏[4]。其隣[5]有設龍頭會者, 金作詩送之曰: "聞道君家宴貴賓, 桂林渾是一枝春[6]。欲參高會慚非分, 却恨當年第二人." 我朝不設此會久矣。如余不才, 或有幸得者, 故壯元之名, 人不以爲貴, 隣居柳根[7]·黃赫[8]·黃致誠[9]皆壯元, 一隣有四壯

---

1 龍頭會(용두회): 고려시대 과거에 장원한 사람들의 모임. 시초는 장원급제하여 중앙에서 벼슬하고 있던 金君綏가 1209년 지방수령으로 발령받아 開京을 떠날 때 장원급제출신의 관리인 崔洪胤 등 10여 명이 檜里에 모여 전송회를 가진 데서 비롯되었다. 가까운 사이라 하더라도 장원 아니면 참석하지 못하였다.

2 金良鏡(김양경, 1168~1235): 본관은 慶州, 개명 仁鏡. 고려 명종 때 문과에 차석으로 급제하여 直史官을 거쳐 起居舍人이 되었다. 詩詞가 청신하고 당대에 유행하는 시부를 잘하여 세상에서 '良鏡詩賦'라고 칭송하였고, 서체는 예서에 뛰어났다.

3 榜眼(방안): 과거시험의 殿試 때 甲科에 둘째로 급제한 사람을 이르는 말. 고려시대부터 이렇게 불렀으며 조선시대에는 亞元이라고도 하였다.

4 怏怏(앙앙): 마음에 만족하지 못하여 불평을 품은 모양.

5 其隣(기린): 김양경의 생질 皇甫瓘을 가리킴.

6 桂林渾是一枝春(계림혼시일지춘): 재능과 학식이 매우 뛰어난 사람의 비유. 晉나라 사람인 郤詵이 賢良科에 장원급제했으나 이에 만족하지 않고, 겨우 一枝片玉을 얻었을 뿐이라고 말한 고사를 활용한 표현이다.

7 柳根(류근, 1549~1627): 본관은 晉州, 자는 晦夫, 호는 西坰. 1570년 생원시와 진사시에 모두 합격하였고, 1572년 별시 문과에 장원하였다.

8 黃赫(황혁, 1551~1612): 본관은 長水, 자는 晦之, 호는 獨石. 1570년 진사가 되고, 1580년 별시 문과에 장원으로 급제하였다.

9 黃致誠(황치성, 1543~1623): 본관은 昌原, 자는 而實. 1580년 알성 문과에 장원으

元, 亦是盛事。余戱次金詩, 曰: "昔會龍頭盛主賓, 邇來停廢幾秋春。吾隣欲效前朝事, 却恐觀瞻駭世人."【金良鏡改名仁鏡.】

로 급제하였다.

04. 1528년 이후 식년 사마시에 합격하고 정승이 된 자들

무자년(1528) 이후 사마시(司馬試)에 합격하고 의정(議政: 우의정, 좌의정, 영의정)이 된 자는 무자년의 윤원형(尹元衡)·권철(權轍)·홍섬(洪暹), 신묘년(1531)의 민기(閔箕)·이탁(李鐸)·정유길(鄭惟吉), 갑오년(1534)의 노수신(盧守愼), 정유년(1537)에는 없고, 경자년(1540)의 박순(朴淳)·김귀영(金貴榮), 계묘년(1543)의 강사상(姜士尙)·심수경(沈守慶), 병오년(1546)에는 춘시(春試)와 추시(秋試)가 없었고, 기유년(1549)의 정지연(鄭芝衍)·유홍(兪泓), 임자년(1552)의 류전(柳琠)·정탁(鄭琢), 을묘년(1555)의 이양원(李陽元)·최흥원(崔興源)·윤두수(尹斗壽), 무오년(1558)의 이산해(李山海), 신유년(1561)의 정철(鄭澈), 갑자년(1564)의 류성룡(柳成龍)·이원익(李元翼), 정묘년(1567)의 김응남(金應男: 金應南의 오기)인데, 경오년(1570) 이후로는 지금 알 수가 없다.

○ 戊子年以後, 司馬榜中, 爲議政者, 戊子年尹元衡[1]·權轍[2]·洪暹[3], 辛卯年閔箕[4]·李鐸[5]·鄭惟吉[6], 甲午年盧守愼[7], 丁酉年無, 庚子

---

1 尹元衡(윤원형, ?~1565): 본관은 坡平, 자는 彦平. 1528년 생원시에 합격하고, 1533년 별시 문과에 급제하여 벼슬길에 올랐다. 우의정과 영의정을 지냈다.

2 權轍(권철, 1503~1578): 본관은 安東, 자는 景由, 호는 雙翠軒. 권율의 아버지이다. 1528년 진사가 되고, 1534년 식년 문과에 급제하였다. 우의정, 좌의정, 영의정을 지냈다. 1572년 几杖을 받았다.

3 洪暹(홍섬, 1504~1585): 본관은 南陽, 자는 退之, 호는 忍齋. 1528년 사마시에 합격하여 생원이 되고, 1531년 식년문과에 급제하여 정언이 되었다. 1540년 홍문관 부제학, 1563년 예문관 대제학이 되었다. 1573년 几杖을 받았다. 좌의정, 영의정을

年朴淳[8]·金貴榮[9], 癸卯年姜士尙[10]及守慶, 丙午年春秋無, 己酉年鄭芝衍[11]·兪泓[12], 壬子年柳坱[13]·鄭琢[14], 乙卯年李陽元[15]·崔興源[16]·

지냈다.

4 閔箕(민기, 1504~1568): 본관은 驪興, 자는 景說, 호는 觀物齋·好學齋. 1531년 생원시에 합격하고 1539년 별시 문과에 급제하여 승문원을 거쳤다. 우의정을 지냈다.

5 李鐸(이탁, 1509~1576): 본관은 全義, 자는 善鳴, 호는 藥峰. 1531년 진사시에 합격하고 1535년 별시 문과에 급제하였다. 우의정, 영의정을 지냈다.

6 鄭惟吉(정유길, 1515~1588): 본관은 東萊, 자는 吉元, 호는 林塘. 1531년 사마시에 합격하고, 1538년 별시 문과에 장원하여 사간원정언이 되었다. 1549년 홍문관 직제학, 1554년 홍문관 부제학, 1560년 홍문관 대제학과 예문관 대제학이 되었다. 1583년 우의정에 오르고, 1584년 几杖을 받고 기로소에 들었다. 좌의정을 지냈다.

7 盧守愼(노수신, 1515~1590): 본관은 光州, 자는 寡悔, 호는 蘇齋·伊齋·暗室·茹峰老人. 1534년 사마시에 합격하고 1543년 식년 문과에 장원급제한 이후 전적이 되었다. 1568년 직제학, 1572년 대제학이 되었다. 1585년 几杖을 받았다. 우의정, 좌의정, 영의정을 지냈다.

8 朴淳(박순, 1523~1589): 본관은 忠州, 자는 和叔, 호는 思菴. 1540년 사마시에 합격하고, 1553년 정시 문과에 장원한 뒤 성균관전적이 되었다. 1566년 대제학이 되었다. 우의정, 좌의정을 지냈다.

9 金貴榮(김귀영, 1520~1593): 본관은 尙州, 자는 顯卿, 호는 東園. 1540년 진사시에 합격하고, 1547년 알성 문과에 급제하였다. 1573년 대제학을 지냈는데, 6번이나 하였다. 1589년 기로소에 들었다. 우의정을 지냈다.

10 姜士尙(강사상, 1519~1581): 본관은 晉州, 자는 尙之, 호는 月浦. 1543년 진사가 되고, 1546년 식년 문과에 급제해 문한직을 제수받았다. 우의정을 지냈다.

11 鄭芝衍(정지연, 1525~1583): 본관은 東萊, 자는 衍之, 호는 南峰. 1549년 생원·진사시에 모두 합격하고, 1569년 별시 문과에 급제하였다. 우의정을 지냈다.

12 兪泓(유홍, 1524~1594): 본관은 杞溪, 자는 止叔, 호는 松塘. 1549년 사마시에 합격하고 1553년 별시 문과에 급제하여, 승문원 정자가 되었다. 우의정, 좌의정을 지냈다.

13 柳坱(류전, 1531~1581): 본관은 文化, 자는 克厚, 호는 愚伏堂. 1552년 사마시에 합격하고 1553년 별시 문과에 급제하고, 1556년 중시 문과에 급제하였다. 우의정, 영의정을 지냈다.

14 鄭琢(정탁, 1526~1605): 본관은 淸州, 자는 子精, 호는 藥圃·栢谷. 1552년 성균생원시를 거쳐 1558년 식년 문과에 급제하였다. 우의정, 좌의정을 지냈다.

尹斗壽，戊午年李山海[17]，辛酉年鄭澈[18]，甲子年柳成龍[19]·李元翼[20]，丁卯年金應男[21]，庚午年以後，則時未可知也。

15 李陽元(이양원, 1526~1592): 본관은 全州, 자는 伯春, 호는 鷺渚. 1555년 생원과 진사시에 합격하고, 1556년 알성 문과에 급제하여 검열이 되었다. 1590년 대제학이 되었다. 우의정, 영의정을 지냈다.

16 崔興源(최흥원, 1529~1603): 본관은 朔寧, 자는 復初, 호는 松泉. 1555년 사마시에 합격하고 1568년 증광 문과에 급제하였다. 우의정, 좌의정, 영의정을 지냈다.

17 李山海(이산해, 1539~1609): 본관은 韓山, 자는 汝受, 호는 鵝溪·終南睡翁. 1558년 진사가 되고, 1561년 식년 문과에 급제하여 승문원에 등용되었다. 1565년 직제학, 1570년 부제학, 1578년 홍문관 대제학이 되었다. 우의정, 좌의정, 영의정을 지냈다.

18 鄭澈(정철, 1536~1593): 본관은 延日, 자는 季涵, 호는 松江. 1561년 진사시 1등을 하고, 1562년 별시 문과에 장원급제하여 벼슬길에 나아갔다. 우의정, 좌의정을 지냈다.

19 柳成龍(류성룡, 1542~1607): 본관은 豊山, 자는 而見, 호는 西厓. 1564년 생원·진사가 되고, 다음해 성균관에 들어가 수학한 다음, 1566년 별시 문과에 급제하여 승문원권지부정자가 되었다. 1588년 대제학이 되었다. 우의정, 좌의정, 영의정을 지냈다.

20 李元翼(이원익, 1547~1634): 본관은 全州, 자는 公勵, 호는 梧里. 1564년 사마시에 합격하고, 1569년 별시 문과에 급제해 이듬해 승문원 권지부정자가 되었다. 우의정, 좌의정, 영의정을 지냈다.

21 金應男(김응남): 金應南(1546~1598)의 오기. 본관은 原州, 자는 重叔, 호는 斗巖. 1567년 생원시에 합격하고, 1568년 증광 문과에 급제하여 예문관 정자가 되었다. 우의정, 좌의정을 지냈다.

05. 문과에서 장원하고 정승이 된 자들

우리 왕조에서 급제(及第: 문과)에 장원하고 의정(議政)이 된 자는 거의 없으나, 정인지(鄭麟趾)·최항(崔恒)·권람(權擥)·홍응(洪應)·신승선(愼承善)·류순정(柳順汀)·김안로(金安老)·심통원(沈通源)·정유길(鄭惟吉)·박순(朴淳)·노수신(盧守愼)·정철(鄭澈)·심수경(沈守慶)이다. 심수경은 재주도 없고 덕도 갖추지 못한 사람으로서 외람되이 이에 이르렀으니 참으로 부끄럽다.

갑신년(1584) 여름에 심수경이 좌참찬이 되었을 때, 영의정 박순, 좌의정 노수신, 우의정 정유길, 우찬성 정철과 심수경이 모두 급제(及第: 문과)에서 장원을 하였다. 그리고 3공(三公: 박순·노수신·정유길)이 모두 대제학을 지낸 데다 찬성(贊成: 정철)도 당시 제학을 지내고 심수경도 일찍이 제학을 지냈으니, 다섯 사람은 한때 동료인 셈으로 성대한 일이었다. 심수경이 시를 지었다.

> 깊고 넓은 의정부에 장원들만 모였으니
> 세상의 거룩한 일로 견줄 것이 드무네.
> 한 시대의 문장가 별들이 찬란하다 하나
> 용렬한 자가 명류에 섞여 못내 부끄럽네.

찬성(贊成: 정철)이 화답하여 시를 지었다.

다섯 제학들 모두 다섯 장원일러니
명성이 내게 이르러 제짝 못 되거늘,
좋은 일에 못내 분별이 없는 듯이
모두 당대 제일류라 이르는구나.

정철이 3공(三公)에게 모두 화답의 시를 구하고 이어 조정 안에도 화답의 시를 구하면서 거룩한 일을 전하려고 하였으나, 얼마 지나지 않아 찬성(贊成)이 산직(散職: 일정한 직임이 없는 관직)에 있게 되어 이룰 수가 없었다.

○ 國朝壯元及第, 爲議政者無幾, 鄭麟趾·崔恒[1]·權擥[2]·洪應[3]·愼承善[4]·柳順汀[5]·金安老·沈通源·鄭惟吉·朴淳·盧守愼·鄭澈及守慶。守慶以不才不德, 猥濫至此, 誠可愧也。甲申夏, 守慶爲左參贊, 領議政朴淳, 左議政盧守愼, 右議政鄭惟吉, 右贊成鄭澈及守

---

1 崔恒(최항, 1409~1474): 본관은 朔寧, 자는 貞父, 호는 太虛亭·幢梁. 1434년 알성 문과에 장원으로 급제, 집현전부수찬이 되었다. 1447년 집현전직제학, 1450년 집현전 부제학을 지냈고, 우의정, 성종 때 좌의정, 영의정을 지냈다. 기로소 명부에 들어 있으나, 나이가 70세가 되지 못하였다.

2 權擥(권람, 1416~1465): 본관은 安東, 자는 正卿, 호는 所閑堂. 1450년 향시와 會試에서 모두 장원으로 급제했고, 殿試에서 4등이 되었다. 그러나 장원인 金義精의 출신이 한미하다는 이유로 장원이 되었다. 우의정과 좌의정을 지냈다.

3 洪應(홍응, 1428~1492): 본관은 南陽, 자는 應之, 호는 休休堂. 1451년 증광 문과에 장원급제하면서 관직 생활을 시작하였다. 우의정, 좌의정을 지냈다.

4 愼承善(신승선, 1436~1502): 본관은 居昌, 자는 子繼·元之, 호는 仕止堂. 1466년 알성 문과에 장원으로 급제한 뒤 병조참판에 승진하였다. 우의정, 좌의정, 영의정을 지냈다.

5 柳順汀(류순정, 1459~1512): 본관은 晉州, 자는 智翁, 호는 菁川. 1487년 별시 문과에 장원으로 급제해 홍문관전적이 되었다. 우의정, 좌의정, 영의정을 지냈다.

慶, 皆壯元及第。而三公皆經大提學, 贊成時爲提學, 守慶曾經提學, 五人一時爲同僚, 盛事也。守慶作詩曰: "潭潭相府會龍頭, 盛事人間罕比侔。爭道一時奎璧[6]煥, 只慚庸品廁名流." 贊成和之曰: "五學士爲五壯頭, 聲名到我不相侔。只應好事無分別, 等謂當時第一流." 贊成將欲告三公皆和, 仍索和於朝中, 以傳盛事, 而未幾贊成在散, 未果成焉。

6 奎璧(규벽): 二十八宿 가운데 두 별의 이름. 이 별들이 文運을 주관한다 하여 항상 文筆에 비유된다.

06. 병술년 우찬성이었을 때의 기로소 당상관들

병술년(1586) 가을에 심수경이 우찬성(右贊成)이었을 때, 영의정 노수신(盧守愼)과 좌의정 정유길(鄭惟吉)은 을해생(72세)이고 심수경은 병자생(71세)인 데다 좌참찬 황림(黃琳)과 우참찬 안자유(安自裕)는 정축생(70세)이라서 모두 기로소 당상(耆老所堂上)이었으니, 한때 동료인 셈으로 또한 성대한 일이었다. 심수경이 시를 지었다.

정승들 장수하여 을해 병자 정축생일러니
뛰어난 원로들 한곳에 모였을 줄 뉘 알리요.
이때의 성대한 일을 응당 기억하도록 할지니
수역을 열 때면 지나다가 태평을 볼지어다.

○ 丙戌秋, 守慶爲右贊成, 領議政盧守愼, 左議政鄭惟吉, 乃乙亥生, 守慶乃丙子生, 左參贊黃琳[1], 右參贊安自裕[2], 乃丁丑生, 皆是耆老所[3]堂上, 一時爲同僚, 亦盛事也。守慶作詩曰: "相府高年乙丙

---

1 黃琳(황림, 1517~1597): 본관은 昌原, 자는 汝溫. 1543년 사마시에 합격하여 생원이 되었고, 1552년 식년 문과에 급제하여 예문관검열이 되었다.

2 安自裕(안자유, 1517~1588): 본관은 順興, 자는 季弘. 1546년 진사시에 합격하고 1556년 별시 문과에 급제하여 승정원주서가 되었다.

3 耆老所(기로소): 조선시대에 나이가 많은 문신을 예우하기 위해 설치한 기구. 60세 이상 고령자들을 축하하고 예우해 주는 제도이다.

丁, 誰知一席會者英。此時盛事應須記, 壽域[4]開過見太平."

4 壽域(수역): 딴 곳에 비하여 장수하는 사람이 많이 사는 고장.

07. 심수경이 직접 본 80세 이상의 재상들

재상(宰相) 중에 나이가 80세 이상인 분들을 내가 눈으로 본 바 있으니, 송순(宋純)은 지중추부사를 지냈고 92세로 졸하였으며, 오겸(吳謙)은 찬성을 지냈고 89세로 졸하였으며, 홍섬(洪暹)은 영의정을 지냈고 82세로 졸하였으며, 원혼(元混)은 판중추부사를 지냈고 93세로 졸하였으며, 임열(任說)은 지중추부사를 지냈고 82세로 졸하였다. 송찬(宋贊)은 우참찬으로 88세이고, 심수경은 영중추부사(領中樞府事: 1597)로 82세인데, 모두 아직 병이 없으니 다행이다.

○ 宰相中, 年八十以上者, 吾所目見, 宋純[1]知中樞九十二歲, 吳謙[2]贊成八十九歲, 洪暹領議政八十二歲, 元混[3]判中樞九十三歲, 任說[4]知中樞八十二歲矣。宋贊[5]右參贊八十八歲, 守慶領中樞八十二

---

1 宋純(송순, 1493~1583): 본관은 新平, 자는 遂初·誠之, 호는 企村·俛仰亭. 1519년 별시 문과에 급제, 승문원권지부정자가 되었다. 원문에는 92세에 졸한 것으로 되어 있어 약간의 차이가 있다.

2 吳謙(오겸, 1496~1582): 본관은 羅州, 자는 敬夫, 호는 知足庵·菊齋. 1522년 사마시에 합격하여 진사가 되고, 1532년 별시 문과에 급제하여 의령현감으로 나갔다. 1570년에 찬성에 올랐다. 원문에는 89세에 졸한 것으로 되어 있어 약간의 차이가 있다.

3 元混(원혼, 1496~1588): 본관은 原州, 자는 太初. 1525년 식년 문과에 급제하였다. 1580년 판중추부사를 지내고 耆老所에 들어갔다.

4 任說(임열, 1510~1591): 본관은 豊川, 자는 君遇, 호는 竹崖. 1531년 생원진사시에 합격하였고 1533년 별시 문과에 급제하여 승문원정자가 되어 史官을 겸하였다. 1567년 한성부판윤에 이어 지중추부사가 되었다.

5 宋贊(송찬, 1510~1601): 본관은 鎭川, 자는 治叔, 호는 西郊. 1537년 생원시에

歲矣，並尙無恙幸也。

합격하고, 1540년 식년 문과에 급제하였다. 1595년 우참찬에 올랐다.

08. 심유경이 1585년과 1597년에 참여한 기로소

기로회(耆老會)는 당송(唐宋) 시대부터 있었고, 전조(前朝: 고려) 또한 있었다. 우리 왕조에서는 기로소(耆老所)를 두고서 나이가 70세로 품계 2품 이상 문관이면 참여하도록 하였다. 조종조(祖宗朝)에서는 으레 3월 3일(삼짇날)과 9월 9일(중양절)이면 훈련원(訓鍊院)이나 반송정(盤松亭)에서 기로소의 원로들에게 잔치를 베풀었는데, 그 당시에는 단지 기로소 안에 보관하고 있던 물건으로 봄가을에 장만하여 잔치를 베풀 따름이었다.

심수경은 을유년(1585)에 좌참찬으로서 기로소에 참여하였는데, 그 때 좌의정 노수신(盧守愼), 우의정 정유길(鄭惟吉), 판중추부사 원혼(元混), 팔계군(八溪君) 정종영(鄭宗榮), 지중추부사 임열(任說)·강섬(姜暹)이 동료였다. 그 후로 판서 황림(黃琳)·안자유(安自裕)·이린(李遴), 영중추부사 김귀영(金貴榮)이 또 동료가 되었으나 얼마 되지 않아서 제공(諸公)들이 잇따라 갑자기 세상을 떠났으니, 오직 영중추부사 김귀영, 지중추부사 강섬과 심수경만 남아 있었다.

인원수가 매우 부족하여 기로회를 열기가 어려웠다. 조종조에서 종2품 또한 참여한 예가 있었던 까닭에 송찬(宋贊)·목첨(睦詹)·신담(申湛)·이기(李墍) 또한 참여하도록 허용되었는데, 지금 송찬은 지중추부사로 88세이고 심수경은 영중추부사로 82세이고 이기는 이조 판서로 76세이지만 여전히 아무 탈이 없다.

임진란(1592) 이후에는 폐하였던 까닭에 기로회를 열 수가 없었다. 좌의정 유홍(兪泓), 판서 이헌국(李憲國)·이증(李增), 참판 류희림(柳希霖)·이희득(李希得)·이관(李瓘)이 모두 응당 참여할 수 있었으나 또한 기로회가 열리지 못하였으니, 이헌국은 73세이고 이증은 72세이고 류희림은 78세이고 이희득은 76세로 모두 아무 탈이 없었다. 【정유년(1597)이었다.】

○ 耆老會, 自唐宋有之, 前朝亦有之。我朝有耆老所, 而年七十二品以上參焉。祖宗朝, 例於三月三日·九月九日, 賜耆英宴於訓鍊院或盤松亭[1], 而當代只以所中所儲之物, 春秋設辦, 作會而已。守慶於乙酉年, 以左參贊得參, 其時盧議政守愼, 鄭議政惟吉, 元判府事混, 鄭八溪君宗榮[2], 任知事說·姜知事暹[3]爲同僚。其後, 黃判書琳·安判書自裕·李判書遴[4]·金領府事貴榮, 亦爲同僚, 而未幾諸公, 相繼卒逝, 唯金領府事, 姜知事及守慶在焉。員數甚少, 難於作會。祖宗朝有從二品亦參之例, 故宋贊·睦詹[5]·申湛[6]·李墍[7], 亦許參, 而今

---

1 盤松亭(반송정): 서대문 밖 慕華館 부근에 있던 정자.

2 宗榮(종영): 鄭宗榮(1513~1589). 본관은 草溪, 자는 仁吉, 호는 恒齋. 1540년 사마양시에 모두 합격하고, 1543년 식년문과에 급제하고 이듬해 검열이 되었다.

3 暹(섬): 姜暹(1516~1594). 본관은 晉州, 자는 明仲, 호는 松月堂·松日·樂峰. 1540년 진사가 되었고, 1546년 증광 문과에 급제하여 예문관봉교가 되었다.

4 遴(린): 李遴(1517~1589). 본관은 永川, 자는 叔膺. 1543년 생원시에 합격하고, 1549년 식년문과에 급제하였다. 그는 을사사화 이후, 명종비 仁順王后의 외삼촌이자 權臣인 李樑계의 인물로 지목되어 사림의 규탄을 많이 받았다. 선조 즉위 뒤에 외직으로 나아가 선정을 베풀었으며, 1584년 호조판서에 올랐다.

5 睦詹(목첨, 1515~1593): 본관은 泗川, 자는 思可, 호는 時雨堂·逗日堂. 1546년 증광 문과에 급제하고 持平이 되었다.

6 申湛(신담, 1519~1595): 본관은 高靈, 자는 冲卿, 호는 漁城. 1540년 사마시를

則宋贊知中樞八十八, 守慶領府事八十二, 李墍吏曹判書七十六, 尙無恙。壬辰亂後所廢, 故不得作會矣。議政兪泓, 判書李憲國[8]·李增[9], 參判柳希霖[10]·李希得[11]·李瓘[12], 皆應參, 而亦不得會, 憲國七十三, 增七十二, 希霖七十八, 希得七十六, 並無恙。【丁酉】

거쳐 1552년 식년 문과에 급제하고 승문원정자가 되었다.

7 李墍(이기, 1522~1600): 본관은 韓山, 자는 可依, 호는 松窩. 1555년 식년 문과에 급제하였다.

8 李憲國(이헌국, 1525~1602): 본관은 全州, 자는 欽哉, 호는 柳谷. 1551년 사마시에 합격하고 그 해 별시 문과에 급제, 예문관검열이 되었다. 1597년 공조판서를 지냈으며, 1598년부터 이듬해까지 이조판서를 제수받았으나 끝내 사양하였다.

9 李增(이증, 1525~1600): 본관은 韓山, 자는 可謙, 호는 北崖. 1549년 사마시에 합격해 진사가 되고, 1560년 별시 문과에 급제해 승문원정자에 보임되었다.

10 柳希霖(류희림, 1520~1601): 본관은 文化, 자는 景說. 1561년 식년 문과에 급제하여 文翰官이 되었다.

11 李希得(이희득, 1525~1604): 본관은 全州, 자는 德甫, 호는 荷潭. 1572년 春塘臺文科에 급제하여 사간에 제수되었다.

12 李瓘(이관, 1523~1596): 본관은 咸平, 자는 景獻. 사마시를 거쳐 1548년 별시 문과에 급제하여 예문관에 분관되었다.

09. 심수경의 독서당 시절 동료들

독서당(讀書堂)은 세종 때에 처음으로 만들어졌는데, 나이가 젊으면서 문장에 능하고 명망이 있는 자를 뽑아 장기간 휴가를 주어 독서[長暇讀書]에 전념하도록 하였다. 중종 때 동호(東湖: 豆毛浦) 주변에 독서당을 짓고 필요한 물품을 관에서 공급하도록 하였으니 남달리 총애한 것이다.

심수경은 병오년(1546) 가을에 급제(及第: 문과)에 올랐는데, 무신년(1548) 봄 장가독서(長暇讀書)에 선발되어 을묘년(1555) 가을에 당상관으로 승진하였다. 그 사이의 8년 동안 서당에서 함께했던 동료 20명은 벼슬길에 오르내리는 것과 오래 살고 그렇지 않은 것이 각기 절로 같지 않았으니, 민기(閔箕)·정유길(鄭惟吉)·김귀영(金貴榮) 및 심수경은 의정(議政: 정승)이 되고, 이황(李滉)은 찬성(贊成)이 되고, 김주(金澍)는 판윤(判尹)이 되고, 박충원(朴忠元)·윤현(尹鉉)·윤춘년(尹春年)·윤의중(尹毅中)은 판서가 되고, 박민헌(朴民獻)은 참판이 되고, 허엽(許曄)은 감사(監司)가 되고, 남응룡(南應龍)은 참의(參議)가 되고, 류순선(柳順善)은 승지(承旨)가 되고, 김홍도(金弘度)는 정언(正言)이 되고, 김인후(金麟厚)·한지원(韓智源)은 교리(敎理)가 되고, 윤결(尹潔)은 수찬(修撰)이 되고, 김질충(金質忠)은 좌랑(佐郞)이 되고, 안수(安璲)는 박사(博士)가 되었는데, 박충원·정유길·이황·박민헌·김귀영은 모두 70세가 넘어서 다 고인이 되었다.

심수경은 나이가 지금 82세인데, 22명 중에서 70세 넘은 이는 6명뿐이고 생존자는 6명뿐인 데다 《선생안(先生案)》 중에도 70세 넘는 이가 매우 드무니, 70세는 과연 예로부터 드물다 할 만하다.

○ 讀書堂[1], 創於世宗朝, 選年少能文有望者, 賜長暇讀書。中廟朝, 構堂於東湖[2]邊, 官給供具, 以寵異之。守慶, 丙午秋登第, 戊申春被選, 乙卯秋陞堂上。八年間書堂, 前後同僚二十人, 升沈[3]修短[4], 各自不同, 閔箕·鄭惟吉·金貴榮及守慶爲議政, 李滉[5]爲贊成, 金澍[6]爲判尹, 朴忠元[7]·尹鉉[8]·尹春年[9]·尹毅中[10]爲判書, 朴民獻[11]爲參

---

1 讀書堂(독서당): 조선시대 때, 文官 중에 특히 문학에 뛰어난 사람에게 賜暇하여 오로지 학업을 닦게 하던 書齋. 세종 8년(1426) 사가 독서의 제도를 두고, 성종 23년(1492) 지금의 용산에 있던 廢寺를 수리하여 처음으로 南湖讀書堂을 베풀었다. 1504년 갑자사화의 여파로 폐쇄되었다가, 중종 때 독서당제도가 부활되어 1507년 동문대문구 숭인동에 있던 淨業院을 독서당으로 만들었다. 1517년 豆毛浦 정자를 고쳐 지어 독서당을 설치하고 東湖讀書堂이라 하였다. 정조 때에 奎章閣의 기구를 넓히어 이를 폐했다.

2 東湖(동호): 한강 가운데 뚝섬에서 옥수동에 이르는 곳. 두뭇개라고도 하였다. 서울 지역 한강의 동쪽에 위치하여 한강과 중랑천이 만나 수역이 확처럼 넓고 잔잔한 데서 붙여진 이름이다.

3 升沈(승침): 승진과 강등. 상승과 하강.

4 修短(수단): 장수와 단명.

5 李滉(이황, 1501~1570): 본관은 眞城, 初名은 瑞鴻, 자는 景浩, 호는 退溪·退陶·陶叟. 1528년에 小科에 합격하여 성균관에 들어갔으며, 1534년 식년 문과에 급제하였다.

6 金澍(김주, 1512~1563): 본관은 安東, 자는 應霖, 호는 寓菴. 1531년에 진사가 되고, 1539년 별시 문과에 장원으로 급제하였다.

7 朴忠元(박충원, 1507~1581): 본관은 密陽, 자는 仲初, 호는 駱村·靜觀齋. 1528년 사마시에 합격하고 1531년 식년 문과에 급제하여 승문원에 올랐다. 1558년 홍문관 제학, 1564년 홍문관 대제학을 지냈다.

8 尹鉉(윤현, 1514~1578): 본관은 坡平, 자는 子用·菊磵. 1531년 생원이 되고, 1537년 식년 문과에 장원으로 급제하여 이듬해 정언이 되었다.

判, 許曄[12]爲監司, 南應龍[13]爲參議, 柳順善[14]爲承旨, 金弘度爲正心[15], 金麟厚[16]爲校理, 韓智源[17]爲校理, 尹潔[18]爲修撰, 金質忠[19]爲佐郎, 安璲[20]爲博士, 而朴忠元·鄭惟吉·李滉·朴民獻·金貴榮, 皆年過七十, 並作古。守慶年今八十二, 二十二人中, 過七十者只六, 生存者只六, 先生案中過七十者甚稀, 七十果是稀也。

---

9 尹春年(윤춘년, 1514~1567): 본관은 坡平, 자는 彦久, 호는 學音·滄洲. 1534년 생원이 되고, 1543년 식년 문과에 급제하였다.

10 尹毅中(윤의중, 1524~1590): 본관은 海南, 자는 致遠, 호는 駱川·駘川. 1543년 사마시에 합격하여 진사가 되고, 1548년 별시 문과에 급제하였다.

11 朴民獻(박민헌, 1516~1586): 본관은 咸陽, 자는 希正, 초자는 頤正, 호는 正菴·瑟僩齋·醫俗軒·樗軒. 1546년 사마시에 장원하고, 같은 해 증광 문과에 급제해 성균관전적으로 기용되었다.

12 許曄(허엽, 1517~1580): 본관은 陽川, 자는 太輝, 호는 草堂. 1540년 진사시에 입격하였고, 1546년 식년 문과에 급제하였다.

13 南應龍(남응룡, 1514~1555): 본관은 宜寧, 자는 景霖, 호는 二樂堂. 1534년 사마시에 합격하고 1535년 별시 문과에 급제하여 승문원저작이 되었다.

14 柳順善(류순선, 1516~1577): 본관은 晉州, 자는 純仲, 호는 素齋. 1546년 생원이 되고 1547년 알성 문과에 급제하였다.

15 正心(정심): 正言의 오기.

16 金麟厚(김인후, 1510~1560): 본관은 蔚山, 자는 厚之, 호는 河西·澹齋. 1531년 사마시에 합격하고 1540년 별시 문과에 급제하여 권지승문원부정자가 되었다.

17 韓智源(한지원, 1514~1561): 본관은 淸州, 자는 士達, 호는 青蓮. 1537년 진사시에 합격하고 1544년 별시 문과에 급제하였다.

18 尹潔(윤결, 1517~1548): 본관은 南原, 자는 長源, 호는 醉夫·醒夫. 1537년 진사가 되고, 1543년 식년 문과에 급제하였다.

19 金質忠(김질충, 생몰년 미상): 본관은 光山, 자는 直夫, 호는 南峯. 1543년 사마양시에 합격하고, 1548년 별시 문과에 급제하였다.

20 安璲(안수, 1521~): 본관은 順興, 자는 瑞卿, 호는 滄浪. 1537년 진사시에 합격하고 1549년 식년 문과에 급제하였다.

10. 심수경의 1543년 과거 급제 동기들

계묘년(1543) 사마시에 나와 함께 합격한 사람 중에서 문과에 급제한 자가 61명이고 음직(蔭職)으로 벼슬한 자가 31명이다. 강사상(姜士尙)과 심수경은 의정(議政: 정승)이 되고, 심강(沈鋼)은 영돈녕부사가 되고, 박계현(朴啓賢)·황림(黃琳)·이림(李琳: 李遴의 오기)·윤의중(尹毅中)은 판서가 되고, 이감(李戡)·이중경(李重慶)·김덕룡(金德龍)·심전(沈銓)·손식(孫軾)·황응규(黃應奎)는 가선대부(嘉善大夫)가 되고, 윤주(尹澍)·정척(鄭惕)·홍천민(洪天民)·조징(趙澄)·류승선(柳承善)·김언침(金彦沈)·신희남(愼喜男)·권벽(權擘)·류종선(柳從善)·장사중(張士重)·조부(趙溥)·김백균(金百鈞)·이억상(李億祥)·권순(權純)·임여(任呂)·이집(李楫)은 통정대부가 되었다. 그리고 나이가 70세 넘은 자로 지방에 있는 경우는 자세히 알 수 없지만, 서울에 있는 경우는 이봉수(李鳳壽)·이집(李楫)이 83세, 엄서(嚴曙)가 82세, 정척(鄭惕)이 80세, 류성남(柳成男)·이양충(李勴忠)이 77세, 황린(黃璘)·신희남(愼喜男)이 75세, 권벽(權擘)이 74세, 조부(趙溥)·허현(許鉉)·박홍(朴泓)이 73세, 심호(沈鎬)·권순(權純)이 73세, 김언침(金彦沈)·이감(李鑑)·이인(李遴)이 71세, 심전(沈銓)·김진(金鎭)이 70세였으나 다 고인이 되고 말았다.

그러나 심수경은 82세, 황응규는 80세, 장사중은 74세로 모두 여전히 아무 탈이 없지만, 200명이 같은 해의 과거에 급제한 지도 55년이나 되어 3명만 살아 있으니 아, 서글프다.【장사중은 정유년(1597) 여름에,

황응규는 무술년(1598) 가을에 고인이 되었다.】

○ 吾同年[1]癸卯司馬榜中, 及第者六十一人, 蔭職[2]者三十一人。姜士尙及守慶議政, 沈鋼[3]領敦寧, 朴啓賢[4]·黃琳·李琳[5]·尹毅中判書, 李戡[6]·李重慶[7]·金德龍[8]·沈銓·孫軾[9]·黃應奎[10]嘉善, 尹澍[11]·鄭惕[12]·洪天民[13]·趙澄[14]·柳承善[15]·金彦沈[16]·愼喜男[17]·權擘[18]·柳從

---

1 同年(동년): 같은 해 과거시험에 함께 합격한 사람.

2 蔭職(음직): 과거를 거치지 않고 조상의 공덕으로 받는 관직.

3 沈鋼(심강, 1514~1567): 본관은 靑松, 자는 伯柔. 1543년 진사시에 합격하고 음보로 活人署別提가 되었다.

4 朴啓賢(박계현, 1524~1580): 본관은 密陽, 자는 君沃, 호는 灌園. 1543년 진사가 되고, 1552년 식년 문과에 급제하여 승문원권지정자가 되었다.

5 李琳(이림): 李遴의 오기. 1584년 호조 판서가 되었다.

6 李戡(이감, 1516~1583): 본관은 羽溪, 자는 彦信. 1543년 생원시를 거쳐 그해 식년 문과에 급제하였다.

7 李重慶(이중경, 1517~1568): 본관은 廣州, 자는 叔喜. 1543년 사마시에 합격하고 1546년 증광 문과에 급제하였다.

8 金德龍(김덕룡, 1518~?): 본관은 安東, 자는 雲甫, 호는 駱谷. 1543년 사마시에 합격하고 1546년 증광 문과에 급제하였다.

9 孫軾(손식, 생몰년 미상): 본관은 平海, 자는 敬輿. 1543년 식년 진사시에 합격하고 1552년 식년 문과에 급제하였다.

10 黃應奎(황응규, 1518~1598): 본관은 昌原, 자는 仲文, 호는 松澗. 1543년 사마시에 합격하여 생원이 되고, 1569년 알성 문과에 급제하였다.

11 尹澍(윤주, 1525~1569): 본관은 坡平, 자는 景霖. 1543년 사마시에 합격하여 진사가 되고, 1552년 식년 문과에급제하였다.

12 鄭惕(정척, 1517~1596): 본관은 海州, 자는 君吉, 호는 杏村. 1543년 사마시에 합격하고, 1549년 식년 문과에 급제하였다.

13 洪天民(홍천민, 1526~1574): 본관은 南陽, 자는 達可, 호는 栗亭. 1543년 사마시에 합격하고, 1553년 별시 문과에 급제, 승문원정자가 되었다.

14 趙澄(조징, 1511~1574): 본관은 漢陽, 자는 洞叔, 호는 松江. 1537년 알성시에서 뽑혀 會試에 直赴되었다. 1543년 사마시에 합격하여 진사가 되고, 같은 해 식년 문과에 급제하였다.

善[19]·張士重[20]·趙溥[21]·金百鈞[22]·李億祥[23]·權純[24]·任呂[25]·李楫通政。而年過七十者，在外則未能詳知，在京則李鳳壽[26]·李楫[27]八十三，嚴曙[28]八十二，鄭惕八十，柳成男[29]·李勦忠[30]七十七，黃璘[31]·愼喜男七十五，權擘七十四，趙溥·許鉉[32]·朴泓[33]七十三，沈鎬[34]·權純

15 柳承善(류승선, 생몰년 미상): 본관은 晉州, 자는 應卿. 1543년 진사시에 합격하고, 1546년 식년 문과에 급제하였다.

16 金彦沈(김언침, 1514~1584): 본관은 安東, 자는 靜仲. 1543년 진사시에 합격하고, 1548년 별시 문과에 급제하였다.

17 愼喜男(신희남, 1517~1591): 본관은 居昌, 자는 吉遠, 호는 灊溪. 1543년 진사시에 합격하고 1555년 식년 문과에 급제하였다.

18 權擘(권벽, 1520~1593): 본관은 安東, 자는 大手, 호는 習齋. 1543년 진사시에 합격하고, 같은 해 식년 문과에 급제, 예문관검열이 되었다.

19 柳從善(류종선, 1519~1578): 본관은 晉州, 자는 擇仲, 호는 謙齋. 1543년 진사시에 합격하고, 1546년 증광 문과에 급제하였다.

20 張士重(장사중, 1524~1597): 본관은 德水, 자는 彦厚, 호는 松嶺. 1543년 진사시에 합격하고 1553년 별시 문과에 급제하여 예문관겸열이 되었다.

21 趙溥(조부, 생몰년 미상): 본관은 平壤, 자는 彦弘. 1543년 진사가 되고, 1552년 식년 문과에 급제하였다.

22 金百鈞(김백균, 1525~1584): 본관은 蔚山, 자는 宜重. 1543년 진사시에 합격하고, 1549년 식년 문과에 급제하였다. 고경명의 장인이다.

23 李億祥(이억상, 생몰년 미상): 본관은 全州, 자는 景安. 1543년 진사시에 합격하고, 1544년 별시 문과에 급제하였다.

24 權純(권순, 생몰년 미상): 본관은 安東, 자는 守初. 1543년 생원시에 합격하고, 1551년 알성 문과에 급제하였다.

25 任呂(임여, 생몰년 미상): 본관은 豐川, 자는 君望. 1543년 생원시에 합격하고, 1544년 별시 문과에 급제하였다.

26 李鳳壽(이봉수, 1515~?): 본관은 延安, 자는 太和. 1543년 생원시에 합격하였다.

27 李楫(이집, 1503~?): 본관은 全州, 자는 汝濟. 1543년 생원시에 합격하였다.

28 嚴曙(엄서, 1516~?): 본관은 寧越, 자는 善昭. 1543년 생원시에 합격하였다.

29 柳成男(류성남, 1521~?): 본관은 文化, 자는 乾父. 1543년 진사시에 합격하였다.

30 李勦忠(이양충, 1521~?): 본관은 全州, 자는 剛貞. 1543년 진사시에 합격하였다.

31 黃璘(황린, 1523~?): 본관은 昌原, 자는 伯溫. 1543년 진사시에 합격하였다.

七十三, 金彦沈·李鑑[35]·李遴七十一, 沈銓·金鎭[36]七十, 並作古。而守慶八十二, 黃應奎八十, 張士重七十四, 並尙無恙, 二百人同榜, 五十五年, 而三人生存, 嗚呼愴哉!【士重丁酉夏, 應奎戊戌秋, 作古.】

---

32 許鉉(허현, 1525~?): 본관은 陽川, 자는 耳仲. 아버지는 許植이다. 1543년 생원시에 합격하였다.

33 朴泓(박홍, 1525~?): 본관은 羅州, 자는 淸源. 1543년 생원시에 합격하였다.

34 沈鎬(심호, 1526~?): 본관은 靑松, 자는 景基. 1543년 진사시에 합격하였다.

35 李鑑(이감, 1527~?): 본관은 全州, 자는 子正. 아버지는 李景忠이다. 1543년 생원시에 합격하였다.

36 金鎭(김진, 1528~?): 본관은 豐山, 자는 仲仁. 아버지는 金順貞이다. 1543년 생원시에 합격하였다.

11. 1516년생인 심수경의 동갑네 계모임

나와 동갑인 병자생(1516)으로 계를 만든 이가 35명인데, 나이가 70세 넘은 자로 소흡(蘇潝)·박인수(朴獜壽: 朴麟壽의 오기)·성세평(成世平)·윤위(尹緯)·류성남(柳成男)·병섬(並暹: 姜暹의 오기)이지만 다 고인이 되었고, 정걸(丁傑)과 심수경은 82세로 다 여전히 아무 탈이 없다. 35명 중에 2명이라도 살아 있으니 다행이다.【정걸도 정유년(1597) 여름에 또한 고인이 되었다.】

○ 吾同甲丙子生, 作契者, 三十五人, 而年過七十者, 蘇潝[1]·朴獜壽[2]·成世平[3]·尹緯·柳成男·並暹[4], 並作古, 丁傑[5]及守慶八十二, 並尙無恙。三十五人中, 二人生存幸也。【丁傑丁酉夏亦作古.】

---

1 蘇潝(소흡, 1516~?): 본관은 晉州, 자는 淨源. 1540년 식년 무과에서 급제하고, 1546년 중시 무과에서 급제하였다.

2 朴獜壽(박인수): 朴麟壽(1516~1586)의 오기. 본관은 密陽. 1555년 경상우도 수군절도사, 1561년 경상우도 병마절도사, 1562년 인천도호부 부사 등을 역임하였다.

3 成世平(성세평, 1516~1590): 본관은 昌寧, 자는 正仲. 1546년 사마시를 거쳐 1561년 식년 문과에 급제하였다.

4 並暹(병섬): 姜暹(1516~1594)의 오기. 본관은 晉州, 자는 明仲, 호는 松月堂·松日·樂峰. 1540년 진사가 되었고, 1546년 증광 문과에 급제하였다.

5 丁傑(정걸, 1516~1597): 본관은 靈光, 자는 英中, 호는 松亭. 1544년 무과에 급제하였다.

12. 을묘사변 때 도순찰사 이준경과 종사관들

을묘년(1555) 여름에 왜구(倭寇)가 호남을 침범하자 호조 판서(戶曹判書) 이준경(李浚慶)이 도순찰사(都巡察使)가 되었는데, 홍문관 전한(弘文館典翰) 심수경과 이조 좌랑(吏曹佐郎) 김귀영(金貴榮)이 종사관(從事官)이 되어 토벌하러 갔었다.

그 후로 이준경은 벼슬이 영의정에 이른 데다 나이도 70세 넘었고, 김귀영은 좌의정을 지낸 데다 나이도 74세에 이르렀고, 심수경은 우의정으로 나이가 지금 82세이니, 3명이 모두 의정(議政: 정승)이 된 데다 70세 넘었으니, 참으로 우연이 아니다.

우리 왕조에서의 대제학(大提學) 변계량(卞季良)·윤회(尹淮)·권제(權踶)·정인지(鄭獜趾: 鄭麟趾의 오기)·신숙주(申叔舟)·최항(崔恒)·서거정(徐居正)·어세겸(魚世謙)·홍귀달(洪貴達)·성현(成俔)·김감(金勘)·신용개(申用漑)·남곤(南袞)·이행(李荇)·김안로(金安老)·소세양(蘇世讓)·김안국(金安國)·성세창(成世昌)·신광한(申光漢)·정사룡(鄭士龍)·홍섬(洪暹)·정유길(鄭惟吉)·박충원(朴忠元)·박순(朴淳)·노수신(盧守愼)·김귀영(金貴榮)·이이(李珥)·이산해(李山海)·류성룡(柳成龍)·이양원(李陽元)·이덕형(李德馨)·윤근수(尹根壽)가 막중한 소임을 서로 전하면서 절로 우열이 있었는데도 세상의 여론에 모두 흡족하게 하는 것이야말로 어찌 어려운 일이 아니었으랴.

나이가 젊어서 재상(宰相: 우의정)이 된 자를 조종조(祖宗朝)에서는 자세히 알 수 없지만, 이 시대에서는 박순(朴淳)이 겨우 50세에, 류전(柳琠)이 55세에, 이산해(李山海)가 50세에, 정철(鄭澈)이 54세에, 류성룡(柳成龍)이 49세에, 김응남(金應南)·이원익(李元翼)이 50세에 되었다. 이는 근래에 보기 드문 일로 70세 이후에 재상이 된 자가 전혀 없었으나, 겨우 심수경만이 75세(1590)에 재상이 되었으니 정말 욕되게 끼인 것이다.

김귀영이 축하하는 시를 지어 주었다.

재상 자리를 백발의 원로가 차지한 것은
본래 하늘이 노성한 이를 중히 여김일러니,
어진 재상 얻은 몽복을 조야 모두 칭송함에
갓 먼지 터는 친구의 마음을 응당 알리로다.

심수경이 화답하여 시를 지었다.

욕되게도 형조와 병조의 판서를 지낸 데다
찬성 6년이나 지냈지만 끝내 이룬 일 없네.
하루아침에 비상한 은총을 잘못 입었으니
못난 사람 세상의 여론에 어찌 맞다 하리오.

○ 乙卯夏, 倭寇犯湖南, 戶曹判書李浚慶[1]爲都巡察使, 守慶以弘

---

1 李浚慶(이준경, 1499~1572): 본관은 廣州, 자는 原吉, 호는 東皐·南堂·紅蓮居士·蓮坊老人. 1522년 사마시에 합격해 생원이 되고, 1531년 식년 문과에 급제해

文館典翰, 金貴榮以吏曹佐郎, 爲從事官, 往討之。其後, 李浚慶官至領議〈政〉, 年過七十, 金貴榮經左議政, 年至七十四, 守慶右議政, 年今八十二, 三人皆爲議政, 而過七十, 誠非偶然也。國朝大提學, 卞季良[2]·尹淮[3]·權踶[4]·鄭獜趾·申叔舟[5]·崔恒·徐居正[6]·魚世謙[7]·洪貴達[8]·成俔[9]·金勘[10]·申用漑[11]·南袞[12]·李荇·金安老·蘇世讓[13]·金

한림이 되었다. 1555년 을묘왜란이 일어나자 전라도도순찰사로 출정해 이를 격퇴하였다. 그 공으로 우찬성에 오르고 병조판서를 겸임하였다. 1571년 几杖을 받았다.

2 卞季良(변계량, 1369~1430): 본관은 密陽, 자는 巨卿, 호는 春亭. 1382년 진사시에 합격하고, 이듬해는 생원시에도 합격하였으며, 1385년 문과에 급제하였다. 1420년 집현전이 설치된 뒤 그 대제학이 되었는데, 문장에 뛰어나 거의 20년 간 대제학을 맡아 외교 문서를 작성하였다.

3 尹淮(윤회, 1380~1436): 본관은 茂松, 자는 淸卿, 호는 淸香堂. 1401년 문과에 급제하였다. 집현전이 설치되자 1422년 부제학으로 임명되고 다시 藝文提學, 大提學이 되었다,

4 權踶(권제, 1387~1445): 본관은 安東, 초명 權蹈, 자는 仲義·仲安, 호는 止齋. 1414년 알성 문과에 급제하였다. 1438년 예문관대제학, 1439년 집현전제학을 지냈다.

5 申叔舟(신숙주, 1417~1475): 본관은 高靈, 자는 泛翁, 호는 希賢堂·保閑齋. 1438년 사마양시에 합격하고 1439년 친시 문과에 급제하였다. 1455년 예문관대제학이 되었다.

6 徐居正(서거정, 1420~1488): 본관은 大丘, 자는 剛中·子元, 호는 四佳亭·亭亭亭. 1438년 사마양시에 합격하고, 1444년 식년 문과에 급제하였다. 1467년 예문관대제학을 지냈다.

7 魚世謙(어세겸, 1430~1500): 본관은 咸從, 자는 子益, 호는 西川. 1451년 생원이 되고, 1456년 식년 문과에 급제하였다. 1488년 홍문관대제학이 되었다. 1500년 연산군으로부터 几杖을 하사받고 기로소에 들어갔다.

8 洪貴達(홍귀달, 1438~1504): 본관은 缶林, 자는 兼善, 호는 虛白堂·涵虛亭. 1459년 진사시에 합격하고, 1461년 별시 문과에 급제하였다. 1492년 대제학이 되었다.

9 成俔(성현, 1439~1504): 본관은 昌寧, 자는 磬叔, 호는 慵齋·浮休子·虛白堂·菊塢. 1462년 식년 문과에 급제하였다. 1495년 대제학이 되었다.

10 金勘(김감, 1466~1509): 본관은 延安, 자는 子獻, 호는 一齋·仙洞. 1489년 진사가 되었도, 이어 식년 문과에 급제하였다. 1498년 홍문관 직제학, 1501년 부제학, 1504년 대제학이 되었다.

安國[14]·成世昌[15]·申光漢[16]·鄭士龍[17]·洪暹·鄭惟吉·朴忠元·朴淳·盧守愼·金貴榮·李珥·李山海·柳成龍·李陽元·李德馨[18]·尹根壽[19], 重任相傳, 自有優劣, 而皆洽於物情, 豈不難哉? 年少入相者, 祖宗朝則未能詳知, 而當代則朴淳年纔五十, 柳琠五十五, 李山海五十, 鄭澈五十四, 柳成龍四十九, 金應南·李元翼五十。此近代所罕, 七十後入相絶無, 而僅有守慶, 七十五乃入, 眞竊忝也。金貴

---

11 申用漑(신용개, 1463~1519): 본관은 高靈, 자는 漑之, 호는 二樂亭·松溪·睡翁. 1483년 사마시에 합격하고, 1488년 별시 문과에 급제하였다. 1506년 홍문과과 예문관의 대제학이 되었다.

12 南袞(남곤, 1471~1527): 본관은 宜寧, 자는 士華, 호는 止亭·知足堂. 1489년 사마양시에 합격하고, 1494년 별시 문과에 급제하였다. 1502년 홍문관 부제학, 1516년 홍문관 대제학을 지냈다.

13 蘇世讓(소세양, 1486~1562): 본관은 晋州, 자는 彦謙, 호는 陽谷·退齋·退休堂. 1504년 진사시에 합격하고 1509년 식년 문과에 급제하였다. 1521년 홍문관 직제학, 1537년 홍문관과 예문관 대제학을 지냈다.

14 金安國(김안국, 1478~1543): 본관은 義城, 자는 國卿, 호는 慕齋. 1501년 사마시에 합격하고, 1503년 별시 문과에 급제하였다. 1519년 홍문관 제학, 1538년 예문관 제학, 1540년 홍문관 대제학과 예문관 대제학을 지냈다.

15 成世昌(성세창, 1481~1548): 본관은 昌寧, 자는 蕃仲, 호는 遯齋. 1501년 사마양시에 합격하고, 1507년 증광 문과에 급제하였다. 1521년 홍문관 직제학, 1530년 홍문관 부제학, 1545년 홍문관 대제학과 예문관 대제학을 지냈다.

16 申光漢(신광한, 1484~1555): 본관은 高靈, 자는 漢之·時晦, 호는 駱峰·企齋·石仙齋·青城洞主. 1507년 사마시에 합격하고, 1510년 식년 문과에 급제하였다. 1545년 대제학이 되었다.

17 鄭士龍(정사룡, 1491~1570): 본관은 東萊, 자는 雲卿, 호는 湖陰. 1507년 진사가 되었고, 1509년 별시 문과에 급제하였다. 1523년 부제학, 1554년 대제학이 되었다.

18 李德馨(이덕형, 1561~1613): 본관은 廣州, 자는 明甫, 호는 漢陰·雙松·抱雍散人. 1580년 별시 문과에 급제하였다. 1590년 부제학, 1591년 대제학이 되었다.

19 尹根壽(윤근수, 1537~1616): 본관은 海平, 자는 子固, 호는 月汀. 1558년 별시 문과에 급제하였다. 1572년 부제학, 1593년 대제학이 되었다.

榮贈賀詩曰: "金甌[20]拈得白頭卿, 自是天心重老成。朝野共稱賢夢卜[21], 彈冠[22]應識故人情." 守慶和之曰: "忝辱諸曹歷五卿[23], 贊成六載竟無成。一朝誤荷非常寵, 駑劣何能稱物情."

---

20 金甌(금구): 政丞 또는 재상을 가리키는 말.

21 夢卜(몽복): 군주가 어진 재상을 얻음을 이르는 말. 중국 殷나라 高宗은 꿈 속에서 傅說을 보고 그를 찾아 정승으로 삼았고, 周나라 文王은 점[卜]을 쳐서 呂望을 만나 정승으로 삼았던 데서 유래한다.

22 彈冠(탄관): 冠의 먼지를 터는 것은 곧 벼슬에 나갈 준비함을 뜻하는 말.

23 諸曹歷五卿(제조역오경): 오경은 六曹 가운데 工曹를 제외한 이조, 호조, 예조, 병조, 형조의 판서를 이르는 말인데, 심수경이 1574년 형조 판서, 1583년 병조 판서를 지낸 것을 일컬음.

13. 나이 70세 지나서 기로소에 든 이들

우리 왕조의 재상으로서 나이가 70세 지나 기로소(耆老所)에 든 자는 권희(權僖)·권중화(權仲和)·이서(李舒)·성석린(成石磷: 成石璘의 오기)·조준(趙浚)·하륜(河崙)·황희(黃喜)·허조(許稠)·하연(河演)·최윤덕(崔潤德)·최항(崔恒)·노사신(盧思愼)·어세겸(魚世謙)·류순(柳洵)·정광필(鄭光弼)·이유정(李惟情: 李惟淸의 오기)·윤은보(尹殷輔)·류부(柳溥)·홍언필(洪彦弼)·윤인경(尹仁鏡)·이기(李芑)·상진(尙震)·윤개(尹漑)·이명(李蓂)·이준경(李浚慶)·권철(權轍)·홍섬(洪暹)·노수신(盧守愼)·정유길(鄭惟吉)·김귀영(金貴榮)과 심수경이다.

심수경은 덕이 없는데도 천하에서 중하게 여기는 두 가지 관작과 연령의 자리에 참여하여 이름 있는 여러 재상들의 반열에 끼었으니, 얼마나 분수에 넘치는 일인가?【최항 이상은 〈기로소선생안(耆老所先生案)〉에 있었던 까닭에 기록하였지만, 다시 들으니 최항의 나이가 70세 되지 않았다 하고 그 나머지 또한 자세히 알지 못하였다. 그러나 재상이면 비록 70세가 되지 않았더라도 으레 모두 연회에 참여하였으니, 그가 연회에 참여하였으므로 〈기로소선생안〉에 기재된 것인가 한다.】

○ 國朝議政, 年過七十, 參耆老所者, 權僖[1]·權仲和[2]·李舒[3]·成石

---

1 權僖(권희, 1319~1405): 본관은 安東. 權近의 아버지이다. 기로사 명부의 첫머리에 있다. 李肯翊의 《燃藜室記述》〈官職典故·耆社〉에 나온다. 태종 때 檢校左政丞을 지냈다. 문신이 아니었다.

磷[4]·趙浚[5]·河崙[6]·黃喜[7]·許稠[8]·河演[9]·崔潤德[10]·崔恒·盧思愼[11]·魚世謙·柳洵[12]·鄭光弼[13]·李惟情[14]·尹殷輔[15]·柳溥[16]·洪彦弼[17]·尹

---

2 權仲和(권중화, 1322~1408): 본관은 安東, 자는 容夫, 호는 東皐. 태종 때 領議政府事를 지냈다. 문신이 아니었다.

3 李舒(이서, 1332~1410): 본관은 洪州, 자는 陽伯·孟陽, 호는 贛翁·松岡. 태종 때 영의정에 올랐고, 기로소에 들어갔다.

4 成石磷(성석린): 成石璘(1338~1423)의 오기. 본관은 昌寧, 자는 自修, 호는 獨谷. 태종 때 영의정에 올랐고, 기로소에 들어갔다.

5 趙浚(조준, 1346~1405): 본관은 平壤, 자는 明仲, 호는 吁齋·松堂. 태종 때 領議政府事에 올랐다. 70세가 안 되었다.

6 河崙(하륜, 1347~1416): 본관은 晉州, 자는 大臨, 호는 浩亭. 영의정부사·좌정승·좌의정을 역임하고 1416년에 70세로 기로소에 들었다.

7 黃喜(황희, 1363~1452): 본관은 長水, 초명은 壽老, 자는 懼夫, 호는 厖村. 1431년 영의정부사에 올랐고, 1449년 致仕하였다.

8 許稠(허조, 1369~1439): 본관은 河陽, 자는 仲通, 호는 敬菴. 1438년 우의정에 올랐고, 1440년 几杖이 하사되었다.

9 河演(하연, 1376~1453): 본관은 晉州, 자는 淵亮, 호는 敬齋·新稀. 1445년 좌찬성 때 궤장을 받았으며, 1449년 영의정에 올랐고, 1451년 致仕하였다.

10 崔潤德(최윤덕, 1376~1445): 본관은 通川, 자는 汝和·白修, 호는 霖谷. 1435년 좌의정이 되었고, 1445년 几杖이 하사되었다.

11 盧思愼(노사신, 1427~1498): 본관은 交河, 자는 子胖, 호는 葆眞齋·天隱堂. 1496년 연산군이 院相의 직위를 사면해달라는 간청을 들어주며 70세가 되었다면서 정식으로 几杖을 하사하였다.

12 柳洵(류순, 1441~1517): 본관은 文化, 자는 希明, 호는 老圃堂. 1510년 치사하기를 청하였으나 윤허하지 않고 几杖을 하사였으며, 1514년 영의정에 복직하였고, 1516년 致仕하였다.

13 鄭光弼(정광필, 1462~1538): 본관은 東萊, 자는 士勛, 호는 守夫. 1531년 几杖이 하사되었다.

14 李惟情(이유정): 李惟淸(1459~1531)의 오기. 본관은 韓山, 자는 直哉. 1528년 영중추부사가 되어 几杖을 받고 기로소에 들었다.

15 尹殷輔(윤은보, 1468~1544): 본관은 海平, 자는 商卿. 1537년 좌의정을 거쳐 영의정을 지낸 뒤 기로소에 들었다.

16 柳溥(류부, 1470~1544): 본관은 晋州, 초명은 柳蒋, 자는 彦博. 1539년 几杖을

仁鏡[18]·李芑·尙震[19]·尹漑[20]·李蓂[21]·李浚慶·權轍·洪暹·盧守愼·鄭惟吉·金貴榮及守慶。守慶不德而得與達尊[22]之二, 齒諸名相之列, 何其濫也? 【崔恒以上, 在耆老所先生案, 故錄之, 而更聞則恒年未七十云, 餘亦未詳。而議政, 則雖未七十, 例皆參宴, 以其參宴之, 故載於先生案歟.】

받고 판의금부사와 영중추부사를 지냈다.

17 洪彦弼(홍언필, 1476~1549): 본관은 南陽, 자는 子美, 호는 默齋. 1548년 좌의정과 영의정에 재임되고 几杖을 받았다.

18 尹仁鏡(윤인경, 1476~1548): 본관은 坡平, 자는 鏡之. 좌의정과 영의정을 지낸 뒤 1547년 궤장을 받았다.

19 尙震(상진, 1493~1564): 본관은 木川, 자는 起夫, 호는 松峴·嚮日堂·泛虛齋. 1563년 영중추부사로 전임되어 기로소에 들었고 几杖을 받았다.

20 尹漑(윤개, 1494~1566): 본관은 坡平, 자는 汝沃, 호는 晦齋·西坡. 1563년 기로소에 들었고 几杖을 받았다.

21 李蓂(이명, 1496~1572): 본관은 禮安, 자는 堯瑞, 호는 東皐. 1565년 궤장을 받았다. 1566년 좌의정이 되었다.

22 達尊(달존): 천하에서 중하게 여기는 것. 관작과 연령과 덕을 가리킨다. 《孟子》〈公孫丑 下〉의 "천하에 달존이 세 가지가 있으니, 官爵이 하나요, 年齒가 하나요, 德이 하나이다. 조정에는 관작만 한 것이 없고, 향당에서는 연치만 한 것이 없고, 세상을 돕고 백성을 자라게 하는 데는 덕만 한 것이 없다.(天下有達尊三, 爵一, 齒一, 德一. 朝廷莫如爵, 鄕黨莫如齒, 輔世長民莫如德.)"에서 나오는 말이다.

14. 중종조 명기 상림춘과 송인(宋寅) 하녀 석개

중종조(中宗朝)의 이름난 기녀 상림춘(上林春)이 거문고를 잘 탔는데, 참판(參判) 삼괴당(三魁堂) 신종호(申從濩)가 그녀를 사랑해 돌보아 주었고, 그녀의 집은 종루(鍾樓: 종각) 곁에 있었다. 하루는 삼괴당이 지나다가 즉석에서 시를 지어 불렀다.

다섯째 다리 머리에 연기 낀 수양버들 늘어지니
저물녘 바람 부던 날씨가 맑디맑으며 화창하여라.
열두 폭 비단 주렴 속의 사람이 옥과 같거늘
조정의 글 맡은 신하가 말 가는 대로 지나가네.

호사자가 그림을 그리고, 그 시를 그림 끝에 썼다. 그 뒤에 판부사(判府事) 정사룡(鄭士龍)이 칠언율시를 지어 주고, 우의정 정순붕(鄭順朋)·영의정 홍언필(洪彦弼)·우의정 성세창(成世昌)·찬성 김안국(金安國)·신광한(申光漢) 등이 연이어 화답하니 마침내 커다란 시축(詩軸)을 만들었는데, 심수경도 젊었을 때 상림춘을 보게 되었을 때 또한 그 시축 끝에 시를 썼으나 지금 어디에 있는 알지 못한다.

여성군(礪城君) 송인(宋寅)의 하녀 석개(石介)는 가무(歌舞)를 잘하여 한 시대에 겨룰 자가 없었다. 영의정 홍섬(洪暹)이 절구시 3수를 지어 주고 좌의정 정유길(鄭惟吉)·영의정 노수신(盧守愼)·좌의정 김귀영(金

貴榮)·영의정 이산해(李山海)·좌의정 정철(鄭澈)·우의정 이양원(李陽元)과 심수경이 연이어 화답한 데다 다른 재상들 또한 많이 화답하니 마침내 큰 시권(詩卷)이 되었다.

둘 다 천한 기생의 몸으로 여러 이름난 재상들의 시를 얻었으니, 빼어난 기예야말로 어찌 귀하게 여기지 않으랴.

○ 中廟朝, 有名妓上林春, 善琴, 三魁堂申參判從濩眷之。其家在鍾樓傍。一日, 三魁過去, 口占[1]曰: "第五橋頭烟柳斜, 晩來風日轉淸和。緗簾[2]十二人如玉, 靑瑣[3]詞臣信馬過." 好事者畫之, 題其詩於畫尾。厥後, 鄭判府事士龍, 作七言律詩贈之, 鄭右相順朋[4]·洪領相彦弼·成右相世昌·金二相安國·申二相光漢, 諸公連和之, 遂成巨軸[5], 守慶少時及見上林, 亦題其軸末, 而不知今在何處也。礪城君宋寅[6]婢石介, 善歌舞, 一時無雙。洪領相暹, 作絶句三首贈之, 鄭左相惟吉·盧領相守愼·金左相貴榮·李領相山海·鄭左相澈·李右相陽元及守慶, 連和之, 他餘宰相, 亦多和, 遂成巨卷。兩娥以賤倡, 得諸名相之詩, 拔藝豈不貴歟?

---

1 口占(구점): 즉석에서 시를 지어 부름.

2 緗簾(상렴): 비단으로 만든 주렴.

3 靑瑣(청쇄): 임금이 있던 궁궐의 문. 문짝에 자물쇠 모양을 새기고 푸른 칠을 하였다.

4 鄭右相順朋(정우상순방): 우의정 鄭順朋(1484~1548). 본관은 溫陽, 자는 耳齡, 호는 省齋. 1504년 별시 문과에 급제하였다. 우의정을 지냈다.

5 軸(축): 詩畫軸. 그림의 위쪽 여백에 그 그림에 맞는 한시를 쓴 두루마리.

6 宋寅(송인, 1517~1584): 본관은 礪山, 자는 明仲, 호는 頤菴. 10세에 중종의 셋째 서녀인 貞順翁主와 결혼하여 礪城尉가 되고, 명종 때 礪城君에 봉해졌다. 글과 글씨에 능하였다.

15. 승려의 고풍으로서 시축이란

승려가 벼슬아치와 유생들에게 시를 청하여 몸가짐의 보배로 여겼으니 이를 시축(詩軸)이라 하였는데, 이는 대개 승려들의 고풍(古風)이다. 명공 거경(名公巨卿: 정승 판서 등 고관대작)들이 아직도 모두 써 주었으니, 여성군(礪城君) 이암(頤菴: 송인의 호)이 가장 많이 써 주었다. 나 또한 승려들의 청을 잘 들어주었으니, 승려를 좋아해서가 아니라 바로 산을 사랑하는 데서 나온 것일 따름이다.

○ 僧人求詩於搢紳[1]及儒生, 以爲持身之寶, 謂之詩軸, 蓋僧之古風也。名公巨卿, 尙皆題之, 礪城頤菴最多。余亦喜題, 非愛僧也, 乃出於愛山耳。

1 搢紳(진신): 모든 벼슬아치의 총칭.

16. 문종의 동정귤시에 관한 일화

영묘(英廟: 世宗)가 양화진(楊花津)에 납시어 희우정(喜雨亭)을 지나다가 대가를 멈추고 하루를 보냈는데, 문묘(文廟: 문종)가 동궁으로 수행했고 안평대군(安平大君) 또한 수행하였다.

그날 저녁에 안평대군이 성삼문(成三問)·임원준(任元濬)과 강가에서 술자리를 베풀어 달을 구경하였는데, 동궁이 동정귤(洞庭橘) 두 쟁반을 보내주었다. 그 쟁반 안에 시가 씌어 있었다.

> 전단의 향기는 코에만 좋고
> 기름진 음식은 입에만 좋네.
> 동정의 감귤은 가장 아끼니
> 코에 향긋하고 입에도 달다.

마침내 시를 지어서 바치게 하니, 안평대군과 성삼문·임원준이 각각 시를 지어 올렸다. 안평대군은 당시의 일을 있는 그대로 적은 글과 시를 손수 쓰고 그림을 잘 그리는 안견(安堅)에게 그림을 그리도록 하니, 명사(名士)가 계속하여 화답한 것이 매우 많았다.

서거정(徐居正) 또한 화답하였으니, 그가 편찬한 《필원잡기(筆苑雜記)》에 이르기를, "동궁이 동정귤을 가까이하는 신하들에게 보내 주며 그 쟁반 안에 써 주었다."라고 운운하였다. 그리고 성현(成俔)도 편찬한

《용재총화(慵齋叢話)》 또한 이 일이 기재되었는데 《필원잡기》와 같다. 서거정과 성현은 모두 안평대군과 같은 시대 사람들인데도 그 기재함이 이와 같이 다르니 무슨 까닭인가? 세조조(世祖朝)에 안평대군이란 말을 꺼려서 가까이하는 신하라고 말한 것이 아니겠는가.

○ 英廟駕幸楊花渡[1], 過喜雨亭[2], 駐駕經日, 文廟[3]爲東宮隨之, 安平大君[4]亦隨之。一夕, 安平與成三問[5]·任元濬[6], 臨江置酒翫月, 東宮送洞庭橘二盤。盤內書之曰: "栴檀[7]偏宜鼻, 脂膏偏宜口。最愛洞庭橘, 香鼻又甘口." 遂令題詩以進, 安平·成·任, 各製進。安平, 手寫敍事及詩, 善畫安堅[8]作圖, 名士繼和者甚多。徐居正亦和之, 而其所撰筆苑雜記[9]曰: "東宮送洞庭橘於近臣, 其盤內書之云云。而

---

1 楊花渡(양화도): 서울특별시 마포구 합정동에 있던 마을. 楊花津은 광화문에서 서남방 약 6km 거리의 한강변에 위치한 나루터로, 서울특별시 마포구 합정동 한강 북안에 있던 나루이다.

2 喜雨亭(희우정): 서울특별시 마포구 합저동 망원동에 있던 望遠亭의 옛 이름. 태종의 아들인 효령대군의 별장으로 건립되었는데, 왕이 농사 형편을 살피러 이곳에 거둥했다가 새 정자에 올랐을 때 마침 비가 내려 온 들판을 흡족하게 적시므로 왕이 매우 기뻐하며 정자의 이름을 희우정이라 하였다. 1484년 성종의 형인 월산대군의 소유로 바뀌고, 월산대군이 정자를 보수하며 "먼 경치도 잘 볼 수 있다."는 뜻으로 망원정으로 하였다고 한다.

3 文廟(문묘): 文宗. 세종의 맏아들 李珦. 약 30년간 세자로 세종을 보필했다.

4 安平大君(안평대군): 세종의 셋째 아들 李瑢.

5 成三問(성삼문, 1418~1456): 본관은 昌寧, 자는 謹甫, 호는 梅竹軒. 집현전 부제학, 예조참의를 지낸 문신이다. 사육신이다.

6 任元濬(임원준, 1423~1500): 본관은 豊川, 자는 子深, 호는 四友堂. 예조판서, 우참찬을 지냈다. 임사홍의 아버지이다.

7 栴檀(전단): 인도에서 나는 향나무의 하나.

8 安堅(안견, 생몰년 미상): 본관은 池谷, 자는 可度·得守, 호는 玄洞子·朱耕. 세종 연간(1418~1450년)에 가장 왕성하게 활동하고 문종과 단종을 거쳐 세조 때까지도 화원으로 활약한 것으로 기록되어 있다.

成俔所撰慵齋叢話[10], 亦載此事, 與雜記同。徐成皆安平, 一時之人, 而其記載, 若是之異, 何也? 無乃世祖朝諱言安平而曰近臣耶?

9 筆苑雜記(필원잡기): 서거정이 《동국통감》을 편찬하고서 正史에는 실을 수 없는 逸事閑話 중 후세에 전할 만한 것을 뽑아 엮은 책.

10 慵齋叢話(용재총화): 성현이 지은 필기잡록으로 고려시대부터 조선 성종 때까지의 풍속·지리·역사·문물·제도·음악·문학·인물·설화 등 문화 전반을 다룬 책.

17. 사인사 연정의 학이 새끼를 까다

사인사(舍人司)의 연정(蓮亭)에 학을 한 쌍 길렀는데, 무자년(1588)과 기축년(1589) 사이에 학이 알을 낳아 품었다. 인가에서는 학을 기르더라도 대부분 새끼를 까는 학이 없는데, 새끼를 깠으니 기이한 일일 따름이었다.

기축년 여름에 내가 이공(貳公: 우찬성)으로 우연히 연정을 지나게 되었는데, 연꽃이 한창 피었고 학의 새끼가 뒤뚱거리며 걸었다. 내가 장난삼아 사인(舍人) 권극지(權克智)에게 말하기를, "연정에 근래 선생(先生: 전임자)을 초청하는 일이 드무니, 예로부터 서로 새로이 사람을 알아 사귀던 일이 적막하네."라고 하자, 사인이 말하기를, "연못의 연꽃이 처음부터 성하지 않았지만 지금은 널려 있는 데다 학 또한 새끼를 깠으니, 제 생각으로는 연정의 일이 옛날보다 낫습니다."라고 하여, 서로 크게 웃었다. 내가 즉시 기둥에 시를 지어 썼다.

일찍이 의정부에 든 지 30여 년 만에
지금 다시 이곳에 오니 안쓰럽게 여기나,
옛날 일들 모조리 없어졌다 말하지 말라며
연꽃 연못에 가득하고 학은 새끼 쳤다 하네.

○ 舍人司[1]蓮亭, 畜鶴一雙, 戊子己丑年間, 産鶴卵育也。人家畜鶴, 而多未有産雛者, 産雛是奇事耳。己丑夏 余以貳公[2], 偶過蓮亭, 荷花盛開, 鶴雛蹁躚。余戲語舍人權克智[3], 曰: "蓮亭近來罕招先生[4], 故事殊爲落莫[5]." 舍人曰: "池荷本來不盛, 而今則滿地, 鶴亦産雛, 吾意蓮亭之事, 勝於昔時矣." 相與大笑。余卽題于柱上曰: "曾入中書卅載餘, 如今重到足嗟吁。莫言故事全消歇, 荷滿池塘鶴産雛."

---

1 舍人司(사인사): 조선시대 전 시기에 걸쳐 의정부의 관직으로 존속하면서 부의 실무를 총괄하였고 왕과 의정·백관의 중간에서 양자의 의견을 매개하여 중요한 국사의 결정과 원활한 국정 운영에 기여한 舍人들이 집무하던 곳.

2 貳公(이공): 정승의 다음가는 자리를 말함. 의정부의 종1품인 贊成과 정2품인 參贊을 가리킨다.

3 權克智(권극지, 1538~1592): 본관은 安東, 자는 擇中. 1558년 사마시를 거쳐, 1567년 식년 문과에 급제하여 검열이 되었다.

4 先生(선생): 각 관아의 전임 관원을 이르던 말.

5 落莫(낙막): 외로움. 적막함. 쓸쓸함. 소외됨.

18. 사인사의 연정에서 행해진 전임자들의 모임

사인사(舍人司)의 연정(蓮亭)은 연못과 누대가 뛰어났다. 사인(舍人)은 담당하여 맡은 사무가 없었으니, 매양 선생(先生: 전임자)들을 청하여 노래하는 기생의 음악을 즐겨서 재상 또한 많이 오자, 세상사람들이 이를 흠모하여 영주(瀛洲)에 오른 것으로 비유하였다.

가정(嘉靖) 임자년(1552) 봄에 송찬(宋贊, 협주: 자는 治叔)은 좌사인(左舍人)이 되고 심수경은 우사인(右舍人)이 되었었는데, 만력(萬曆) 신묘년(1591) 가을에 이르니 어언 40년이나 되었다. 송찬은 82세로 참판 벼슬을 지내고 동지중추부사가 되었고 심수경은 76세로 참정 벼슬을 지내고 판중추부사가 되었는데, 사인사의 〈선생안(先生案)〉에 이름이 나란히 남아 있으니 또한 인간세상에서 한 가지 다행이라 하겠다.

하루는 연정에 가기로 약속하였는데, 술이 거나해지자 심수경이 절구시 한 수를 지었다.

> 연정에 든 때 생각하니 40년이로고
> 당시 사인들의 계모임 또한 인연일레.
> 함께 백발이 된 것도 참으로 다행이니
> 오늘 옛자리에서 더불어 취해 보세나.

송찬이 화답하여 시를 지었다.

이 연정에서 함께 취한 때 한창나이였거늘
서로 백발 되어 만났으니 무슨 인연인가.
누가 오늘에 함께 노니는 흥취를 알까만
주인이 풍류를 즐기며 잔치를 베풀었네.

사인(舍人) 노직(盧稷)이 이 시를 현판에 새겨 벽에 달았다. 송찬의 나이가 지금 88세이고 심수경의 나이가 82세이니, 더욱 다행이었다.

○ 舍人司蓮亭, 有池台之勝。舍人無職務, 每邀先生, 爲聲妓之樂, 宰相亦多赴焉, 人比之登瀛[1]。嘉靖壬子春, 宋贊治叔爲左舍人, 守慶爲右舍人, 至于萬曆辛卯秋, 爲四十年矣。治叔年八十二, 官經參判, 爲同知中樞, 守慶年七十六, 官經參政, 爲判中樞, 先生案中, 聯名俱存, 亦人世一幸也。一日, 約赴蓮亭, 酒半, 守慶吟一絶曰: "憶入蓮亭四十年, 當時僚契亦因緣。俱成白首眞多幸, 此日同携醉舊筵." 治叔和之, 曰: "共醉玆亭在盛年, 相携黃髮是何緣。誰知此日同遊興, 地主風流趁肆筵." 舍人盧稷[2], 以詩刻板, 懸于壁。宋贊年今八十八, 守慶年今八十二, 尤爲幸也。

---

1 登瀛(등영): 지극히 명예로운 지위를 차지한 것을 일컬음. 唐太宗이 天策上將軍으로 있을 때 文學館을 지어 놓고 房玄齡·杜如晦 등 18학사를 불러들인 뒤 극진히 대접하자 세상 사람들이 흠모하여 "영주에 올랐다.[登瀛洲]"고 하였다 한다.

2 盧稷(노직, 1545~1618): 본관은 交河, 자는 士馨. 1570년 생원이 되고 1584년 별시 문과에 급제하여 검열이 되었다. 서화 등 다방면에 조예가 깊었는데, 隸書와 篆書에 뛰어났다.

19. 신용개가 대제학을 남곤에게 전하다

중종조(中宗朝)에 이요정(二樂亭) 문경공(文景公) 신용개(申用漑)가 이공(貳公: 찬성)으로 문형(文衡: 대제학)을 겸대하였는데, 장차 남곤(南袞)에게 대제학 자리를 전하고자 하였다. 하루는 남곤과 이야기를 나누며 시를 읊어 보기를 청하자, 남곤이 시를 지어 올렸으니, 이러하다.

수양버들 짙게 그늘지고 때 아닌 낮에 닭 울려는데
홀연히 외딴 촌구석에 수레소리 가득하니 놀랄밖에.
엄격한 풍모 다투어 구경하느라 이웃집들 비었고
술상 차리라 재촉하니 늙은 아내가 군색하리로다.

흥에 겨워 단지 술잔을 기울일 줄만 알다가
체면 잃고 허리띠 잡아끈 것 깨닫지 못하고서,
마음속 흥얼흥얼하며 고헌과를 읊고자 했으나
정중하여 변변치 못한 글을 감히 쓰지 못하네.

문경공(文景公: 신용개)이 탄복하고 칭찬하며 말하기를, "문형(文衡: 대제학)의 후임이 돌아갈 곳이 있도다."라고 하였다. 얼마 안 되어 남곤이 문형을 맡았다.

이 일이 어숙권(魚叔權)의 《패관잡기(稗官雜記)》에 나오는데, 문경공은 이날에 필시 남곤이 지은 시의 운자를 따서 시를 지었을 것이나 《패관잡기》에 기재되어 있지 않다. 그래서 지금 감히 문경공에 비겨 시를 짓는다.

우연히 지체 높은 집 지나다 닭 잡는 것 보고
반나절이나 머무느라 노둔한 말을 매어 놓았네.
옥 같은 시구는 속마음을 알아주는 벗이었으니
한 말 술은 공경히 대접하는 부인에게 도모하네.

스스로 구방고에 비겨 말을 잘 알아본다 하고서
모름지기 온교를 번거로이 서각 사르게 시험했네.
가사와 바리때 전하려니 사람의 소망에 부합하고
이름값에 겨룰 자 없기는 품평한 글월에 달렸네.

○ 中廟朝, 二樂亭申文景用漑, 以貳公帶文衡[1], 將欲傳衡於南袞。一日, 南袞談話, 請賦詩, 南袞吟呈曰: "楊柳陰陰欲午鷄, 忽驚窮巷溢輪蹄。爭看風裁[2]空隣舍, 促具盤筵窘老妻。乘興但知傾藥玉, 忘形不覺挽鞓犀。沈吟[3]欲賦高軒過[4], 鄭重荒詞未敢題." 文景嘆賞曰:

1 文衡(문형): 조선시대 때의 대제학을 달리 이르는 말.
2 風裁(풍재): 엄격한 풍모와 뛰어난 판별력.
3 沈吟(침음): 속으로 깊이 생각함. 웅얼웅얼 읊음.
4 高軒過(고헌과): 지체 높은 이의 수레가 들렀다는 말. 《唐書》〈六藝傳〉에 "李賀가 7세 때에 벌써 글을 잘 짓는다 하여 韓愈와 皇甫湜이 믿지 않았는데, 한번은 그 집을 지나다가 시를 짓게 하니, 글을 짓고는 '고헌과'라 제목을 달자 두 사람이

"衣鉢[5]有所歸矣." 未幾, 南袞典文。此事出於魚叔權[6]《稗官雜記[7]》, 文景必於是日, 次南袞之韻, 而雜記不載焉。今敢擬文景而賦之。
"偶過高門見殺鷄, 淹留[8]半日縶駑蹄。瓊詞[9]許以知音友, 斗酒謀諸擧案[10]妻。自擬方皐[11]能相馬, 須煩溫嶠[12]試燃犀[13]。欲傳衣鉢孚人望, 聲價無雙在品題."

크게 놀랐다."라 하였다.

5 衣鉢(의발): 스승이 제자에게 법을 전수하는데 표시가 되는 물건. 여기서는 대제학의 후임이라는 뜻이다.

6 魚叔權(어숙권, 생몰년 미상): 본관은 咸從, 호는 也足堂·曳尾. 서얼 출신으로 중국어에 뛰어나 외교에 이바지했으며 시를 평론하는 데에 일가를 이루었다.

7 稗官雜記(패관잡기): 魚叔權이 지은 수필집. 조선 전기의 史實을 이해하는 데 요긴한 자료가 되고, 풍부한 설화적 소재와 간결하고도 진솔한 서술은 문학작품으로서도 평가받고 있다.

8 淹留(엄유): 오래 머무름.

9 瓊詞(경사): 옥 같은 시구.

10 擧案(거안): 擧案齊眉. 밥상을 눈높이까지 들어올려 바침. 아내가 남편을 정성껏 모시는 모습이다.

11 方皐(방고): 九方皐. 춘추시대 秦나라 때 천리마를 잘 알아보는 뛰어난 감식안을 소유한 사람.

12 溫嶠(온교): 晉나라 때 賊臣 祖約과 蘇峻을 토벌한 인물.

13 燃犀(연서): 溫嶠가 牛渚라는 못가에 이르렀을 때 물의 깊이를 헤아릴 수가 없었는데, 당시에 그 못 속에 怪物이 많이 있다는 말이 있었으므로 마침내 犀角에 불을 붙여서 비추어 보았다는 고사에서 온 말.

20. 사마시와 문과에서 으뜸 합격하면 장원이라 부르다

생원시와 진사시에 합격한 사람 가운데 으뜸으로 합격한 사람을 높여서 장원(壯元)이라 불러야지 감히 이름을 부르지 못하였고, 만나면 절을 해야지 감히 읍(揖)만 해서는 안 되었으며 급제(及第: 문과) 또한 그러해야 하였으니, 이는 사문(斯文: 儒者)의 오랜 풍속이다.

생원시와 진사시에 같은 해 합격한 자가 또 급제(及第: 문과)에서 함께 합격하면 재년(再年)이라고 이른다. 나와 계묘년(1543) 생원시와 진사시에 함께 합격하고 또 급제(及第)에서 같이 합격한 사람이 9명이었는데, 이광전(李光前)은 생원시에 으뜸으로 합격하고 심수경은 급제(及第)에서 으뜸으로 합격하여 서로 장원이라 불렀으니, 또한 정말 보기 드문 일의 하나였다. 이광전은 급제(及第)에 오르고 얼마 되지 않아서 죽었으니, 애석하다.

○ 生員進士榜中, 尊待壯元, 呼以壯元, 不敢名, 見則輒拜 而不敢揖, 及第亦然, 此斯文之古風也。生進同榜者, 又謂[1]及第同榜, 謂之再年[2]。吾癸卯生進同榜, 而又爲及第同榜者九人, 李光前[3]爲生員壯元, 守慶爲及第壯元, 相呼以壯元, 亦一罕事也。光前登第, 未久而

---

1 謂(위): 불필요한 글자인 듯.

2 再年(재년): 같은 해에 생원시와 진사시에 합격하고 다시 대과에도 함께 합격한 사람을 이르는 말.

3 李光前(이광전, 1517~1547): 본관은 陜川. 아버지는 李圖南이다. 1546년 식년 문과에 급제하였다.

沒，惜哉!

21. 계묘년 연방 합격자 모임의 참석자, 세월에 따른 추이

생원시와 진사시 양과를 일컬어 연방(蓮榜)이라고도 하고 사마(司馬)라고도 한다. 같은 방목에 오른 자들은 서로 형 동생으로 부르며 인정이 넘치고 의리가 두터웠으니, 봄가을에 모임을 갖고 즐겁게 지냈으나 세월이 오래되자 폐하고 말았다.

나와 계묘년(1543) 방목에 같이 올라 경성(京城)에 사는 자가 가장 많아서 봄가을에 가지는 모임이 오랜 세월에도 폐하지 않고 정해년(1587)에 이르러 45년이나 되었지만, 살아 있는 자는 15명뿐이었다. 서로 의논하기를, "과거 급제의 동기생인 우리들이 정이야 비록 두텁지만, 1년에 두 번 만나는 것으로 어찌 그 즐거움을 만족스러이 나누겠는가? 하물며 지금 나이도 늙고 살아 있는 사람도 적어서 더욱 자주 모이지 않을 수 없으니, 달마다 돌아가며 각자의 집에서 모임을 갖는 것이 어떠하오?"라고 하자, 모두가 "좋다."라고 하면서 다투어 먼저 모임을 가지려 하였다. 모임이 한 바퀴 돌고 다시 시작하게 되자, 이를 듣는 사람들이 모두 장하고 아름다운 일이라 여기며 부러워하였다.

임진년(1592) 여름에 이르러서는 살아 있는 자가 10명이었으니, 엄서(嚴曙)는 81세로 벼슬이 부정(副正)이었고, 류성남(柳成男)은 76세로 벼슬이 부정이었다. 심수경은 76세로 의정(議政: 재상)을 지냈고, 정척(鄭惕)은 75세로 승지로 산관(散官)이 되었고, 이양충(李藎忠)은 74세로 벼슬이 장원(掌苑)이었고, 권벽(權擘)은 72세로 벼슬이 참의이었고, 박홍(朴泓)은 72세로 벼슬이 사의(司議)이었고, 이굉(李宏)은 69세로 현감을 지내다 산관이 되었고, 이유관(李惟寬)은 69세로 벼슬이 군수를 지냈고, 장사중(張士重)은 68세로 참의로 있다가 난리를 만나 산관이 되었다.

그 뒤로 계사년(1593) 겨울에 경성(京城)으로 돌아오니, 살아 있는 자는 심수경·정척·장사중 셋뿐이었다. 아, 서글펐다.

○ 生員進士, 稱蓮榜[1], 或稱司馬。同榜者, 相呼以兄弟, 情義親厚, 春秋設會講歡, 而歲久則廢。吾癸卯榜, 居京者最多, 春秋之會, 久而不廢, 至丁亥, 爲四十五年, 而生存者十五人矣。相與議曰: "吾同年, 情雖相厚, 一年兩會, 何足以講歡? 況今年老而數少, 尤不可不頻頻作會, 逐月輪會于各家, 何如?" 咸曰: "諾." 爭先設之。周而復始, 聞者皆以爲盛事而歆艶焉。 至壬辰夏, 生存者十人, 嚴曙年八十一, 官爲副正, 柳成男年七十六, 官爲副正, 守慶年七十六, 官經議政, 鄭惕年七十五, 以丞旨散, 李勱忠年七十四, 官爲掌苑, 權擘年七十二, 官爲參議, 朴泓年七十二, 官爲司議, 李宏年六十九, 以縣監散, 李惟寬[2]年六十九, 官經守郡, 張士重年六十八, 官爲參議, 遭亂而散。後癸巳冬還京, 生存者, 守慶·鄭惕·張士重三人而已。嗚呼愴哉!

---

1 蓮榜(연방): 생원시와 진사시를 통털어 일컫는 말.

2 李惟寬(이유관, 1524~): 본관은 全州, 자는 景弘. 아버지는 李億孫이다. 1543년 진사시에 급제하였다.

22. 우리 고을에 기로회가 둘 있었네

우리 고을에 기로회(耆老會: 나이 많은 벼슬아치들의 사적 모임)가 둘이 있었다.

하나는 아이현(阿耳峴: 애오개) 아래에 사는 노인들이 경진년(1580) 가을부터 시작한 모임인데, 임진년(1592) 여름에 이르러 난리를 만나 흩어졌다. 매월 돌아가며 각 집에서 모임을 가져 한 바퀴 돌고 다시 시작하게 되자, 과녁에 활쏘거나 작은 표적에 활쏘기도 하고, 바둑을 두거나 시를 짓거나 하면서 마음껏 즐겼다. 처음에는 20여 명이었다가 나중에는 9명이었는데, 영주감(瀛州監) 이의경(李義卿)은 90세, 동지중추부사(同知中樞府事) 송찬(宋贊)은 82세, 영해감(瀛海監) 이지경(李智卿)은 80세, 판중추부사(判中樞府事) 심수경은 77세, 전 직장(前直長) 성학령(成鶴齡)은 76세, 전 직장(前直長) 심수약(沈守約)은 73세, 첨정(僉正) 남전(南銓)은 73세, 전 응패두(前鷹牌頭) 심수의(沈守毅)는 72세, 주부(主簿) 심수준(沈守準)은 69세였다.

또 하나는 만리현(萬里峴) 아래에 사는 노인들이 임오년(1582) 봄부터 가진 모임인데, 임진년 여름에 이르러 난리를 만나 흩어졌다. 매달 돌아가며 모임을 갖는 것과 표적에 활쏘기 하고 바둑을 두고 시를 짓는 것이 모두 아현(阿峴: 애오개)의 모임과 같았다. 처음에는 열 두셋이었다가 나중에는 70명이었는데, 동지중추부사 송찬(宋贊)과 심수경은 나이가 위에 써 있고, 첨지(僉知) 이이수(李頤壽)·경력(經歷) 안한(案瀚:

安瀚의 오기)은 80세, 좌윤(左尹) 목첨(睦詹)은 78세, 첨지 서봉(徐對)은 75세, 참의(參議) 송하(宋賀)는 79세였다.

난후인 갑오년(1594) 겨울이 되자 살아남아 경성(京城)에 있는 자는 동지중추부사 송찬·경력 안한·심수경 셋뿐이었다. 감탄을 금할 수가 없어서 송찬과 안한 두 사람에게 시를 읊어 주었다.

우리 고을 노인들이 다년간 모임 갖더니만
동서로 흩어진 뒤에 인간사 몇 번 변했네.
지금까지 살아남은 이가 단지 세 사람뿐이니
옛 감회 회상하노라면 도리어 아득하여라.

동지중추부사 송찬이 이 시에 화답하였다.

성 서쪽에서 활쏘며 세밑을 보내지만
굳어진 버릇에 다른 재주 하기 어렵네.
활쏘던 옛일을 떠돌다 오늘 생각노라니
슬픈 눈물 절로 흘러내림을 금치 못하네.

경력 안한이 이 시에 화답하였다.

사방 이웃에서 성씨 알고 나이는 몰랐어도
젊어서 사귄 정 늙었다고 하여 변하겠는가.
오늘 세 사람이 삼족정처럼 둘러앉았으니

그간 속마음 털어놓는 흰머리 늙은이일세.

○ 吾鄕, 耆老之會, 有二焉。一則阿耳峴[1]諸老居峴下者, 自庚辰秋赴會, 至壬辰夏, 遭亂而散。每月各家輪設, 周而復始, 或射帿[2]或射少的, 或着碁或賦詩, 以盡歡樂。初則二十餘人, 而終則九人, 瀛州監義卿[3]年九十, 同知宋贊年八十二, 瀛海監智卿[4]年八十, 判中樞守慶年七十七, 前直長成鶴齡[5]年七十六, 前直長沈守約[6]年七十三, 僉正南銓[7]年七十三, 前鷹牌頭沈守毅年七十二, 主簿沈守準[8]年六十九。一則萬里峴諸老居峴下者, 自壬午春作會, 至壬辰夏, 遭亂而散。每月輪會及帿的碁詩, 並如阿峴。初則十二三人, 而終則七十, 宋同知及守慶年見上, 僉知李頣壽·經歷案瀚[9]年皆八十, 左尹睦詹

1 阿耳峴(아이현): 서울특별시 마포구 아현동에 있는 고개. 옛날에 어린아이가 죽으면 내다 버리던 고개라고 한 데서 유래된 이름이다.

2 射帿(사후): 과녁을 쏘아 맞히는 것.

3 義卿(의경): 李義卿(1503~?). 본관은 全州. 守道君派이다. 延陽令 李貴仝의 넷째 아들로 庶子이다.

4 智卿(지경): 李智卿(1513~?). 본관은 全州. 守道君派이다. 延陽令 李貴仝의 여섯째 아들로 庶子이다.

5 成鶴齡(성학령, 1517~?): 본관은 昌寧. 行豊儲倉 直長을 지냈다.

6 沈守約(심수약, 1520~?): 본관은 豐山. 아버지는 沈思遜이다. 沈守慶의 첫째 동생. 司導寺直長을 지냈다.

7 南銓(남전, 1520~?): 본관은 固城, 자는 平伯. 아버지는 南孝孫이다. 1546년 진사시에 합격하였다.

8 沈守準(심수준, 1524~?): 본관은 豐山. 아버지는 심사손이다. 심수경의 둘째 동생. 司饔院奉事를 지냈다.

9 案瀚(안한): 安瀚(1513~?)의 오기. 본관은 順興, 자는 季容. 아버지는 安尊義이다. 1546년 생원시에 합격하였다. 1588년 현감 등을 지냈다.

年七十八，僉知徐對年七十五，參議宋賀[10]年七十九。亂後甲午冬，生存在京者，只宋同知·安經歷·守慶三人而已。不勝感嘆，吟呈兩君，曰:"吾鄕耆老會多年，一散東西事幾遷。今日生存只三箇，回思舊興却茫然." 宋同知和之曰:"城西爭鵠屬殘年，成癖難爲他技遷。今日漂零[11]思射囗，不禁哀涕自潸然[12]." 安經歷和之曰:"四隣知姓不知年，自少交情老豈遷。今日三人成鼎坐，這間肝膽照皤然."

10 宋賀(송하, 1524~1594): 본관은 鎭川, 자는 慶叔. 1546년 사마양시에 합격하고 1549년 식년 문과에 급제하였다.

11 漂零(표령): 떠돎.

12 潸然(산연): 눈물이 줄줄 흐르는 모양.

23. 읍취헌 박은과 그의《읍취헌유고》간행 경위

읍취헌(挹翠軒) 박은(朴誾)은 남곤(南袞)과 용재(容齋) 이행(李荇)과 어렸을 때부터 글로써 서로 벗하며 사이좋게 지냈다. 남곤과 용재는 모두 읍취헌을 추앙하여 미칠 수 없다고 여겼다.

읍취헌은 나이가 17세 때 사마시(司馬試)에 합격하고 18세 때 급제(及第: 문과)에 올랐으며, 26세 때 홍문관 수찬(弘文館修撰)이 되었다가 연산조(燕山朝)에서 죽임을 당하였다. 남곤과 용재는 모두 대제학(大提學)을 지내고 벼슬이 의정(議政: 재상)에 이르렀다.

용재가 읍취헌의 시문을 모아《읍취헌유고(挹翠軒遺藁)》라 명명하여 세상에 간행하였고, 읍취헌의 둘째 아들 참판(參判) 박공량(朴公亮)이 읍취헌유고에 빠진 글을 수습하여《별고(別藁: 天磨蠶頭錄)》를 만들었는데, 읍취헌의 손자인 박유(朴愈)·박무(朴懋)가 간행할 계획으로 유고와 별고 두 원고를 1책으로 합하여 상권과 하권을 만들고는 심수경에게 발문(跋文) 써주기를 부탁하였다.

유고(遺稿) 권말(卷末)에 오언율시가 3수 있으니, 이러하다.

하늘이 우리 사문을 버리려고 하는가
나라 병들고 망할까 탄식하는 때 같네.
사람들 백번 죽어 대속하려도 안 되니
만고에 밤은 다시금 길기만 하리로다.

글을 짓거나 쓰는 여기에 빠졌더니만
한바탕 풍류가 이제는 죄다 사라졌네.
어찌 차마 강호에서 마시는 술 가지고
속절없이 국화 옆에 부어 강신할거나.

택지(擇之) 용재(容齋)의 시이다.

뛰어난 재주가 때를 만나지 못해서
야박한 세상은 문장가를 싫어하네.
한 가지 일만은 후세에 전할 만하니
덧없는 인생 길든 말든 상관치 않네.
살고 죽는 길이 서로 다르니 슬프다만
만나면 시 짓고 술마시던 곳 그립노라.
지금도 짙어가는 종남산의 산색이
읍취헌 곁에서 전과 다름 없으리라.

호숙(浩叔) 이원(李沅: 李沆의 오기)의 시이다.

젊어서 글 짓기를 내 가벼이 여겼더니
다시금 10년 공력을 더 들여야 했었네.
늙게나마 묘한 경지에 들어 놀랐으니
죽은 뒤라도 공부에 힘써야 하리로다.
기구한 운명의 일생은 짧았을지라도
문장은 길이 만고에 부질없이 떨치리니,
종남산의 푸른 빛은 누가 볼 수 있을지

저물녘의 빛은 아직도 하늘에 뻗어 있네.

명중(明仲) 이우(李堣)의 시이다.

○ 挹翠軒朴誾[1], 與南袞·容齋李荇, 自少以文, 相友善。南袞·容齋, 皆推挹齋[2], 爲不可及。挹翠年七十[3], 中司馬試, 十八登第, 二十六以弘文修撰, 遭禍於燕山朝。南袞·容齋, 皆主文[4], 官至議政。容齋裒集挹翠詩文, 名曰挹翠軒遺藁, 印行于世, 挹翠之胤參判公亮[5], 收拾散逸爲別藁, 孫朴愈[6]·朴懋[7]謀印之, 以兩藁合秩, 爲上下卷, 屬守慶爲跋。遺藁卷末, 有五律三首, 曰: "天欲斯文喪[8], 時如殄瘁章[9]。百身人莫贖[10], 萬古夜還長。翰墨餘三昧, 風流盡一場。忍將湖

1 朴誾(박은, 1479~1504): 본관은 高嶺, 자는 仲說, 호는 挹翠軒. 1495년 17세로 진사가 되었고, 이듬해에는 식년문과에 급제하였다. 1504년 갑자사화때에 동래로 유배되었다가 다시 의금부에 투옥되어 사형을 당했다. 海東江西派의 대표적 시인이며, 절친한 친구인 李荇이 그의 시를 모아 《읍취헌유고》를 냈다.

2 挹齋(읍재): 挹翠의 오기.

3 七十(칠십): 十七의 오기.

4 主文(주문): 文衡을 관장하는 사람. 곧 大提學을 달리 이르던 말이다.

5 公亮(공량): 朴公亮(1496~1556). 본관은 高靈, 초명은 大春, 자는 明甫. 아버지는 朴誾이며, 어머니는 좌의정 申用漑의 딸 사이의 둘째 아들이다. 동부승지, 우부승지, 공조참판 등을 역임한 문신이다.

6 朴愈(박유, 생몰년 미상): 朴寅亮의 첫째 아들. 박인량은 박은의 첫째 아들이다.

7 朴懋(박무, 1529~?): 본관은 高靈, 자는 季勗. 1564년 생원시에 합격하였다. 朴寅亮의 셋째 아들이다.

8 天欲斯文喪(천욕사문상): 《論語》〈子罕篇〉의 "하늘이 장차 사문을 없애려 하였다면 나 같은 후세 사람이 사문에 참여하지 못했을 것이리라.(天之將喪斯文也, 後死者不得與於斯文也.)"에서 나오는 말. 곧 읍취헌이 죽은 것은 하늘이 사문을 없애려 한 것이라 한 것이다.

9 殄瘁章(진췌장): 《詩經》〈大雅·瞻卬篇〉의 "善人이 없으니 나라의 명맥이 끊기고 병들리라.(人之云亡, 邦國殄瘁.)"에서 차용한 말.

海酒[11]，空酹菊花傍.” 擇之容齋也。“高才時不遇，薄俗惡文章。一事堪傳後，浮生不較長。存亡嗟異路，詩酒憶逢場。尙有終南色，依然挹翠傍.” 浩叔李沆沅[12]也。“少作吾輕了，還添十載功。晩來驚入妙，身後覺增工。奇釁一生短，長鳴萬世空。終南翠誰挹，暮色尙連穹.” 明仲李堣[13]也。

---

10 百身人莫贖(백신인막속): 《詩經》〈秦風·黃鳥篇〉의 “저 푸른 하늘이여. 우리 좋은 사람을 죽이도다. 만약 代贖할 수 있다면 사람마다 그 몸을 백 번이라도 바치리라.(彼蒼者天，殲我良人. 如可贖兮，人百其身.)”에서 차용한 말.

11 湖海酒(호해주): 강호에서 마시는 술.

12 李沅(이원): 李沆(1474~1533). 본관은 星州, 자는 浩叔, 호는 洛西軒·晦堂. 1496년 진사시에 합격하고, 1498년 별시 문과에 급제하였다. 贊成으로 있다가 파직되어서 상서를 올려 자신에 대해 해명하였는데, 임금을 무시하고 조정을 멸시했다는 이유로 양사의 탄핵을 받아 유배, 賜死되었다.

13 李堣(이우, 1469~1517): 본관은 眞城, 자는 明仲, 호는 松齋. 退溪 李滉의 숙부이다. 1492년 생원이 되고, 1498년 식년 문과에 급제해 승문원권지부정자가 되었다. 문장이 맑고 典雅하다는 평을 받았다. 특히 시에 뛰어났다.

24. 유명한 시인 임억령의 시에 차운하다

근래에 석천(石川) 임억령(林億齡) 공은 시를 잘 짓기로 이름이 났다. 어떤 사람이 술을 노래하는 시를 짓자고 청하면서 감(甘) 글자 운(韻)을 부르니, 임억령은 즉시 그 소리에 응하였다.

늙어 가매 비로소 이 맛이 달콤한 줄 알았네.

또 삼(三) 글자 운을 부르는 소리에 응하였다.

한잔 술에도 도를 통하니 석 잔까지 마실 건 없네.

또 남(男) 글자 운을 부르는 소리에 응하였다.

그대는 보았는가, 혜강 완적 도잠 유령 이백이
공후백자남(公侯伯子男)도 부러워하지 않은 것을.

참으로 훌륭한 작품이라서 내가 감탄한 나머지, 그 시에 차운하여 자손들을 경계하였다.

예전에 우임금이 마시고 달게 여겼다지만

술 즐기고 몸 온전한 이는 열에 두셋뿐이네.
한잔도 기울이지 말고 의당 조심하여 삼가며
모름지기 여색 멀리해야 정남이 될 줄 알리라.

임석천의 뜻을 뒤집은 것이나, 시는 도저히 미치지 못한다.

○ 近有石川林公億齡[1], 以能詩名。有人請賦酒詩, 呼甘字韻, 林卽應聲曰: "老去方知此味甘." 又呼三字, 應聲曰: "一盃通道不須三." 又呼男字, 應聲曰: "君看嵇阮陶劉季[2], 不羨公侯伯子男." 眞奇作也, 余嘆賞之餘 乃次其韻, 以戒兒孫, "曾聞大禹飮而甘, 嗜酒全身十二三。勿把一杯宜戒愼, 須知遠色是貞男." 反林之意, 而詩則不及遠矣。

---

1 億齡(억령): 林億齡(1496~1568). 본관은 善山, 자는 大樹, 호는 石川. 1516년 진사가 되고, 1525년 식년 문과에 급제하였다. 그는 천성적으로 도량이 넓고 청렴결백하며, 시문을 좋아하여 詞章에 탁월하였다.

2 嵇阮陶劉季(혜완도유계): 嵇阮陶劉李의 오기. 중국 삼국시대 魏나라의 문학가이자 사상가로 竹林七賢에 속한 嵇康과 阮籍, 晉나라의 高士 陶潛·죽림칠현의 한 사람인 劉伶·堂나라 詩仙 李白을 가리킴. 이들은 술을 즐기기로 유명하다.

25. 남대문 밖에서 한때 이웃이었던 5명이 재상이 되다

남대문 밖에서 한때 이웃이었던 같은 또래의 문사(文士)로 재상이 된 자는 5명이었으니, 윤부(尹釜)는 경오년(1510)에 태어나 22세 때 사마시에 합격하고 28세에 급제하여 벼슬이 참판에 이르렀고 향년 50세였으며, 오상(吳祥)은 임신년(1512)에 태어나 20세 때 사마시에 합격하고 23세에 급제하여 벼슬이 판서에 이르렀고 향년 62세였으며, 윤현(尹鉉)은 갑술년(1514)에 태어나 18세 때 사마시에 합격하고 24세에 장원급제하여 벼슬이 판서에 이르렀고 향년 65세였으며, 류창문(柳昌門)은 갑술년(1514)에 태어나 27세에 급제하여 벼슬이 참판에 이르렀고 향년 57세였으며, 심수경은 병자년(1516)에 태어나 28세 때 사마시에 합격하고 31세에 장원급제하여 벼슬이 의정(議政: 재상)에 이르렀고 82살인데도 여전히 병이 없다.

심수경은 5인 중에서 재주와 덕이 가장 부족한데도 벼슬이 가장 높고 수명이 가장 기니, 하늘이 넉넉하고 인색하게 나누어 주는 것을 실로 알 수가 없다. 늘그막에 지위와 명망을 높아지도록 했기 때문이 아니랴. 내가 변변치 못한 재주로 장원급제한 것이 첫째 요행이요, 급제한 지 10년 만에 승지에까지 오른 것이 둘째 요행이요, 평소에 명성과 인망이 없었는데도 벼슬이 의정에 이른 것이 셋째 요행이요, 권세를 잡지 않았으므로 집에 드나드는 손님이 드문 것이 넷째 요행이다. 네 가지 요행이 있는 데다 나이가 또 80세를 넘은 것이 다섯째 요행이니,

어찌 하늘이 명을 부여한 것이지 사람의 힘이 미칠 수 없는 바가 아니겠는가.

《영규율수(瀛奎律髓)》에 유우모(劉禹謨: 劉昌言)가 여상공(呂相公: 呂蒙正)에게 올린 시가 있으니, 이러하다.

명성이 자자해 맑은 명망 천하에 퍼지니
선인과 신만이 알지 못할까 두려웠어라.
단번에 장원으로 용호방에 급제하더니만
십 년 만에 몸이 중서시랑에 이르렀구나.

묘당에선 다만 과묵한 신하 같을 뿐이고
집안에선 귀해지기 이전과 마냥 같았으니,
낙양에서 유수로 역임한 것을 제외하고는
우리 조정의 어진 재상 다시 누구라 쓰랴.

경인년(1590) 가을에 이웃 벗인 죽계(竹溪) 안한(安瀚)이 윗시의 두 연(聯)에 언급된 벼슬길이 나의 벼슬길과 거의 같다면서 베껴 보여 주었는데, 내가 곧바로 감히 감당하지 못한다는 뜻으로 그 시에 차운하여 보냈었다. 임진란 뒤 갑오년(1594) 가을에 우연히 《영규율수》를 죽 훑어보다가 위의 시를 보고 이내 그때 차운해 주느라 지었던 것이 기억났지만, 한 구절도 전혀 기억할 수가 없어 감히 또 졸렬한 대로 지어서 훗날의 고람(考覽)에 대비하였으니, 이러하다.

세상이 어느 날에나 태평하려는지
난리 뒤 하늘의 뜻 실로 모르겠네.
반평생 벼슬길 온갖 고초 겪었고
하루아침에 인간사 모두 어긋났네.

선도 복숭아 삼천 년 전에는 익지 않거늘
백발의 몸은 부질없이 팔십이 되어가네.
나라 위한 충성의 마음만 그지없을 뿐이니
어려움과 위기 구제할 사람 다시 누구인가.

○ 南大門外一隣, 儕輩文士, 爲宰相者五人, 尹釜[1]以庚午生, 年二十二中司馬試, 二十八登科, 官至參判, 壽五十, 吳祥[2]以壬申生, 年二十中司馬試, 二十三登科, 官至判書, 壽六十二, 尹鉉[3]以甲戌生, 年十八中司馬試, 二十四登科壯元, 官至判書, 壽六十五, 柳昌門[4]以甲戌生, 年二十七登科, 官至參判, 壽五十七, 守慶以丙子生, 年二十

---

1 尹釜(윤부, 1510~1559): 본관은 坡平, 자는 子器. 사마시에 합격하여 진사가 된 뒤 1537년 별시 문과에 급제하였다. 1556년 호조참판에 제수되어 성절사 사신으로 선발되었다.

2 吳祥(오상, 1512~1573): 본관은 海州, 자는 祥之, 호는 負暄堂. 1531년 진사가 되고, 1534년 별시 문과에 급제하였다. 만년에는 이조·호조·예조·병조·형조의 판서 등 육조의 장관을 차례로 두루 역임하였다.

3 尹鉉(윤현, 1514~78): 본관은 坡平, 자는 子用·菊磵. 1531년 생원이 되고, 1537년 식년 문과에 장원으로 급제하여 이듬해 정언이 되었다. 호조판서 등을 역임하였다.

4 柳昌門(류창문, 1514~1579): 본관은 晉州, 자는 興伯. 1540년 별시 문과에 급제하였다. 형조참판을 역임하였다.

八中司馬試, 三十一登科壯元, 官至議政, 壽八十二, 尙無恙。守慶於五人中, 才德最下, 而官壽最高, 天之賦與豐嗇, 實未可知也。無乃以晩達之故耶? 余以不才, 登第居魁, 一幸也, 登第十年, 陞爲丞旨, 二幸也, 素無物望, 而官至議政, 三幸也, 不執權柄, 故門庭客稀, 四幸也。有此四幸, 而年又過於八十, 五幸也, 豈非天之賦命而人爲所不及者歟? 瀛奎律髓[5]中, 有劉禹謨[6]上呂相公[7]詩曰: "重名[8]淸望遍華夷, 恐是神仙不可知。一擧首登龍虎榜,[9] 十年身到鳳凰池[10]。廟堂只似無言者, 門館長如未貴時。除却洛京居守[11]外, 聖朝賢相復書誰." 庚寅年秋, 隣友竹溪安瀚, 以此詩兩聯, 爲近似於余之官跡, 寫以見惠[12], 余卽以不敢當之意, 次韻送之。壬辰亂後甲午秋, 偶閱律

---

5 瀛奎律髓(영규율수): 元나라 方回(1227~1305)가 편찬한 책. 당송의 오언과 칠언 율시 중 우수한 작품을 뽑아 수록하였다. 체계적이며 객관적으로 비평을 시도한 대표적인 시비평서 가운데 하나라고 할 수 있다.

6 禹謨(우모): 劉昌言(942~999)의 字. 북송의 대신. 7세 때 글을 잘 지었으며, 983년에 급제하여 진사가 되었다. 학문이 깊고 글귀가 화려하였다.

7 呂相公(여상공): 북송의 대신 呂蒙正(944~1011)을 가리킴. 자는 聖功. 977년 장원 급제하여 진사가 되었안. 벼슬은 著作郎과 翰林學士를 거쳐 參知政事에 올랐다. 989년 中書侍郎 겸 戶部尙書에 오르고, 平章事가 되었다. 그 뒤로 吏部尙書, 太子太傅에 오르고 萊國公에 봉해졌다가 許國公으로 고쳐 봉해졌다. 重望이 있었고, 직언을 서슴지 않았다. 사람을 볼 줄 알아 富弼을 중용했고, 조카 呂夷簡을 천거했는데, 모두 나중에 명재상이 되었다.

8 重名(중명): 세상에 널리 떨칠 만한 명예.

9 龍虎榜(용호방): 龍榜과 虎榜을 아울러 가리키는 말. 용방은 文科榜目을, 호방은 武科榜目을 말한다.

10 鳳凰池(봉황지): 禁苑 안의 연못. 위진남북조 때 금원에 中書省을 설치하고 중요 기무를 관장하여 임금을 가까이 보좌하게 하니 중서성을 이르는 말로 쓰였다. 재상의 별칭으로도 쓰였다.

11 居守(거수): 留守. 995년 河南府通判 겸 西京留守를 지낸 것을 일컫는다.

12 見惠(견혜): 타인에게 선물을 받았을 때의 인사말. 덕을 입음.

髓, 見此詩, 仍憶次韻之作, 茫然不能記一句, 敢又構拙以備後覽。“乾坤何日屬淸夷[13], 亂後天心實未知。半世宦途嘗險阻, 一朝人事盡差池[14]。蟠桃[15]未熟三千載, 華髮[16]空垂八十時。許國[17]丹衷徒耿耿, 艱危弘濟更伊誰?”

13 淸夷(청이): 맑고 평온함. 태평함.

14 差池(치지): 착오. 들쑥날쑥함. 일정하지 않음.

15 蟠桃(반도): 3천 년 만에 한번씩 열매를 맺는다는 전설상의 복숭아.

16 華髮(화발): 하얗게 센 머리털.

17 許國(허국): 나라를 위하여 몸을 돌보지 않고 힘을 다함.

26. 1546년 과거 급제자의 통합 방목 편찬

심수경이 명종조(明宗朝) 가정(嘉靖) 병오년(1546) 식년시(式年試)에 장원급제를 하였다. 이때 문과(文科) 33명, 무과(武科) 28명, 중시 문과(重試文科) 18명, 중시 무과(重試武科) 35명, 역과(譯科) 19명, 음양과(陰陽科) 8명, 율과(律科) 8명으로 모두 147명을 통합하여 방목(榜目) 1책으로 간행하고 각기 보관하였다.

만력(萬曆) 임진년(1592) 여름에 왜구가 경성(京城)을 함락하여 나라가 무너지고 망하니, 관청이나 개인이 소장한 서적들이 하나도 남김없이 없어졌다. 계사년(1593) 여름에 왜구가 물러가고, 그해 겨울에 대가(大駕)가 도성으로 돌아왔다. 갑오년(1594) 가을에 어떤 사람이 우연히 《병오방목(丙午榜目)》을 구하여 주었는데, 내가 펴 보니 147명 중에서 생존한 자는 오직 나 한 사람뿐이었다. 49년이 흐르는 사이에 인간사가 이와 같았는데도 살아남아서 이 책을 구하여 볼 수 있었으니, 아! 또한 다행이다.

○ 守慶於明宗朝嘉靖丙午式年, 登科壯元。文科三十三人, 武科二十八人, 重試文科十八, 武科三十五人, 譯科十九人, 陰陽科八人, 律科八人, 摠一百四十七人[1], 合爲榜目一冊, 印出之, 各藏焉。萬曆壬辰夏, 倭寇陷京城, 國破家亡, 公私書籍, 蕩失無餘。癸巳夏

1 一百四十七人(일백사십칠인): 원문의 합계는 149명으로 착오인 듯함.

寇退，其冬車駕還都。甲午秋，有人偶得丙午榜目以贈，余披而閱之，則一百四十七人中，生存者唯余一人而已。四十九年之內，人事若此，而生存者，得見此冊，吁亦幸矣。

27. 서자의 과거 응시를 금한 국법은 옛날에 없던 일이다

국법(國法)은 서얼(庶孼)에게 과거 응시를 허락하지 않는데, 이는 옛날에 없던 일이다. 당초에 이런 법을 제정한 뜻이 어떠했는지는 알지 못하지만, 근래에는 과거에 응시하도록 허락하자는 의론이 누차 일어났으나, 의론이 끝내 시행되지 못하였으니 또한 그 까닭을 알 수 없다.

서얼로서 문장에 능한 자는 이전 왕조의 어무적(魚無跡)과 조신(曺伸)이 가장 유명하고, 근세의 어숙권(魚叔權)과 권응인(權應仁)이 또한 유명한데, 그 나머지는 모두 기억하지 못하지만 재주를 지니고서도 과거에 급제하지 못하여 발휘할 기회를 얻지 못함은 어찌 억울하지 않겠는가. 나라에서 인재를 거두어 쓰는 데에도 또한 방해가 될 것이다.

○ 國法庶孼, 不許科擧, 此古無之事也。當初, 立法之意, 未知其何如, 而近來許通之議屢起, 議竟不行, 亦未知其何以也。庶孼能文者, 先朝魚無跡[1]·曺伸[2]最有名, 近世魚叔權[3]·權應仁[4]亦有名, 其餘

---

1 魚無跡(어무적, 생몰년 미상): 본관은 咸從, 자는 潛夫, 호는 灌圃. 詩의 재능은 뛰어났으나 신분 제도 때문에 과거 시험에 응시하지 못하고 불우하게 살았다.

2 曺伸(조신, 1454~1529): 본관은 昌寧, 자는 叔度·叔奮, 호는 適菴. 曺偉의 庶弟. 김종직에게 수학하였다. 庶子 출신이라는 태생적 한계를 극복하기 위해 인생 전반을 치열하게 살았는데, 일본과 명나라 譯官으로 사신단 일행에 참여하였고, 조선시대 의료기관 醫司에서 藥理(약에 의하여 일어나는 생체의 생리적 변화)를 가르쳤으며, 內醫院에 출사도 하였다. 그가 비록 서얼 출신임에도 불구하고, 빼어난 문장과 탁월한 외국어 실력으로 중국 사신이 올 때마다 외교 문서 전문가로 활동하였다.

3 魚叔權(어숙권, 생몰년 미상): 본관은 咸從, 호는 也足堂·曳尾. 서얼 출신으로 중국어에 뛰어나 외교에 이바지했으며 시를 평론하는 데에 일가를 이루었다. 그러나

不能盡記，而抱才未售[5]，豈不冤哉？於國家收才，亦有妨矣。

출신이 미천해 끝내 높은 관직에 까지 이르지 못하였다.

4 權應仁(권응인, 1517~?): 본관은 安東, 자는 士元, 호는 松溪. 참판 權應挺의 庶弟이다. 退溪 李滉의 제자로 시문에 능하였다. 서류 출신인 탓에 庶孽禁錮(서얼 출신은 벼슬에 제한을 두는 것)에 얽혀 벼슬은 겨우 漢吏學官에 머물고 말았지만, 당대의 명문장가이다.

5 未售(미수): 과거에 급제하지 못하여 자신의 재능을 발휘할 기회를 얻지 못함.

28. 설날의 예전 풍속에 더해진 근래 풍속

설날 아침에 도소주(屠蘇酒)를 마시는 것은 옛 풍습이다. 어린 사람이 먼저 마시고 나이가 많은 사람이 뒤에 마셨거늘, 지금의 풍속에는 또 설날 새벽에 일찍 일어나서 사람을 만나면 그의 이름을 부르고 그 사람이 대답하자마자 "나의 허술한 것을 사거라." 말하는데, 이러한 것들은 곧 매치(賣癡: 오나라 풍속)로 모두 재액(災厄)을 면하려는 것이다.

내 일찍이 우리나라 사람(역자주: 安軸)의 〈원조(元朝)〉라는 절구시를 좋아하였으니, 이러하다.

사람들 많이 나에게 먼저 도소주 마시라 하지만
나이가 들어 젊은 날의 꿈 저버렸음을 깨닫도다.
일마다 어리석음을 팔아도 어리석음 끝나지 않아
오히려 옛날의 내가 지금의 나에게까지 이르렀네.

내가 80세인 설날 아침에 장난삼아 위의 시에 차운하였으니, 이러하다.

약한 몸에 병이 많아 도소주에도 깰 때 적었으니
80세까지 건강하며 평안하리라 생각지도 못했네.
어리석음 팔고 먼저 도소주 마심이 무슨 소용이랴,
시 짓는 자리에서 강한 상대에게 버티어나 볼까나.

위의 시를 써서 서교(西郊) 송동지(宋同知: 宋贊)에게 보냈다.

○ 元朝[1], 飮屠蘇酒[2], 古俗也。少者先飮, 老者後飮, 今俗又於元朝晨起, 逢人呼其名, 人應之, 則曰: "買我虛踈." 是乃賣癡[3], 皆所以免災厄也。余嘗愛東人[4]元朝絶句曰: "人多先我飮屠蘇, 已覺衰遲負壯圖。事事賣癡癡不盡, 猶將古我到今吾." 於余八十元朝, 戲次其韻曰: "微軀多病少醒蘇, 八十康寧是不圖。何用賣癡先飮酒, 詩場强敵可支吾." 錄呈于西郊宋同知。

---

1 元朝(원조): 음력 정월 초하룻날.

2 屠蘇酒(도소주): 설날에 마시는 약주. 설날에 이 술을 마시면 괴질과 邪氣를 물리치며 장수한다고 믿었다. 이 술은 중국에서 유래한 것으로, 後漢의 華陀가 처음 만들었다고도 하고, 당나라 孫思邈이 만들었다고도 한다.

3 賣癡(매치): 옛날 중국 吳나라 풍속에, 除夜가 되면 어린아이들이 거리를 누비면서 "너의 어리석음을 팔거라, 너의 멍청함을 팔거라.(賣汝癡, 賣汝獃)"라고 외쳤다는 데서 나온 말. 宋나라 范成大의 〈賣癡獃詞〉가 유명하다.

4 東人(동인): 고려의 문인 安軸(1282~1348)을 가리킴. 원문에 인용된 시는《謹齋集》권1의 〈元日〉이다. 안축의 사위 鄭良生이 1364년 청주에서 판각한《關東瓦注》를 현손 安崇善이 보유를 붙여 1445년 목판으로 중간한 후, 후손 安慶運·安弼善이 시문을 보충하고 부록을 더하여《謹齋先生集》으로 다시 편집하고, 안축의 아들 安宗源과 증손 安純, 현손 安崇善의 世稿를 덧붙여 1740년 제주에서 목판으로 간행하였다.《근재집》은《근재선생집》을 후손 安有商이 세고를 제외하고 부록을 증보하면서 안축의 아우 安輔의 시문 및 관계 기록인《文敬公逸稿》를 덧붙여 1910년 咸州에서 새로 간행한 중간본이다.

29. 정월 초하루·한식·단오·추석에 묘제를 지내다

우리나라에서 계절을 따라 지키는 풍속 상의 명절 가운데 설날·한식(寒食)·단오(端午)·추석(秋夕)에는 조상의 묘에 제사를 지냈고, 3월 3일·4월 8일·9월 9일에는 연회를 베풀어 술을 마셨다.

《주자가례(朱子家禮)》에서 조상의 묘에 지내는 제사는 3월 상순에 행한다고 하였는데, 지금도 중국 또한 그와 같이 하나 우리나라 풍속에는 네 명절에 지내니 언제부터 나왔는지 알지 못한다. 《오례의(五禮儀)》에 설날·단오·추석에는 사당에서 제사지낸다고 하면서도 한식을 언급하지 않았는데, 우리나라 풍속에서는 모두 조상의 묘에 제사를 지내니 또한 그 까닭을 알 수 없다. 중국에서는 한식 때 그네를 타지만 우리나라 풍속에서는 단오 때 그네를 타니, 계절을 따라 유행하는 풍속 상의 명절을 보면 또한 그것들이 무슨 연유로 달라지게 되었는지 알 수 없다.

나라에서 지내는 능묘(陵墓)의 제사가 지극히 번잡하고 사삿집에서 조상의 묘에 지내는 제사 또한 번거롭기는 하지만, 예(禮)를 어기는 것은 온당치 못하다. 그러나 임진란 후에는 나라에서 지내는 능묘의 제사를 줄였으니, 사삿집에서 조상의 묘에 지내는 제사 또한 당연히 줄여야 할 것이다.

○ 我國俗節[1], 正朝·寒食·端午·秋夕, 則爲墓祭, 三月三日·四月八日·九月九日, 則爲宴飮矣。朱子家禮[2]墓祭, 三月上旬爲之, 今中朝亦如是，而國俗四名爲之，未知其出自何時也。五禮儀[3]內，正朝·端午·秋夕，祭於祠堂，寒食則闕之，而國俗並爲墓祭，亦未知其何以也。中朝則寒食爲鞦韆，而國俗則端午爲之，俗節所尙，亦未知其何緣而異也。國家陵廟之祭，極爲煩瀆 而私家墓祭，亦爲煩瀆，違禮未便矣。壬辰亂後，國祭減省，私家墓祭，亦當減也。

---

1 俗節(속절): 제삿날 이외에 철이 바뀔 때마다 사당이나 조상의 묘에 차례를 지내던 날.

2 朱子家禮(주자가례): 중국 송나라 주자가 가정에서 지켜야 할 예의범절에 관해 저술한 책. 관혼상제에 관하여 자세히 수록한 책으로, 궁궐에서부터 일반 서민에 이르기까지 지켜야 할 덕목을 잘 정리해 놓았다.

3 五禮儀(오례의): 조선시대 나라에서 지내는 다섯 의례. 國朝五禮儀)의 약칭이다. 許稠 등이 세종의 명에 의하여 중국의 예서《洪武禮制》등을 참작하고《杜氏通典》에 依倣하여 五禮의 편찬에 착수하였으며, 세조가 다시 오례 중 실행할 수 있는 것만 채집하고 적출하여 편찬할 것을 姜希孟에게 명하고, 申叔舟·鄭陟 등도 함께 일하게 하였으나, 결국에는 1474년에 이르러서야 비로소 완성하였다.

30. 백낙천의 자경시를 보고 집 사기를 그만두다

백낙천(白樂天)의 자경시(自警詩)는 이러하다.

누에는 늙도록 고치 지어도 제 한 몸 가리지 못하고
꿀벌은 굶으며 꿀을 모아도 사람 좋은 일만 하는구나.
늙어서도 집 걱정하는 자들은 모름지기 알아야 할지니
누에나 꿀벌과 같이 헛되이 수고를 할까 걱정이로세.

이 시는 진정 통달한 자의 말이었다. 나는 난리를 만나 집이 망하여 몸을 의탁할 곳이 없어서 두어 칸의 집을 사려고 했지만 나이가 80을 넘었으니 여생이 얼마되지 않았는데, 우연히 백낙천의 시를 보고는 깊이 느끼는 바가 있었다. 그래서 웃고 집는 사는 것을 그만두었다.

○ 白樂天[1]自警詩[2]曰: "蠶老繭成不庇身, 蜂飢蜜熟屬他人。須知年老憂家者, 恐似二蟲虛苦辛." 眞達者之言也。余遭亂家亡, 托身無所, 欲買數間之屋, 而年踰八十, 餘生幾何, 偶覽白詩, 深有所感焉。笑而止其買。

---

1 樂天(낙천): 白居易(772~846)의 字. 당나라 시인. 그는 높은 도덕적 가치와 사회적 책임을 중요시했는데, 문학과 정치에 능통하여 당시의 사회문제에 대한 비판적 시각을 담은 작품을 많이 남겼다.

2 自警詩(자경시): 백거이의 〈禽蟲十二章〉 일부.

31. 동몽선습은 박세무가 지었다

근래에 어린아이들을 가르치고 깨우치는 책이 있으니,《동몽선습(童蒙先習)》이라고 하나 누가 저술한 것인지는 알지 못하였다. 어떤 사람이 사문(斯文) 박세무(朴世茂)가 저술한 것이라 하였고, 그리하여 그의 조카 박정립(朴挺立)에게 물어보았더니, 곧바로 "과연 자기의 숙부가 지은 것이다."라고 하였다.

그 책은 먼저 오륜(五倫), 다음으로 중국의 삼황오제(三皇五帝)에서부터 명나라까지의 역대 사실(歷代史實)을 서술하였고, 그 다음은 우리나라의 사실과 경사(經史) 약간을 서술하였으니, 어린아이들이 마땅히 먼저 읽혀야 할 것이었다. 어린아이를 가르치는 자는 어찌 이것으로서 먼저 가르치지 않겠는가.

○ 近世有童蒙教訓之書, 名曰童蒙先習者, 未知何人所著。或云斯文朴世茂[1]所著, 而問於其姪朴挺立[2], 則曰: "果是叔父所著." 其書, 先敍五倫, 次敍歷代, 次敍東國之事實, 兼經史之略, 童蒙之所宜先習也。教童蒙者, 盍以此爲先乎?

---

1 朴世茂(박세무, 1487~1564): 본관은 咸陽, 자는 景蕃, 호는 逍遙堂. 1516년 사마시를 거쳐, 1531년 식년문과에 급제하여 승문원에 들어갔다. 獻納을 거쳐, 史官이 되었을 때 金安老의 미움을 사게 되어 1539년 마전군수로 좌천되었으며, 선정을 베풀다가 관직에서 물러났다.

2 朴挺立(박정립, 1522~1602): 본관은 咸陽. 아버지는 朴世蓊이다. 청안현감을 지냈다.

32. 우리말 장가 〈면앙정가〉와 〈만고가〉가 있다

근래에 우리말로 장가(長歌)를 짓는 자가 많았다. 오직 송순(宋純)의 〈면앙정가(俛仰亭歌)〉와 진복창(陳復昌)의 〈만고가(萬古歌)〉만은 사람의 뜻을 흡족하게 하였다.

〈면앙정가〉는 그윽히 먼 산천, 광활한 논밭과 들판의 모양, 높고 낮은 누각과 굽이진 좁은 길의 형상, 사시사철 아침저녁의 경치를 갖추어 기록하지 않음이 없었는데, 우리말에 한자를 섞어 써서 그것의 자연스런 변화를 지극하도록 하였으니 진실로 볼 만하고 들을 만하다. 송공(宋公: 송순)은 평생 장가를 잘 지었는데, 이것은 그 중에서도 가장 좋은 작품이다.

〈만고가〉는 먼저 역대 제왕(帝王)의 현부(賢否)를 서술하고, 다음으로 신하들의 현부를 서술하였는데, 대개 양절 반씨(陽節潘氏: 潘榮)의 주장을 이어받아서 우리말로 가사를 지어 곡조에 맞춰 넣었으니 또한 들을 만하다. 사람들이 말하기를, "진복창이 삼수(三水)에서 귀양살이할 때 지은 것이다."라고 하는데, 참으로 이른바 재주가 덕(德)보다 나은 자라 하겠다.

○ 近世作俚語長歌者多矣。唯宋純〈俛仰亭歌〉, 陳復昌[1]〈萬古

---

1 陳復昌(진복창, ?~1563): 본관은 驪陽, 자는 遂初. 1535년 생원으로 별시 문과에 장원으로 급제하고, 그 뒤 부제학·부평부사 등을 지냈다. 척신 세도가였던 소윤 尹元衡의 심복이 되어 1545년 을사사화 때 대윤에 속한 사림의 숙청에 크게 활약,

歌〉, 差强人意[2]。俛仰亭歌, 則鋪敍[3]山川田野幽敻曠闊之狀, 亭臺蹊徑高低回曲之形, 四時朝暮之景, 無不備錄, 雜以文字, 極其宛轉, 眞可觀而可聽也。宋公平生善作歌, 此乃其中之最也。萬古歌則先敍歷代帝王之賢否, 次敍臣下之賢否, 大槩祖述[4]陽節潘氏[5]之論, 而以俚語, 塡詞度曲[6], 亦可聽也。人言: "復昌謫在三水[7]時所作." 眞所謂才勝德者也。

많은 사람들이 해를 입자 사관들로부터 '毒蛇'로 기록되었다. 1550년에는 자기를 추천하여 준 구수담까지 역적으로 몰아 賜死하게 하는 등 윤원형이 미워하는 사람이 있으면 앞장서 옥사를 일으켜 제거하자 '極賊'이라는 혹평을 들었다. 대사헌을 거쳐 1560년 공조참판에 올랐으나 윤원형으로부터 간교, 음험한 인물로 배척, 파직되어 三水에 유배되었다.

2 差强人意(차강인의): 後漢의 吳漢이 강한 적과 대치하여 불리할 때에도 태연자약하니, 光武帝는 "오공은 능히 사람의 의지를 분발하게 하니, 은연중에 하나의 국가의 역할을 하고 있다.(吳公差强人意, 隱若一敵國矣.)"라고 감탄한 데서 나온 말. 능히 사람의 의지를 분발하게 한다는 뜻인데, 뒤에는 사람의 뜻을 흡족하게 한다는 뜻으로도 쓰였다.

3 鋪敍(포서): 상세히 서술함.

4 祖述(조술): 先人의 사상이나 학술을 이어받아 서술함.

5 陽節潘氏(양절반씨): 明나라 학자 潘榮(1419~1496)을 가리킴. 박학하여 여러 경전을 통달하였으며, 史書에 더욱 뛰어나니, 배우는 자들이 節齋선생이라 칭하였다.

6 塡詞度曲(전사도곡): 제목에 해당하는 詞牌에 따라 정해진 詞調에 맞춰 가사를 채워 넣는 형식.

7 三水(삼수): 함경남도 북단의 압록강 상류 이남에 있는 고을.

33. 왜 비명문과 묘지문을 다른 글로 쓰려는 것인가

세상에서 조상을 위하여 비명문(碑銘文)과 묘지문(墓誌文)을 지으려는 자는 반드시 문장에 능한 사람에게 청할 것이지만, 청할 수가 없으면 미루다가 이루지 못하는 자 또한 많다.

비갈(碑碣)은 묘(墓) 이외에 세우고 지석(誌石)은 묘 앞에 묻는 것인데, 세월이 오래되어 비갈이 닳아 없어지면 지석을 상고하여 누구의 묘인지 알 수가 있다. 비갈과 지석을 설치하는 것은 그 뜻이 아마 여기에 있을 것이니, 그렇다면 비갈과 지석은 각기 다른 글을 사용할 필요가 없이 같은 글을 쓰는 것이 타당할 듯하다. 그런데 예로부터 각기 다른 글을 사용하기 위하여 두 사람에게서 각기 다른 글을 짓도록 청하니, 이는 무슨 의도일까. 나의 어리석은 견해가 이와 같으니, 예(禮)를 아는 자는 부디 헤아려주기 바란다.

○ 世之爲先人, 請撰碑銘墓誌者, 必於文翰之手, 或不得請, 則遷延未就者, 亦多矣。碑碣立於墓外, 誌石埋於墓前, 歲久而碑碣泯沒, 則可考誌石而知其爲某人之墓也。碑誌之設, 意蓋在此, 然則碑誌, 不必用各文, 用一文似當。而自古用各文, 請撰於兩人, 是何意也? 愚見如是, 知禮者幸可商量耶

34. 상례는 주자가례를 대체로 따르나 제례는 많이 다르다

우리나라 사대부(士大夫)의 상례(喪禮)와 제례(祭禮)는 《오례의(五禮儀)》에 기재되어 있다. 상례는 전적으로 《주자가례(朱子家禮)》를 쓰면서 간혹 조금 변했지만, 제례는 《주자가례》와 같지 않은 점이 많이 있으니 이는 필시 우리나라 풍속상 마시거나 먹는 것의 절차가 중국과 다르기 때문일 것이다.

제물(祭物)은 직품(職品: 관직과 품계)의 차등(差等)에 따라 간략히 장만하기 쉬운 것으로 갖추도록 했으나, 오늘날의 사람들이 국제(國制: 오례의)를 따르지 않은 채 임의로 풍성하고 사치스럽게 갖추었으니, 가난한 집에 이르기까지 사계절의 시제(時祭)를 모두 지내지 못하였다. 다만 한두 시제만 지내는 자가 있는가 하면, 혹은 전혀 지내지 못하는 자도 있고, 기제(忌祭)마저 또한 미루며 지내지 않는 자도 있으니, 모두 제물을 풍성하고 사치스럽게 갖추려던 폐단에 말미암은 것이다. 매우 한탄스러운 일이다.

○ 我國士大夫, 喪禮·祭禮, 載於五禮儀。喪禮, 則全用朱子家禮, 而間或少變, 祭禮, 則與家禮, 多有不同處, 是必以國俗飮食之節, 與中朝異也。祭物隨職品差等, 簡畧易辦, 而今人不遵國制, 任意豐侈, 以至窮家, 則四時時祭, 不能盡行。只行一二時者有之, 或全不行者有之, 忌祭亦有推調[1]不行者, 皆由於祭物豐侈之弊也。可勝嘆歟!

35. 경복궁 광화문과 종루에 있었던 큰 종의 사연

한양(漢陽)의 경복궁(景福宮) 광화문(光化門) 위에는 큰 종이 있고 종루(鍾樓)에도 또 큰 종이 있는데, 모두 새벽과 저녁에 울린다.

신덕왕후(神德王后: 태조 이성계의 계비 강씨)의 정릉(貞陵)이 돈의문(敦義門) 안에 있었고 능 곁에 사찰이 있었지만, 능이 옮겨지자 절도 폐지되었으나 오직 큰 종만 그대로 남아 있었다. 그리고 원각사(圓覺寺)는 도성 중앙에 있었는데, 절이 폐지되자 큰 종만 또한 남아 있었다.

중종조(中宗朝)에 김안로(金安老)가 재상이 되어 두 종을 동대문과 남대문에 옮겨 놓아서 또한 새벽과 저녁에 울리려고 하였지만, 김안로가 죄를 입으면서 종을 마침내 달지 못하고 수풀 속에 내버려둔 지 60여 년이 되었다.

만력(萬曆) 임진년(1592) 여름에 왜구가 도성을 함락하고 제멋대로 분탕질을 하였는데, 광화문의 종과 종루의 종도 모두 불에 녹아 없어졌다. 계사년(1593) 여름에 왜구가 물러가자, 그해 겨울에 대가(大駕)가 도성으로 돌아와 갑오년(1594) 가을 남대문에 종을 걸어 새벽과 저녁으로 울리도록 하니, 도성 사람들이 그 종소리를 듣고서 슬퍼하고 기뻐하지 않는 자가 없었다.【협주: 정유년(1597) 겨울 명나라 장수 양호(楊鎬)가 경성(京城)에 와서 종을 명례동(明禮洞: 명동) 고개 위로 옮기도록 명하였다.】

---

1 推諉(추조): 쌍방이 서로의 책임을 미루고 피함.

○ 漢都慶福宮光化門上有大鍾, 鍾樓又有大鍾, 皆以鳴晨昏也。神德王后[1]貞陵, 在敦義門[2]內, 陵傍有寺, 陵移寺廢, 而大鍾猶在焉。圓覺寺[3]在都中, 寺廢而大鍾亦在焉。中廟朝, 金安老爲相, 建議移置兩鍾於東大門·南大門, 亦欲以鳴晨昏, 而安老被罪, 鍾遂不懸, 委棄草莽者, 六十餘年矣。萬曆壬辰夏, 倭寇陷都城, 肆行焚蕩, 光化門之鍾, 鍾樓之鍾, 皆爲融鑠。癸巳夏寇退, 其冬車駕還都, 甲午秋, 命懸南大門鍾, 以鳴晨昏, 都人聞鍾聲, 莫不悲且喜焉。【丁酉冬, 唐將楊鎬[4]來京, 命移鍾于明禮洞[5]峴上.】

---

1 神德王后(신덕왕후, ?~1396): 조선전기 제1대 태조 이성계의 계비 康氏.

2 敦義門(돈의문): 서울특별시 종로구 새문안길에 있던 조선시대 성문.

3 圓覺寺(원각사): 서울특별시 종로구 종로2가 파고다공원 자리에 있던 사찰.

4 楊鎬(양호, ?~1629): 명나라 말기의 장군. 1597년 정유재란 때 經略朝鮮軍務使가 되어 참전했다. 다음해 울산에서 벌어진 島山城 전투에서 크게 패해 병사 2만을 잃었다. 이를 승리로 보고했다가 탄로나 거의 죽을 뻔하다가 대신들의 도움으로 목숨을 구하고 파직되었다. 1610년 遼東을 선무하는 일로 재기했지만 곧 사직하고 돌아갔다. 1618년 조정에서 그가 요동 방면의 지리를 잘 안다고 하여 兵部左侍郎겸 僉都御史로 임명해 요동을 경략하게 했다. 다음해 四路의 군사들을 이끌고 後金을 공격했지만 대패하고, 杜松과 馬林, 劉綎 등의 三路가 함락되고, 겨우 李如栢의 군대만 남아 귀환했다. 그는 투옥되어 사형 선고를 받고 1629년 처형되었다.

5 明禮洞(명례동): 서울특별시 중구 명동을 조선시대 때 부르던 명칭. 明禮坊이라 부르기도 하였다.

36. 역서의 간행이 임진란에도 계속될 수 있었던 사연

역서(曆書)는 나라에 있어서 큰 정사이다. 중국에서는 매년 역서를 반포하는데, 우리나라에서 역서를 만드는 것 또한 중국과는 윗입술이 아랫입술과 꼭 맞듯이 차이가 없다. 오직 낮과 밤에 있어서만 중국에서는 가장 긴 것이 60각(刻)이나 우리나라에서는 61각이며, 중국에서는 가장 짧은 것이 40각이나 우리나라에서는 39각이다. 아마도 우리나라가 치우친 지역에 있어서 해 뜨는 곳과 가깝기 때문에 1각이 더하고 덜하는 차이가 생겼을 것이다.

항상 이것을 주자(鑄字: 활자)로 간행하여 조정과 민간에 반포해 시행하였지만, 임진년(1592) 여름에 왜구가 도성(都城)을 함락하고 역기(曆器) 등의 물건을 남김없이 없앴다. 그해 겨울이 되자, 의주(義州)로 대가(大駕)를 따라갔던 일관(日官) 몇 명이 우연히 《칠정산(七政算)》과 《대통력주(大統曆註)》 등의 서적을 구하고 계사력(癸巳曆)을 만들어서 목판으로 새겨 몇 권 간행해 반포하여 시행하였다. 계사년(1593) 겨울에 대가(大駕)가 도성으로 돌아왔는데, 어떤 사람이 옛날 역서(曆書)를 인쇄하던 주자(鑄字)를 구하여 바쳤다. 이에 예전 그대로 역서를 만들어 간행해 반포하여 시행하였으니, 다행이라 하겠다.

○ 曆書, 國家之大政也。中朝每年頒曆, 而我國造曆, 亦與中國, 脗合[1]而無差。唯晝夜, 中朝則極長六十刻, 我國則六十一刻, 中朝則極短四十刻, 我國則三十九刻。蓋以我國在偏方, 近於日出, 故一刻加減差異矣。常以鑄字[2]印出，頒行中外，而壬辰夏，倭寇陷都城，曆器等物，蕩失無餘。其冬，義州隨駕日官數人，偶得七政算[3]·大統曆註[4]等書，造癸巳曆，以刻板印出若干卷頒行。癸巳冬，車駕還都，有人得印曆鑄字獻之，乃依舊造曆，印出頒行，可謂幸也。

---

1 脗合(문합): 윗입술과 아랫입술이 꼭 맞는 것을 형용한 말.

2 鑄字(주자): 쇠붙이로 주조하여 만든 활자.

3 七政算(칠정산): 조선 세종 때 李純之·金淡 등이 왕명에 따라 펴낸 역서. 〈內篇〉은 元나라의 授時曆法과 明나라의 通軌曆法을 참고하여, 漢陽을 기준으로 삼아 우리나라의 度數에 맞게 작성한 것이고, 〈外篇〉은 回回曆經通과 假令曆書를 개정 증보한 것이다.

4 大統曆註(대통력주): 1년을 월일별로 나누어 길흉사를 기록한 책. 춘하추동의 각 계절 3개월씩을 내용으로 담고 있다. 그리고 24절후 일월의 출입, 주야의 장단이 적혀 있고, 매일의 일진이 붙어 있으며 행사의 길흉도 실어 놓았다.

37. 육방옹(陸放翁)은 송나라의 대가 시인이다

육방옹(陸放翁)의 이름은 유(游)이고 자(字)는 무관(務觀)인데, 송나라 대가 시인이다. 그의 시는 호걸스러워 얽매이지 않고 평이하며, 난삽하고 기괴한 병통이 없었다.

나는 일찍이 그의 시를 좋아하였는데, 우연히 유간곡(劉澗谷: 송나라 시인)이 정밀하게 뽑아 편한 1부를 구하였으니, 곧 판서(判書) 성임(成任)이 사가(四佳) 서거정(徐居正)의 보관본을 등사하여 간행한 것이었다. 다만 글자가 잘아서 노안(老眼)에 맞지 않았으므로 글씨를 잘 쓰는 친구 안한(安瀚)에게 베껴 옮기도록 청하여 보기에 편하게 하였다.

시는 늙바탕에 지은 것이 많았고 지금 안공(安公: 안한)과 나는 모두 나이가 80세를 넘었으니, 노인이 지은 시를 노인이 베끼고 노인이 보는 것은 또한 기이한 일 중의 하나였다. 방옹은 벼슬이 예부낭중 보장각대제(禮部郎中寶章閣待制)에 이르렀다가 벼슬에서 물러났다. 향년 85세였다.

○ 陸放翁[1], 名游, 字務觀, 宋詩人大家也。其詩, 豪放平易, 無險澁怪奇之病。余嘗愛之, 偶得劉澗谷[2]精抄一部, 乃成判書任[3], 因徐

---

1 放翁(방옹): 송나라 때의 시인 陸游(1125~1209)의 호. 중국 남송의 대표적 시인으로 약 1만 수에 달하는 시를 남겨 중국 詩史上 최다작의 시인이라고 한다. 남송의 고종이 岳飛까지 독살하며 굴욕적인 외교를 하자, 그는 악비의 죽음을 한탄하여 애국충정에 찬 시를 남겼을 만큼 애국시인이었다고 한다.

2 劉澗谷(유간곡, 생몰년 미상): 송나라 때의 시인.

四佳居正所儲，而謄寫印出者也。第字細，不合老眼，故倩友人善寫安翰謄寫之，以便觀覽。詩多老境之作，而今安公及余，皆年過八十，老人之詩，老人寫之，老人覽之，亦一奇事也。放翁官至禮部郎中寶章閣待制致仕。享年八十五。

---

3 成判書任(성판서임): 판서 成任(1421~1484). 본관은 昌寧, 자는 重卿, 호는 逸齋·安齋. 1438년 사마시에 합격하고, 1447년 식년 문과에 병급제, 승문원정자에 제수되었다. 형조판서, 공조판서, 지중추부사 등을 지냈다. 시문에도 능하여 율시에 일가를 이루었다. 일찍이 중국의 《太平廣記》를 모방하여 고금의 異聞을 수집, 《太平通載》를 간행하였다.

38. 세종 16년(1434)에 알성과가 시행되다

영묘(英廟: 세종) 16년 갑인년(1434) 알성(謁聖)의 친시(親試) 방목(榜目)에 을과(乙科) 1등으로 3명이 있었으니, 유학(幼學) 최항(崔恒), 전 문소전직(前文昭殿直) 조석문(曹石門: 曺碩門 의 오기, 협주: 후에 석문(錫文)으로 개칭), 생원(生員) 박원형(朴元亨)이다. 세 사람 모두 영의정이 된 데다 최항은 대제학까지 하였으니, 그 알성 친시에서 인재를 얻은 것이 성대하다고 할 만하다.

《경국대전(經國大典)》의 과거(科擧)에 의하면 곧 갑과(甲科)·을과(乙科)·병과(丙科)를 이르고 있으나, 조종조(祖宗朝)에서 갑과와 병과 없이 다만 을과만 3등으로 나누기도 하거나, 을과·병과·정과(丁科)를 두기도 하거나, 무슨 과가 없이 다만 1등 2등 3등만 두기도 하였으니, 그 제도가 모두 상세하지는 않다.

○ 英廟十六年甲寅歲, 謁聖親試榜, 乙科一等三人, 幼學崔恒, 前文昭殿直曹石門[1]後改錫文, 生員朴元亨[2]。三人皆爲領議政, 而崔則主文, 其榜可謂得人之盛也。大典科擧, 乃曰甲科·乙科·丙科, 而

---

1 曹石門(조석문): 曺碩門(1413~1477)의 오기. 본관은 昌寧, 개명은 錫文, 자는 順甫. 1434년 알성 문과에 을과로 급제, 정자가 되었다. 1467년 李施愛의 반란을 진압한 공으로 좌의정에 임명되었으며, 조금 뒤 영의정에 승진되었다.

2 朴元亨(박원형, 1411~1469): 본관은 竹山, 자는 之衢, 호는 晩節堂. 1434년 알성 문과에 을과로 급제해 啓功郞, 禮賓寺直長이 되었다. 1467년 李施愛의 반란을 진압한 공으로 좌의정이 되어 예조판서를 겸했으며, 1468년 영의정이 되었다.

祖宗朝, 或無甲丙科, 只乙科分三等, 或有乙丙丁科, 或無某科, 而只有一二三等, 其制皆未可詳也。

39. 문과급제자로 종실 이부와 이래, 부마 정현조가 처음이다

광묘(光廟: 세조) 12년 병술년(1466) 5월의 발영시(拔英試)에 일찍이 급제한 자로 정2품 이하도 응시토록 허락하여 40명을 뽑았고, 같은 해에 또 등준시(登俊試)를 베풀어 발영시의 전례(前例)에 따라서 10명을 뽑았다.

영순군(永順君) 이부(李溥)는 등준시에 응시하여 5등을 하고 또한 무자년(1468) 중시(重試)에 응시하여 장원하였으며, 춘양군(春陽君) 이래(李徠)는 같은 해인 무자년 식년시에 응시하여 병과(丙科) 2등을 하였다. 영순군은 광평대군(廣平大君: 세종의 다섯째 아들)의 아들이고, 춘양군은 보성군(寶城君: 효령대군의 셋째 아들)의 아들인데, 모두 봉군(封君)으로서 시험에 응시하였던 것이다.

국초부터 세조조(世祖朝)에 이르기까지 해마다 방목(榜目)에 종실(宗室)로 과거 급제한 자가 없었고 그 후에도 없었으니, 아마 이 두 사람은 특명으로 과거에 응시한 듯하나 공평하고 바른 도리는 아니다. 하성위(河城尉) 정현조(鄭顯祖)는 곧 정인지(鄭獜趾: 鄭麟趾의 오기)의 아들이고 세조의 부마였는데, 친시(親試)에 응시하여 3등을 하였으니, 또한 상규(常規)는 아니다.

○ 光廟十二年丙戌, 五月拔英試, 曾爲及第者, 正二品以下許赴, 取四十人, 同年又爲登俊試, 如拔英試例, 取十人。永順君溥[1], 參登俊試第五名, 又參戊子年重試第一名, 春陽君徠[2], 參同年式年丙科第二名。永順乃廣平大君[3]之子，春陽乃寶城君[4]之子，皆以君參試焉。自國初至光廟朝，各年榜目，無宗室登科者，其後亦無之，似是二人以特命赴試，非公道也。河城尉鄭顯祖[5]，乃鄭獜(麟)趾之子，而爲光廟公主駙馬，得參親試第三名，亦非常規也。

1 溥(부): 李溥(1444~1470). 본관은 全州, 자는 俊之, 호는 明新堂. 태어나자마자 아버지를 여의었다. 세종이 이를 불쌍히 여겨 5세까지 세자와 같이 공부하도록 궁중에서 길렀으며, 8세가 되자 특별히 嘉德大夫에 승서하고 永順君에 봉하였다. 1466년 登俊試에 5등으로 합격하였고, 1468년 2월 세조가 온양에서 베푼 문과중시에 장원하여 미곡 50석을 하사받았다.

2 徠(래): 李徠(생몰년 미상). 본관은 全州. 태종의 둘째 아들인 효령대군의 셋째 아들인 李宩의 셋째 아들이다. 1468년 식년 문과에 급제하였다.

3 廣平大君(광평대군): 李璵(1425~1444). 본관은 全州, 자는 煥之, 호는 明誠堂. 세종의 다섯째 아들이다.

4 寶城君(보성군): 李宩(1410~?). 본관은 全州. 1441년 寶城君에 책봉되고 1443년 崇德大夫에 올랐으나, 1450년 술에 취하여 종실로서 품위를 손상하였다 하여 寶城尹으로 강등되었다. 그해 南怡를 국문하던 중 남이와 친분이 두터웠던 사실이 드러나, 아들 春陽君 李徠과 함께 君號를 삭탈당하고 유배되었다가 이듬해 풀려나 告身을 환급받았다.

5 鄭顯祖(정현조, 1440~1504): 본관은 하동(河東). 1455년 세조의 딸 懿淑公主와 혼인하여 河城尉에 봉하여졌고, 1466년 1월 儀賓府儀賓이 되었으며, 1467년 10월 河城君으로 개봉되었다. 이듬해 온양 별시문과에 급제하였는데, 부마로서 과거에 응시한 것은 그가 처음이었다.

40. 문장에 능한 부인으로 허난설헌, 이옥봉, 정철의 첩 류씨가 있었다

부인(婦人)으로서 문장에 능한 자는 예로부터 조대가(曹大家: 班昭)·반희(班姬: 班婕妤)·설도(薛濤) 등 이루 다 기록할 수도 없을 정도로 있어서 중국에서는 기인한 일이 아니지만, 우리나라에서는 드물게 볼 수 있어서 가히 기이한 일이라고 할 만하다.

문사(文士) 김성립(金誠立)의 아내 허씨(許氏: 허난설헌)는 바로 재상 허엽(許曄)의 딸이며, 허봉(許篈)의 여동생, 허균(許筠)의 누나이다. 허봉과 허균은 시에 능하여 이름이 났는데, 그들의 누이도 자못 뛰어났다고 하였으며 호는 경번당(景樊堂)이다. 문집(文集)은 있었으나 세상에 유포되지 못하였지만, 백옥루(白玉樓) 상량문 같은 것은 많은 사람들이 입으로 전하여 가며 외웠으며 시 또한 절묘하였는데, 일찍 죽었으니 애석하다. 문사 조원(趙瑗)의 첩(妾) 이씨(李氏: 이옥봉)와 재상 정철(鄭澈)의 첩 유씨(柳氏) 또한 이름이 났다.

비난하는 자들이 간혹 "부인은 마땅히 술과 음식 마련할 의논만 할 것이지, 누에치고 명주 짜는 일을 그만두고서 오직 시를 읊는 것을 일삼는 것은 아름다운 행실이 아니다."라고 여기나, 내 마음으로는 그 기이함에 탄복할 뿐이다.

○ 婦人能文者, 古有曹大家[1]·班姬[2]·薛濤[3]輩, 不可彈記, 在中朝非奇異之事, 而我國則罕見, 可謂奇異矣。有文士金誠立[4]妻許氏[5],

卽宰相許曄之女，許篈[6]·筠[7]之妹也。篈·筠以能詩名，而妹頗勝云，號景樊堂。有文集，時未行于世，如白玉樓[8]上樑文，人多傳誦，而詩亦絶妙，早死可惜！文士趙瑗[9]妾李氏[10]，宰相鄭澈妾柳氏[11]，亦有

---

1 曹大家(조대가): 後漢 和帝 때 여류시인 겸 才女. 이름은 班昭, 자는 惠姬. 班固의 누이 동생으로, 반고가 저술한 《漢書》의 미완성 부분을 이어서 완성하였으며, 皇后와 貴人들의 스승 노릇을 하였다.

2 班姬(반희): 班婕妤. 漢成帝의 후궁이자 여류문학가. 중국문학사상 辭賦에 조예가 깊었던 여자 작가이다. 詩賦에도 능했고, 미덕이 있었다.

3 薛濤(설도): 중국 당나라 명기 겸 시인. 자는 洪度·弘度. 成都에서 歌妓가 되었고 시문에 뛰어났으며, 元稹과 白居易 등 당대의 시인과 교제하였다.

4 金誠立(김성립, 1562~1592): 본관은 安東, 자는 汝見·汝賢, 호는 西堂. 시인 許蘭雪軒의 남편. 1589년 증광문과에 급제하여 홍문관 著作을 지냈으며, 임진왜란 때 죽었다. 詩에 명성이 높았다.

5 妻許氏(처허씨): 許蘭雪軒(1563~1589). 조선 중기의 여류시인. 본관은 陽川, 본명은 楚姬, 자는 景樊. 난설헌은 堂號이다. 許曄의 딸이며, 許篈의 동생이고, 許筠의 누이이다. 강릉에서 출생했으며, 안동 김씨 金誠立과 혼인했다. 유명한 학자와 문장가를 배출한 명문가에서 태어나 역시 시인, 문장가로 명망이 높은 형제들 사이에서 시에 대한 높은 안목을 기를 수 있었으며, 三唐 시인의 한 사람으로 명망이 높던 李達에게서도 시를 배웠다.

6 許篈(허봉, 1551~1588): 본관은 陽川, 자는 美叔, 호는 荷谷. 이복형 許筬이 있으며, 동생으로 許筠과 許蘭雪軒이 있다. 1568년 증광시에 장원으로 급제하고, 1572년 친시 문과에 급제하였다.

7 筠(균): 許筠(1569~1618). 본관은 陽川, 자는 端甫, 호는 蛟山·鶴山·惺所·白月居士. 학문은 柳成龍에게 배우고, 시는 三唐詩人 李達에게 배웠다. 1594년 정시문과에 급제하고 說書를 지냈다. 1597년 문과 중시에 장원하였다. 명나라 사신 접대에 종사관으로 기용되어 문장으로 이름을 떨쳤으며, 명나라에도 여러 차례 다녀왔다. 광해군 즉위 후 대북파에 가담하여 폐모론을 적극 주장했다. 유학 외에 불교와 도교 등에도 깊은 관심을 보인 비판적 개혁사상가로서 여러 이론을 개진하였다.

8 白玉樓(백옥루): 廣寒殿의 백옥루를 가리킴. 《난설헌시집》 부록에 '廣寒殿白玉樓上樑文'으로 되어 있다.

9 趙瑗(조원, 1544~1595): 본관은 林川, 자는 伯玉, 호는 雲江. 1564년 진사시에 장원급제하였고, 1572년 별시 문과에 급제하였다.

10 趙瑗妾李氏(조원첩이씨): 李玉峰을 가리킴. 조선 중기의 여류시인. 선조 때 옥천군

名。議者或以爲: "婦人當酒食是議[12], 而休其蠶織, 唯事吟哦, 非美行也." 吾意則服其奇異焉。

수를 지낸 李逢의 庶女로 태어나, 조원의 소실이 되었다. 어려서부터 부친에게 글과 시를 배웠으며 영특하고 명민하여 그녀가 지은 시는 부친을 놀라게 하였다. 중국 명나라에까지 詩名이 알려졌는데, 그녀의 시는 맑고 씩씩하다는 평가를 받고 있으며, 중국과 조선에서 펴낸 시선집에는 허난설헌의 시와 나란히 실려 있다.

11 鄭澈妾柳氏(정철첩류씨): 竹堂 柳辰仝의 庶妹. 시와 글씨, 그림을 다 잘하였는데 특히 큰 글자를 잘 썼다.

12 酒食是議(주식시의): 《詩經》〈斯干〉의 "딸아이를 낳아서는 땅에다 뉘어 놓고, 포대기로 감싸 주며 실패 가지고 놀게 하네. 그른 일도 없고 잘하는 일도 없이, 그저 술과 음식 마련할 의논만 하는지라, 부모님 걱정 끼칠 일이 없으리라.(乃生女子, 載寢之地, 載衣之裼, 載弄之瓦. 無非無儀, 唯酒食是議, 無父母詒罹.)"에서 나오는 말.

41. 나라의 풍속에 장기·바둑·쌍륙이 있다

나라 풍속에 혁기(奕碁: 바둑)·장기(將棊)·쌍륙(雙陸) 등을 잡기(雜技: 함께 즐기는 놀이)라 한다. 바둑은 검은 돌과 흰 돌을 사용하는데, 바닷가의 검은 돌과 조개껍데기가 물에 마모된 것들이다. 장기는 차(車)·포(包)·마(馬)·상(象)·사(士)·졸(卒)이라는 장기알을 사용하는데, 나무로 다듬어 만들고서 글자를 새기고 채색으로 메운 것이다. 쌍륙은 흑말과 백말을 사용하는데, 또한 나무로 다듬어 만들지만 또 뼈로 만들기도 한다.

모두 다 판국(板局: 널판)이 있어서 이를 통틀어 박국(博局)이라고 한다. 각기 잘하고 못하는 재주를 가지고서 승부를 겨루는데, 모두 소일하는 놀이이다. 다만 놀이에 폭 빠져 본심을 잃는 자가 있거나 도박으로 재산을 날리는 자가 있으면, 잡기(雜技)가 유익함은 없고 손해만 있는 것이라 할 만하다.

○ 國俗奕碁·將棊·雙陸之類, 謂之雜技。奕碁, 用黑白子, 海邊黑石及蛤甲, 水磨者也。將棊, 用車包馬象士卒, 以木磨造, 而刻字塡彩。雙陸, 用黑白馬兒, 亦以木磨造, 而又用骨髓。並有板局, 通謂之博局[1]。其爲技各有工拙, 以較勝負, 皆是消日之戲也。但或有耽玩喪志者, 或有賭博傷財者, 雜技可謂無益而有損矣。

---

1 博局(박국): 놀음을 할 때 사용하는 판.

42. 박상 문집이 있었으나 난리를 만나 사라지다

중종조(中宗朝) 사문(斯文) 박상(朴祥)의 호는 눌재(訥齋)로 벼슬이 통정대부(通政大夫)에 이르렀다. 눌재의 문집이 있어 세상에 전해졌으나, 난리를 겪은 뒤에 문집은 보존되지 못하고 그 나머지만 있다. 충주목사(忠州牧使)였을 때 지은 율시(律詩) 3수가 많은 사람들이 입으로 외워서 전하므로 지금 그것을 기록하여 아주 사라지기에 이르지 않도록 한다.

탄금대(彈琴坮)에서 지은 시는 이러하다.

지나간 일은 아득하여 찾을 수가 없고
탄금대 아래 흐르는 강물은 쪽빛 같네.
문장에 뛰어난 강수는 남은 무덤도 없고
명필로 알려진 김생은 무너진 암자만 있네.
해 지는데 강 거슬러 오르는 배는 둘씩이고
바람 비껴 부는 물가에 해오라기는 셋씩이네.
가인에게 귀거래사 노래하지 말라 할지니
태수인 내가 들으면 얼굴이 붉어지리로다.

달천강(獺川江) 가에서 지은 시는 이러하다.

가마로 성곽을 나서 성긴 솔밭 지나니
삼월 풍광이 시야에 한가득 뚜렷하네.
산새는 봄 좋다고 이야기하듯 지저귀고
들꽃은 아리따운 미소로 맞아주는 듯하네.
시냇가에 옹기종기 술 부어 마시는 사람들
꿩고기 굽고 물고기 지지니 맛 더욱 좋겠네.
스물한 해 긴긴 세월 동안 외지에 있었으니
도성 보려고 어찌 높은 봉우리에 오르려 하랴.

같은 해 과거에 같이 합격한 승려 벽사(甓寺: 여주 신륵사) 주지에게 보내는 시는 이러하다.

사마시에 응시해 급제했던 병진년 1496년
대사 또한 같은 해에 합격해 대선이 되었네.
유교와 불교 서로 다른 세계라 말하지 마오
과거급제로 일찍이 같이한 인연은 다행이네.
신륵사 강 가운데 비친 달을 찾지 못했거늘
충주의 창고 속 돈만 부질없이 먹고 지내네.
멀리서 생각노니 주지에게야 세상일 고요할지라
향불 피워 놓고 하루 내내 금부처에 예배하네.

○ 中廟朝, 斯文朴祥[1], 號訥齋, 官至通政。有訥齋文集, 行于世[2], 而亂離之後, 文集未保, 其餘存矣。爲忠州牧使時, 所作律詩三首,人多傳誦, 故今錄之, 使不至泯沒也。彈琴坮: "往事悠悠不可探, 彈琴坮下水如藍。文章康首[3]無遺墓, 翰墨金生[4]有廢庵。落日上江船兩兩, 斜風盤渚鷺三三。陶辭莫遣歌兒唱, 太守聞來面發慚." □[5]川邊: "藍輿[6]出郭度踈松, 三月風光滿眼濃。山鳥好春如說話, 野花嬌笑似迎逢。臨溪酌酒人三四, 煮雉烹鮮味再重。二十一年長在外, 望京安得上高峯." 寄同年僧甓寺[7]住持: "采蓮[8]南省[9]丙辰年, 師亦同時擢大禪[10]。儒釋莫言殊世界, 科名曾幸共因緣。未尋神勒江心月, 謾

---

1 朴祥(박상, 1474~1530): 본관은 忠州, 자는 昌世, 호는 訥齋. 1496년 진사가 되고, 1501년 식년 문과에 급제하여 교서관 정자가 되었다. 1519년 繕工監正 등을 지냈다. 1521년 상주와 충주의 목사를 지내고, 만기가 되자 司䆃寺 副正이 되었다. 1526년 문과 중시에 장원하고 이듬해 작은 죄목으로 나주목사로 좌천되었고, 당국자의 미움을 사서 1529년 병으로 사직하고 고향으로 돌아왔다.

2 박상의 유고집이 1547년 금산수령 林億齡에 의해 발행된 것을 일컬음. 1694년 김수항이 빠진 것을 원집에 합쳐서 절리하고 판각하였으며, 1841년 재변이 있어 광주목사 조철영이 다시금 글자를 새기고 이어 누락된 것을 다시 수습하여 총 18편이 되었다.

3 康首(강수): 신라 3대 문장가인 强首의 오기. 신라의 사찬으로 여러 관직을 역임한 유학자이자 문장가. 초명은 牛頭이다. 충주 출신이다.

4 金生(김생): 통일신라의 서예가. 80세가 넘도록 서예에 몰두했다. 그는 예서와 행서, 초서를 잘 썼고, 초당 서풍과 왕희지체를 수용하면서도 자신만의 독창적인 서풍을 이루었다.

5 □: 㺚인 듯.

6 藍輿(남여): 뚜껑이 없는 작은 가마. 의자와 비슷하고, 위를 덮지 않아 주로 산길 등 좁은 길을 갈 때 이용하였으며 앞뒤에서 각각 두 사람이 어깨에 멜 수 있도록 나무를 이었다.

7 甓寺(벽사): 경기도 여주군 北內面 鳳尾山에 있는 神勒寺의 딴 이름. 신라 진평왕 때 元曉가 창건하였다고 전하며, 경내의 東臺 위에 벽돌로 쌓은 탑이 있다 하여 벽사라 한다.

8 采蓮(채련): 小科의 급제를 이르는 말.

9 南省(남성): 진사시 또는 생원시를 가리키는 말.

食中原庫裡錢。遙想上房[11]塵事靜，炷香終日禮金仙.”

10 大禪(대선): 조선시대 승과에 합격한 스님에게 제일 먼저 주어지는 법계. 이후 선종에서는 中德-禪師-大禪師로, 교종에서는 중덕-大德-大師로 법계가 올라갔다.

11 上房(상방): 주지가 거처하는 곳이 절에서 가장 높은 곳에 있었으므로 훗날 주지를 지칭하는 말로 쓰임.

43. 나의 소싯적에 고시 익히려 한유와 소식의 시 읽다

내가 어렸을 때, 선비로서 고시(古詩)를 배우고 익히려는 자가 모두 한퇴지(韓退之: 한유)와 소동파(蘇東坡: 소식)의 시를 읽는 것은 그 유래가 오래되었다.

근래에 선비들이 한퇴지와 소동파의 시가 격이 낮다고 하여 버려둔 채 읽지 않고 바로 이백(李白)과 두보(杜甫)의 시를 읽는데, 이백과 두보의 시를 용이하게 배워 익힐 수 있겠는가? 시를 배우는 것뿐만 아니라 세속에서 옛것을 싫어하고 새것을 좋아하느라 허명만 쫓아 실속이 없는 것을 오히려 싫증내지 않는 이가 없었으니, 인심이 일정하지 않음은 참으로 가소롭다.

○ 余少時, 士子學習古詩者, 皆讀韓詩東坡, 其來古矣。近年士子, 以韓蘇爲格卑, 棄而不讀, 乃取李杜詩讀之, 未知李杜詩其可容易而學得耶? 非獨學詩, 凡俗尙莫不厭舊而喜新, 徇名而蔑實, 人心之不于常, 眞可笑也。

44. 차천로는 문장에 능하고 시에도 짝할 자 없었다

문사(文士) 차천로(車天輅)는 문장에 능하여 세상에 이름났지만, 가장 잘하는 것은 시(詩)와 사륙변려체(四六駢儷體)이다.

임진년(1592) 여름에 왜구가 도성을 함락하자, 대가(大駕)가 서쪽으로 피난하여 의주(義州)에 머무르며 중국에 구원을 청하니, 황제(皇帝: 명나라 신종)가 시랑(侍郎) 송응창(宋應昌)과 도독(都督) 이여송(李如松)을 보내어 왜구를 토벌하게 하였다. 계사년(1593) 봄에 도독이 평양(平壤)에서 왜구를 대파하고, 여름이 되어 왜구가 동래(東萊)·부산(釜山) 등지로 도망쳐 물러났다. 가을에 도독이 중국으로 돌아가고자 떠날 때 이별시를 여러 문사들에게 구하였다.

차천로는 시를 지어 칠언율시(七言律詩) 100수(首)와 칠언배율시(七言排律詩) 100운(韻)을 주었는데, 율시는 상하평성(上下平聲)으로 각각의 운자(韻字)에 압운(押韻)을 붙여서 2일 만에 지었고, 배율시는 양자(陽字)에 압운을 붙여서 반나절 만에 지었지만, 문장이 풍부하고 민첩하여 당대에 짝이 없었으니 참으로 천재였다. 그의 시가 세상에 지금 널리 퍼져 있다.

○ 文士車天輅[1], 以能文名於世, 而最長者, 詩與四六[2]也。壬辰

---

1 車天輅(차천로, 1556~1615): 본관은 延安, 자는 復元, 호는 五山·橘室·淸妙居士. 1577년 알성문과에 급제하여 開城教授를 지냈고, 1583년 문과중시에 급제하였다. 1586년 正字로서 고향 사람 呂繼先이 과거를 볼 때 表文을 대신 지어주어 장원급제

夏, 倭寇陷京都, 車駕西巡, 駐義州, 請救於中朝, 帝命遣侍郎宋應昌·都督李如松討之。癸巳春, 都督大破倭寇于平壤, 夏倭寇退屯于東萊·釜山等處。秋都督還朝, 臨別求別詩於諸文士。天輅作詩及七言律詩一百首, 七言排律一百韻, 律詩則上下平聲, 各韻盡押而二日作之, 排律則押陽字韻而半日作之, 富贍敏捷, 當代無雙, 眞天才也。其詩世方傳播焉。

시킨 일이 발각되어 명천에 유배되었다가 1588년 文才가 있다는 이유로 용서되었다.

2 四六(사륙): 四六駢儷體. 중국의 육조와 당나라 때 성행한 한문 문체. 문장 전편이 대구로 구성되어 읽는 이에게 아름다운 느낌을 주며, 4자로 된 구와 6자로 된 구를 배열하기 때문에 四六文이라고도 한다.

45. 만리현 향로회 회원이 임진란 겪고 나니 3인뿐이다

만리현(萬里峴) 아래의 향로회(鄕老會)에서는 여름에 점심을 마련하였고 겨울에 만두를 장만하였는데 술을 간략히 차렸다.

임진년 여름에 난리를 만나 헤어졌다가 갑오년(1594) 겨울에 이르러 도성에 돌아와 모이니, 살아남은 자는 단지 송서교(宋西郊: 송찬)·안죽계(安竹溪: 안한)·심청천(沈聽天: 심수경) 3명뿐이었다. 세 명은 모두 거주하는 집이 말끔히 없어져서 도성 안에 임시로 부쳐 사느라 서로 찾는 일이 매우 드물었다. 을미년(1595) 가을 9월에 서교가 말하기를, "옛 교분이 있는 세 사람이 그래도 할 수 있으리니, 좋은 관계를 맺는 모임을 돌아가며 하자."라고 하였다.

청천이 먼저 만두와 술을 장만하였는데, 옛날에 비해 더욱 간소하였다. 계모임 자리에서 청천이 시를 읊었으니, 이러하다.

두 해나 큰 난리를 겪었어도
세 늙은이 남은 생 보존했네.
옛 모임 그래도 이을 수 있어
새로 빚은 술 기울일 수 있네.
서로 희디흰 귀밑털을 바라보며
함께 웃고 맑은 이야기 나누네.
의기 투합한 이 몇인지 알았나니

우리들은 무엇보다 정이 있누나.

서교가 화답하였으니, 이러하다.

어슴푸레 저물녘에야 비 그쳤으니
다가앉아 평소처럼 이야기 나누세.
맑은 눈으로 문장을 보고 의논하며
술잔 끼고 변치 않을 진심을 쏟네.
날아가는 기러기 급히 친구 부르니
늦가을 국화가 맑은 향기 보내 주네.
얼큰히 취하여 지는 해 쳐다본다만
뉘라서 오래 앉아 있는 정 알려나.

죽계가 화답하였으니, 이러하다.

옛 친분을 다시 이은 사람은
경오년 계유년 병자년생이네.
신선 과일 금쟁반에 올렸고
향기로운 술은 죄다 마셨네.
흰 머리가 상산사호 같은 늙은이
고상한 흥취에 대숲이 시원하네.
백세도 많은 날 남지 않았으니
끝내는 이 정이 꼭 다하리로다.

이때 서교는 86세이고, 죽계는 83세이며, 청천은 80살이었다.

○ 萬里峴下, 鄕老之會, 日長時則設點心, 日短時則設饅頭, 而酒則畧設焉。壬辰夏, 遭亂離散, 至甲午冬, 還集都下, 生存者, 只宋西郊·安竹溪·沈聽天三人而已。三人皆蕩無家舍, 僑寓城中, 相訪甚稀。乙未秋九月, 西郊曰: "舊契三人猶可, 以輪會修契[1]事也." 聽天先設饅頭及酒, 視舊尤畧。席上, 聽天唱吟曰: "二年經大亂, 三老保餘生。舊會猶堪續, 新醅正可傾。相看鬚鬢白, 共作笑談淸。托契[2]知多少, 吾儕最有情." 西郊和之曰: "濛濛昏雨歇, 促席話平生。靑眼論文對, 丹心挾酒傾。征鴻呼侶急, 寒菊送香淸。倚醉看斜日, 誰知坐久情." 竹溪和之曰: "重修舊契客, 庚癸丙年生。仙果金盤薦, 香醅盡盞傾。白頭商嶺[3]老, 高興竹林淸。百歲無多日, 終須盡此情." 時西郊年八十六, 竹溪年八十三, 聽天年八十也。

---

1 修契(수계): 친목을 위해 시와 술을 즐기며 어울리는 모임.

2 托契(탁계): 긴밀한 契分을 맺음.

3 商嶺(상령): 商山. 秦나라 말기에 난세를 피하여 東園公, 夏黃公, 甪里先生, 綺里季 등 4인의 老高士 산시성 商山에 숨었는데, 수염과 눈썹이 모두 희기 때문에 四皓라 한다.

46. 1543년 사마시 동기생 임진란 겪고 나니 3인뿐이다

계묘년(1543) 사마시(司馬試)의 합격 동기생들이 달마다 돌아가며 합격생 모임을 열었는데, 임진년 여름에 난리를 만나 흩어졌다가 갑오년(1594) 봄에 도성으로 돌아오니 살아남은 자는 단지 심청천(沈聽天: 심수경)·정쌍곡(鄭雙谷: 정척)·장송령(張松嶺: 장사중) 3명뿐이었다.

을미년(1595) 가을 9월에 청천이 말하기를, "세 사람이면 그래도 동기생 모임을 가질 수 있을 것으로 생각한다."라고 하였다. 청천이 먼저 모임을 베풀었다. 모임 자리에서 청천이 읊조렸으니, 이러하다.

이백 명이나 되던 합격 동기생이
살아남은 자가 단지 세 사람일세.
세상 떠난 이가 비록 너무 심하나
동년회 모임 또한 아직 할 만하네.
죽을 때까지라도 좋은 언약 맺고서
우리끼리만이라도 미담이나 나누세.
지금 가장 좋은 가을 풍광 만났으니
창밖으로 종남산을 바라보도록 하세.

쌍곡이 화답하였으니, 이러하다.

좋은 계절인 구월에 이르러
늙은이 셋이 마주 앉았구나.
다시 만난 기쁨에 정 끝없나니
옛 교분의 생각 어이 감당하랴.
마음속에 품은 정 시나 술로 풀고
지나온 세월일랑 담소에다 부치세.
서성이면서 차마 떠나지 못하나니
헤어지면 동쪽 남쪽 서로 막히리라.

송령이 화답하였으니, 이러하다.

좋은 계절에 단란하게 모이니
친우 셋 솥발처럼 마주 앉았네.
가을 보내자니 마음 언짢아지나
늘그막에 제 병 견디기가 어렵네.
흥에 겨워 시를 짓고 술 마시며
술자리에서 웃고 이야기 나누네.
저물녘 집으로 돌아가는 길에는
단풍잎 종남산에 가득하리로다.

이때 청천은 80세이고, 쌍곡은 79세이며, 송령은 72세이었다.

○ 癸卯司馬同年, 每月輪設榜會, 壬辰夏, 遭亂分散, 甲午春還都下, 生存者, 只沈聽天·鄭雙谷·張松嶺三人而已。乙未秋九月, 聽天曰: "三人猶可謂榜會." 聽天先設。席上, 聽天唱吟曰: "二百同年榜, 生存只箇三。凋零雖太甚, 會集亦猶堪。抵死拚佳約, 從人作美談。正逢秋色好, 窓外望終南." 雙谷和之曰: "令節月當九, 衰翁坐對三。新歡情不盡, 舊義思何堪。懷抱憑詩酒, 光陰付笑談。徘徊不忍去, 一散隔東南." 松嶺和之曰: "佳節團欒會, 親朋鼎坐三。送秋懷作惡, 垂老病難堪。寓興詩兼酒, 逢場笑且談。夕陽歸去路, 楓葉滿山南." 時聽天年八十, 雙谷年七十九, 松嶺年七十二也。

47. 송찬은 86세에 지중추부사 되고 90세에 숭정대부 되다

지사(知事) 송찬(宋贊)은 중종조(中宗朝) 정유년(1537) 생원시에 장원하고 경자년(1540) 급제(及第: 문과)에 올랐다. 인종(仁宗)과 명종(明宗) 때 두루 관직을 거쳐 가선대부(嘉善大夫)에 올랐으며, 당대의 기축년(1589)에 이르러 80세가 되자 품계가 가의대부(嘉義大夫)로 올랐으며, 을미년(1595) 가을에는 주상이 특명으로 품계를 자헌대부(資憲大夫)에 올려 지중추부사(知中樞府事)로 삼아 또 술과 안주, 쌀 1말을 내렸다. 대개 사조(四朝: 중종·인종·명종·선조)에 걸쳐 벼슬한 원로 신하(元老臣下)를 우대하는 은전(恩典)으로 대단한 것이었으니, 조정과 민간에서 감탄하였고 공(公: 송찬)은 주상께 글을 올려 사례하였다.

이때 나이가 86세였으나 정력이 쇠하지 않았으니, 사람들이 지상의 신선이라고 하였다. 심수경이 시를 지어 축하하였으니, 이러하다.

80세에 품계 올리는 것이야 국전에 있으나
근년에 품계 높인 것 또한 특별한 은혜로세.
하루아침에 새로이 임금의 부름 받들었으니
세상에 드문 영광이라며 사람들이 칭송하네.
술과 안주에 쌀 1말까지 겸하여 하사하였으니
조정에서 원로 우대하는 은택이 흡족하여라.
90세의 원로신하에게도 의당 그리할 터이니

한직이라서 은혜 입었다며 싫어하지 마소서.【협주: 은명(恩命)이 내려진 후에 공이 말하기를, "늙은이가 은혜를 입은 것이 온당치 못하다."라고 한 까닭에 일컬은 것이다.】

기해년(1599) 봄에 공은 나이가 90세 되자, 숭정대부(崇政大夫)에 가자(加資)하도록 하였다. 심수경이 축하하는 시를 보냈으니, 이러하다.

90세까지 누리는 것은 세상에서 마땅히 어려우니
숭정 반열에 오르는 것이야 사리상 실로 온당토다.
지상선인이라고 칭하는 것 망령된 말이 아니니
온 천하에 돌아다닌들 어찌 많이 볼 수 있으랴.
성스런 조정에서 특별히 우대하는 은혜 지극하고
기로소에서 함께 존숭하는 예의 또한 너그럽도다.
아, 우리 후생들이 팔순의 늙은이라도 되면
채찍 잡고 시 읊는 곳으로 오래 모시고 싶네.

공(公: 송찬)이 이에 화답하였으니, 이러하다.

붕새마냥 날개 친다 한들 고매한 담론 알기 어려우니
낮게 날아도 한 나뭇가지의 편안함만이 제 분수라오.
주문왕 위수의 낚시꾼 강태공 찾음은 무슨 연유이랴
바다에 떠 있는 갈매기와 어찌 친해 보려고 하겠는가.
까마득히 높은 숭정의 반열은 나이 덕에 오른 것이니

놀랍고 황공하여 술로나 비루한 회포를 진정하리로다.
채찍을 잡는다는 겸손한 말은 도리어 희롱이 되나니
도량이 너그러운 정승의 집안에 시 읊을 곳 세우시게.

○ 宋知事贊, 中廟朝丁酉年, 爲生員壯元, 庚子年登第。仁廟·明朝, 歷敭[1]陞嘉善, 至當代己丑年, 以年八十, 加階嘉義, 乙未秋特命, 加階資憲, 爲知中樞府事, 又賜酒饌米斗。蓋以四朝耆舊優老之典, 出於尋常[2], 朝野嗟嘆, 公上箋陳謝。時年八十六, 而精力不衰, 人稱地仙焉。守慶以詩賀之曰: "八十加階國典存, 頃年增秩亦殊恩。一朝又是綍新命, 稀世榮光萬口喧。酒饌頒來兼米斗, 朝家優老澤初霑。九旬耆舊宜如許, 閑局[3]蒙恩且莫嫌.【命下, 公曰: "枯樗[4]荷寵未安."云, 故云.】" 己亥春, 公年九十, 命加崇政。守慶送賀詩曰: "享年九十世應難, 仍致崇班理固安。稱以地仙非妄語, 求之天下豈多看。聖朝優異[5]恩殊重, 耆席通尊[6]禮亦寬。嗟我後生猶八耋, 執鞭[7]長欲侍吟壇." 公和之曰: "鵬擊高談解道難, 低飛唯分一枝安。匪熊[8]渭老[9]何緣訪, 浮海沙鷗欲押看。縹緲崇班憑齒躐, 驚惶卑抱酌醪

---

1 歷敭(역양): 淸宦을 많이 지냄. 歷任.
2 出於尋常(출어심상): 보통에서 뛰어남.
3 閑局(한국): 실무가 없는 한가한 官府.
4 枯樗(고저): 쓸모없는 늙은이를 비유하는 말.
5 優異(우이): 대우를 특별히 함.
6 通尊(통존): 사람이면 누구나 높이게 마련인 인물.
7 執鞭(집편): 채찍을 잡고 길을 인도함.
8 匪熊(비웅): 周나라 文王이 사냥을 나서기 전 점을 쳤더니, 점장이가 "오늘 만날 것은 곰이 아니라[匪熊] 패왕을 보좌할 사람이다."라고 말한 데서 유래한 말.

寬。執鞭謙語還爲謔, 落落台躔[10]立玉壇."

9 渭老(위로): 渭濱老. 周나라 文王이 사냥을 나섰던 날, 渭水에서 낚시를 하던 늙은 이를 만난 것을 일컫는 말. 그 늙은이는 姜太公 呂尙이다.

10 台躔(태전): 星座의 이름으로, 三台를 말함. 삼태는 上台, 中台, 下台로, 三政丞을 의미한다.

48. 상주 출신 서극일의 두 아들과 관행정에 관한 일화

상주(尙州)는 본디 문헌의 고을로 칭해졌고 이름난 문사들이 많이 나왔다. 나와 같은 해에 급제(及第: 문과)에 올랐던 판사(判事) 서극일(徐克一)이 살았다. 두 아들 서상남(徐尙男)과 서한남(徐漢男)이 있었는데, 기축년(1589) 사이에 판사(判事: 서극일)이 세상을 떠나자 두 아들이 묘 옆에 여막을 짓고 시묘살이를 하였다.

여막 곁에 송정(松亭)이 있었는데, 한 동자(童子)가 여막에 와서 글을 배우고 있었다. 동자가 어느 날 밤에 꾼 꿈에서 보니, 송정 안에 6명이 모여 앉아 있다가 동자에게 이르기를, "상좌(上座: 상석)에 앉은 이는 상국(相國) 노소재(盧蘇齋: 노수신), 다음은 판사 김충(金沖), 다음은 판사 노기(盧祺), 다음은 판사 서극일, 다음은 현감 김범(金範), 다음은 진사 김언건(金彦健)이다."라고 하였다.

좌중의 여러 사람들이 그 정자를 관행(觀行)이라 부르면서 시 한 수를 짓더니 동자에게 읽도록 하였는데, 여러 번 통독하여 기어코 외우게 하였다. 그래서 꿈을 깨어난 뒤에도 기억할 수 있었으니, 시는 이러하다.

> 청산 산 아래에 두어 칸 여막을 효자가 지어서
> 효자 마치 부친이 곁에 계시는 듯 정성 다하네.
> 효자는 바람 부나 비가 오나 날마다 세 번 와서
> 목 놓아 우는 소리에 한낮 지나 저물녘 꿈 깨네.

관행정에 여섯 신선 모임은 진정 즐거운 일이거니와
관행정이란 정자 이름이야말로 백년토록 남으리로다.
낙동강 가에 여섯 신선의 사당 지을 만하나
낙동강 물은 만고토록 쉬지 않고 흘러가누나.

이는 노소재의 솜씨인 듯하다. 일이 매우 기이하다며 상주 사람들이 전파하였다고 한다.

○ 尙州, 素稱文獻之邦, 名士多出。吾同年及第徐判事克一[1]居焉。有二子尙男[2]·漢男[3], 己丑年間, 判事棄世, 二子居廬[4]于墓側。廬傍有松亭, 有一童子, 學書於廬所。童子夜夢見, 亭中六人會坐, 謂童子, 曰: "首坐者, 盧相國蘇齋, 次卽金判事冲[5], 次卽盧判事祺[6], 次卽徐判事克一, 次卽金縣監範[7], 次卽金進士彦健[8]也." 坐中, 名其

---

1 徐判事克一(서판사극일): 徐克一(?~1589). 본관은 利川, 자는 善源, 호는 栗亭. 1537년 생원이 되었고, 1546년 식년 문과에 급제하였다.

2 尙男(상남): 徐尙男(1564~?). 본관은 利川, 자는 伯胤. 1601년 사마양시에 합격하여 진사와 생원이 되었다. 서극일의 장남이다.

3 漢男(한남): 徐漢男(생몰년 미상). 본관은 利川. 서극일의 셋째 아들이다.

4 居廬(거려): 廬幕에 거처하는 것.

5 金判事冲(김판사충): 金冲(1513~1572). 본관은 商山, 자는 和吉, 호는 西臺. 1551년 별시 문과에 급제하여 전적에 임명되었다.

6 盧判事祺(노판사기): 盧祺(생몰년 미상). 본관은 安康, 이명은 盧麒, 자는 國瑞. 1540년 생원이 되었고, 1556년 문과에 급제하였다. 1566년 鄭國成과 함께 洛社契를 창설하여 향음례를 행하고 조약을 만들어 풍속을 교화하였다.

7 金縣監範(김현감범): 金範(1512~1566). 본관은 尙州, 자는 德容, 호는 後溪. 명종이 遺賢을 구할 때 뽑혀서 玉果 현감에 서임되자 曹植과 함께 조정에 들어가 학문·정치에 관해 진언한 바 있다.

8 金進士彦健(김진사언건): 金彦健(1511~1571). 본관은 永同, 자는 精甫, 호는 芸亭. 1540년 진사가 되었다.

亭曰觀行，作一詩，令童子讀之，累遍期於成誦。覺而記得，詩曰：“青山山下數椽廬孝子營，孝子幾竭如在[9]誠。孝子不廢風與雨日三來，號哭聲中冥夢回。觀行亭中六仙會眞樂事，觀行亭名留百禩。洛江江上可以立六仙社，洛江萬古流不舍.” 似是蘇齋手段也。事甚奇異，尙人傳播云。

9 如在(여재): 《中庸章句》 제16장에 “제사를 지낼 때면 양양히 그 위에 있는 듯도 하고 좌우에 있는 듯도 하다.(承祭祀, 洋洋乎如在其上, 如在其左右.)”라고 한 데서 나온 말.

49. 75세와 81세 때에 아들을 얻다

나는 75세에 아들을 얻고 81세에 또 아들을 얻었는데, 모두 종이었던 첩이 낳은 것이다. 80세에 자식을 얻는 것은 근세에 보기 드문 것이라서 사람들이 경사라고 하나, 나는 재변(災變)이라고 여긴다.

장난삼아 절구시 두 수를 지어서 서교(西郊: 송찬)와 죽계(竹溪: 안한) 두 늙은 친구에게 보냈는데, 두 노인이 모두 화답하였기 때문에 전파되었으니 더욱 우습다. 그 시는 이러하다.

일흔다섯에 아들 얻은 것도 세상에 실로 드문데
어떻게 여든 나이에 또 아들을 얻었단 일인가.
이로 보건대 조물주가 참으로 할 일이 많아서
이 늙은이가 하는 대로 내버려둔 것임 알겠다.

여든에 아이를 얻음은 재앙일까 두려워서
축하는 감당치 못하나니 다만 웃기나 하소.
괴이한 일이라며 사람들 다퉈 말하려면 하구려
세상 풍정이 아직 사라지지 않은 것을 어쩌겠나.

○ 余於七十五歲生男, 八十一歲又生男, 皆婢妾出也。八十生子, 近世罕見, 人曰慶事, 而余則以爲災變也。戲唫二絶, 呈于西郊·竹溪兩老契, 兩老皆和之, 仍致傳播, 尤可笑也。“七五生男世固稀, 如何八十又生兒。從知造物眞多事, 饒此衰翁任所爲.” “八十生兒恐是災, 不堪爲賀只堪咍。從教怪事人爭說, 其奈風情尚未灰.”

50. 1528년 삼각산 중흥사에서 함께 글 읽던 벗들의 시화

가정(嘉靖) 경자년(1528) 겨울에 내가 윤결(尹潔, 협주: 자는 長源) 군·허엽(許曄, 협주: 太輝) 군과 삼각산(三角山) 중흥사(重興寺)에서 글을 읽었다.

어느 날 밤에 태휘가 나와 장원에게 각자 시 1구씩 짓도록 권하여 시편(詩篇)을 만들게 되었는데, 마침내 7언 근체시(七言近體詩) 1수씩 매일 밤 이와 같은 방식으로 짓다가 17일째 밤이 되어서야 그쳤다. 시편마다 등(燈) 자와 월(月) 자를 차용해 지어서 시축(詩軸)을 만들고 그 이름을 《등월록(燈月錄)》이라 불렀다. 나는 그 말미에 이르기를, "시를 지어서 매일 밤 시편 하나씩 만들며 17일째 밤이 되어서야 그쳤으니, 시 또한 17수일 뿐이다. 그 말은 등불과 달빛이 서로 빛난다는 것이고, 그 뜻은 간이고 쓸개고 다 빼주 듯 서로 마음속을 털어놓고 격의 없이 지낸다는 것인데, 덧없는 인생에 만남과 이별은 늘 기약할 수 없으니 다른 때의 면목(面目)을 이 시축에 그래도 붙일 수 있을 것이다."라고 하였다.

태휘가 지은 시는 이러하다.

중흥사에서 지은 17수의 새로운 시는
노안으로도 보면 기뻐할 것 뻔하리라.
산수 경치를 처음으로 재주꾼 즐기나니

수목이 응당 보배로 간직한 절경 뽐내네.
등잔 불빛 각 권마다 아직 강하고 선명하여
둘러앉더니 달 중천에 떠도 그림자 꼼짝없네.
다른 날 난정에서도 절창일 지경이리니
우리들 비록 병들어도 서로 뒤따르세나.

장원과 태휘는 모두 정축년(1517)에 태어났는데, 장원이 정유년(1537)에 진사가 되고, 태휘도 경자년(1540)에 진사가 된 반면, 나는 병자년(1516)에 태어났는데도 진사가 되지 못했다. 그 후로 장원은 계묘년(1543) 문과에 급제하고, 나와 태휘는 병오년(1546) 문과에 급제하였다.

정미년(1547) 봄에 나와 장원이 정언(正言)이 되어 이야기를 나누는 사이에 우연히 중흥사에서 각자 시 1구씩 짓도록 권하여 시편(詩篇)을 만들었던 일에 언급하였는데, 장원이 말하기를, "그때의 초고가 둔암공(鈍庵公: 송인)에게 있다고 하니 가져다가 보세."라고 하였다. 마침내 가져다 보고 태휘의 시운(詩韻)을 차용하여 각각 1편씩 지었다.

장원이 소서(小序)를 지어 말하기를, "경자년(1540) 겨울, 나는 심희안(沈希安: 심수경)과 삼각산의 중흥사에서 기거하며 글을 읽는 여가에 틈틈이 등불을 밝히고 밤에 이야기를 나누다가 서로에게 각자 시 1구씩 지어 시편을 만들기로 해서 17일째 밤이 되어서야 그쳤다. 당시에는 그다지 주의를 기울이지 않았기 때문에 전혀 다시 기억하지 못하겠다. 나는 계묘년(1543) 문과에 급제하고 희안은 병오년(1546) 문과에 장원으로 뽑혔는데, 금년(1547) 봄에 함께 사간원(司諫院)에 들어왔다. 바야흐로 그 동안 헤어져 지냈던 일을 이야기하면서 우연히 둔암공(鈍菴公:

송인)이 우리가 중흥사에서 지었던 시고(詩稿)를 구하여 책상 위에 놓아 두고 때때로 펼쳐 본다는 말을 듣고 몹시 놀랍게 여겼다. 마침내 편지를 보내 구해 오니, 희안이 손수 쓴 시고였다. 희안의 시는 그때 이미 원숙하였고 나는 아직 서툴렀는데, 손꼽아 헤아려 보니 이미 8년이 지났다. 서로 더불어 감탄하면서 태휘의 시운을 차운하여 각기 장률(長律)을 짓고, 평소 왕래하던 이들에게 장차 그에 대한 화시(和詩)를 구하여 한가할 때 하나의 웃음거리로 삼으려 한다. 구본(舊本)을 살펴보니 더럽고 헐어서 책을 펼쳐 보기가 어려웠으므로 이제 다시 고쳐 쓴다." 라고 하였다.

장원이 지은 시는 이러하다.

산중 집에서 등잔불 돋워 밤에 시를 지었지만
그때 알아줄 사람이 있을 줄 생각이나 했으랴.
남에게 전해져서 즐기게 됨은 참으로 다행이고
지금에 다시 보게 됨은 또한 하나의 기이함이라.
세상 변화 살핀 것 모두 힘센 장정 때의 일이고
이별 시름 잦아지더니 세월이 흘러 바뀌어 버렸네.
임금 보좌하는 직책에 조금도 성은 갚지 못했거늘
부질없이 어린 종에게 삽을 들고 따르도록 하겠네.

내가 지은 시는 이러하다.

산중에서 연구 지어 우연히 시편 만들고서

남들에게 전해질 줄을 처음에야 알았겠는가.
부끄러우나 나의 공부는 지금도 거칠지만
그대의 격률 더욱 맑고 기이하니 훌륭타.
반평생 세상사에 골몰하여 자연을 멀리하였고
묵은 자취 까마득하니 세월이 흘러 바뀌었네.
이별과 만남 많기는 하였으나 또 운수가 있어
사간원에서 다시 어울렸으니 얼마나 다행인가.

둔암(鈍菴, 협주: 여성위(礪城尉) 송인(宋寅)인데, 공신으로 정2품 봉군(封君)을 이어받았다.)이 지은 시는 이러하다.

두 사람 모두 이 시대에 시로 이름 떨쳤으니
붓 들면 사람들이 놀라는 것 자신들은 모르리.
옛 절에서 함께 지내면서 흥취가 진진하여
새 시구 주고받으며 웅장하고 뛰어남 겨루었네.
전해 듣자니 오랫동안 서로의 명성 높이 우러러
시를 읊조리고 감상하면 해 지는 줄도 몰랐다네.
아, 나의 외로운 신세 그대로 무디어져 움츠러지나
시단에서 기꺼이 받아준다면 채찍 잡고 따라가겠네.

임당(林塘, 협주: 홍문관 교리 정유길(鄭惟吉)인데, 벼슬은 좌의정과 대제학에 이르렀다.)이 지은 시는 이러하다.

별이 사간원에 반짝이니 시를 지으라 하고
맑은 시편 이 늙은이에게도 보이도록 하였네.
삼각산의 푸른 봉우리가 창 앞에 어른거리니
두 사람의 문장은 특출한 경지임을 알겠어라.
야위어 파리한 모습 점차 남곽의 은사 되어도
북산이문을 받고 돌아가지 못한 지 오래라네.
내년 봄에 배꽃이 떨어지는 좋은 때 잡아서
물가에 산책하면 누더기 걸친 이가 따르리라.

정미년(1547) 겨울에 바야흐로 분수를 잊고 동료들에게 화답의 시를 많이 구했으나, 무신년(1548) 가을에 장원이 화(禍, 협주: 장원이 친우와 시사(時事)를 의논하는 것을 진복창(陳復昌)이 듣고서 그 친우를 협박하여 주달하게 하니 끝내 고문을 당하여 죽었다.)를 당하여 다시 화답의 시를 구하지 못하고 책상자 속에 간직하였다.

을해년(1575) 가을에 이르러 우연히 그 상자를 열어보고 나도 모르게 사무쳤는데, 책 끝에 시를 썼으니, 이러하다.

등불과 달의 남은 빛 아직도 시에 남아 있거늘
그 당시 간직했던 속마음을 뉘라서 알아주려나.
되레 늙은이들만 유난히 오래 산 것 부끄러우나
재주 높아도 운수가 유독 기구하니 한스러워라.
세상의 물정 변화무쌍하기야 어찌할 수 없으니
예로부터 인간사 세월 따라 변하는 것도 기쁘네.

차마 손수 쓴 시고 상자 속에 보관된 것 보지만
저승에서 만날 때 혹시라도 가져갈 수 있으려나.

10여 년 지난 뒤에 아계(鵝溪, 협주: 영의정 이산해인데 문형(文衡)을 주관하였다.)가 시축을 빌어보고서 시를 지었으니, 이러하다.

덧없는 세상에 부질없이 두어 수 시 남았으니
마음속 깊은 생각을 어찌 아이들이 알리오.
두 분의 재주는 원래 대적할 자가 없었거니와
원로들 화답시로 빛낸 것 또 하나의 기행일세.
달 기울고 새벽 종소리에 마음속 추억 읊조리니
저무는 산의 푸른빛이 시권 속에서 움직이노라.
평소에 매번 장원 어른을 애석해 하였거늘
약관에 명성이 높더니 재앙이 또한 따라오네.

이 시축은 곧 임진란에 잃고 말았으니, 아! 한탄스럽다.

○ 嘉靖[1]庚子冬, 余與尹君潔長源·許君曄太輝, 讀書于三角山[2]重興寺[3]。一夜, 太輝勸余及長源, 聯句[4]爲詩, 遂成七言近體一首, 每夜如是, 凡十七夜而止。每篇, 用燈月字, 書以爲軸, 名之曰燈月

1 嘉靖(가정): 중국 명나라 제11대 世宗의 연호(1522~1566).

2 三角山(삼각산): 北漢山. 서울특별시의 북부와 경기도 고양시 사이에 있는 산. 북한산의 핵심을 이루고 있는 산봉으로서 白雲臺, 人壽峰, 萬鏡臺로 구성되어 있다.

3 重興寺(중흥사): 경기도 고양시 덕양구 북한동 북한산 노적봉 아래에 있는 옛 절터.

4 聯句(연구): 몇 사람이 모여 각자 한 구씩을 지어 이를 합하여 만든 시.

錄。余題其尾曰: “詩之作, 每夜一篇, 十七夜而止, 詩亦十七而已。其辭則燈月交輝, 其意則肝肺相照, 浮生聚散, 不常其期, 他時面目, 猶可以寓于此.”云耳。太輝題詩曰: “重興十七首新詩, 老眼看來喜可知。泉石始經才子弄, 山林應盡寶藏奇。玉蟲[5]逐卷光猶爛, 圓桂當中影不移。他日蘭亭[6]堪絶唱, 吾人雖病欲相隨.” 長源·太輝, 具以丁丑生, 源爲丁酉進士, 輝爲庚子進士, 余以丙子生, 未爲進士矣。厥後, 長源登癸卯第, 余與太輝, 登丙午第。丁未春, 余與長源爲正言, 話間偶及重興聯句事, 長源曰: “聞其藁在鈍庵公, 可取覽.” 遂取以覽, 用太輝詩韻, 各各賦一篇。長源, 作小序曰: “庚子冬, 余與沈希安, 寓三角之重興寺, 讀書之暇, 輒燒燈夜晤, 仍與聯句, 十七夜而止。當時, 不甚致意, 故漫不復記。余登癸卯第, 希安擢丙午壯元, 今年春, 同入諫院。方論離合, 偶聞鈍菴公, 得重興舊藁, 置案上, 時加披玩, 大以爲驚。遂簡求之, 來則希安手藁也。希安之詩, 其時已圓熟, 余尚生澁, 屈指而計, 已經八年。相與感歎, 用太輝詩韻, 各賦長律[7], 將求和[8]於常所往來, 以爲閑中之一解頤爾。顧舊本頗汙壞, 不堪舒卷, 故今改寫.” 長源詩曰: “山堂挑燈夜覓詩, 當時不料有人知。被他傳玩[9]眞多事, 到此重看亦一奇。搜討[10]共憑筋

5 玉蟲(옥충): 촛불의 심지를 형용한 말. 등잔불.

6 蘭亭(난정): 晉나라 王羲之가 穆帝 永和 9년(353) 3월 3일 謝安, 孫綽 등 당대의 명사 40여 인과 함께 모여서 재앙을 쫓는 禊事를 행하고 曲水에 술잔을 띄워 놓고서 시를 읊으며 성대한 풍류놀이를 했던 會稽 山陰의 정자.

7 長律(장률): 한시에서 排律이나 七言律로 된 長詩.

8 和(화): 和詩. 남이 지은 시를 읽고 그 주제나 소재 따위를 좇아서 새롭게 쓴 시.

9 傳玩(전완): 대대로 전해 가면서 곁에 두고 보며 즐김.

10 搜討(수토): 무엇을 알아내거나 찾기 위하여 조사하거나 엿봄. 감추어진 진리를

力壯，別離頻見歲星移。職居補袞[11]虛微報，空負奚童[12]荷鍤隨[13].” 余詩曰:“山中聯句偶成詩，却被人傳未始知。愧我工夫今鹵莽，多君格律轉淸奇。半生汨沒林泉遠，陳迹蒼茫歲月移。離合多端還有數，薇垣[14]何幸更追隨.” 鈍菴【礪城尉宋寅，以功臣承襲正二品封君】詩曰:“兩君當世共鳴詩，下筆驚人不自知。古寺同棲饒興趣，新聯迭唱鬪雄奇。傳聞久仰聲名重，唫玩都忘晷景移。嗟我畸孤仍魘鈍，肯容壇壘執鞭隨.” 林塘【弘文校理鄭惟吉，官至左議政·主文】詩曰:“星動薇垣荷索詩，淸篇仍許老夫知。三峯蒼翠當窓見，二子文章特地奇。枯槁漸成南郭隱[15]，勒回長被北山移[16]。明春好趁梨花落，散策溪頭一衲隨.” 丁未冬也，方儗多求於儕輩，而戊申秋長源被

치열하게 파헤쳐내는 학문적 행위를 뜻했다가 세상의 변화 등을 관찰하는 행위로 확장되었다.

11 補袞(보곤): 임금의 잘못을 보충한다는 뜻으로 재상이나 재상이 될 만한 자질을 뜻함.

12 奚童(해동): 어린 종.

13 荷鍤隨(하삽수): 晉나라 죽림칠현의 한 사람으로 〈酒德頌〉을 지은 劉伶이 늘 술병을 들고 나가면서 삽을 메고 따라오게 하다가(使人荷鍤而隨之) 자기가 죽으면 그 자리에 파묻도록 한 고사를 염두에 둔 표현.

14 薇垣(미원): 사간원을 달리 이르는 말.

15 南郭隱(남곽은): 춘추시대 은사였던 南郭子綦. 楚昭王의 庶弟로, 남곽에 은거하여 그렇게 불렸다. 《莊子》〈齊物論〉에 남곽자기란 사람이 안석에 기대 앉아서 하늘을 우러러 숨을 길게 내쉬자 그 멍한 모양이 마치 짝을 잃은 것 같았다. 顔成子游란 사람이 그를 모시고 있다가 묻기를, “형체는 진실로 마른 나무와 같이 할 수 있고, 마음은 진실로 식은 재와 같이 할 수 있는 것인가?”라고 했다 한다. 이는 남곽자기가 은둔하며 자신을 잊은 채(喪我) 천지와 혼연히 하나가 된 모습을 형용한 말이다.

16 北山移(북산이): 北山移文. 六朝 때 송나라의 孔稚圭가 지은 글. 공치규가 자신과 함께 北山에 은거하다가 벼슬길에 나선 周顒의 처사를 못마땅하게 여겨 이 글을 지어서 다시는 북산에 발을 들여 놓지 못하게 하였다 한다.

禍【源與親友，論時事，陳復昌聞之，迫令其友啓達，遂死於考訊】，不復求和，藏諸篋中。至乙亥秋，偶閱其篋，不覺愴然，乃題其末，“燈月餘輝尚在詩，當年肝肺有誰知。却慚老物生偏久，堪恨高才數獨奇。無耐世情多變幻[17]，自來[18]人事喜遷移。忍看手藁留巾笥[19]，泉下他時儻可隨.” 後十餘年，而鵝溪【領議政李山海主文】借覽，題曰：“浮世空傳數首詩，冲襟寧許小兒知。二公才調元無敵，諸老鋪張[20]又一奇。殘月曙鍾吟裡憶，晩山空翠卷中移。平生每惜長源丈，妙歲[21]名高禍亦隨.” 軸乃失於壬辰之亂，吁可恨也。

---

17 變幻(변환): 종잡을 수 없이 빠른 변화.

18 自來(자래): 오래전부터 내려옴.

19 巾笥(건사): 비단을 바른 상자.

20 鋪張(포장): 펼쳐 놓음. 화답의 시로 큰 시축을 만든 것을 일컫는다.

21 妙歲(묘세): 스무 살 안쪽의 젊은 사람을 가리키는 말.

51. 석전제 독제 무예도시 행해진 뒤 음복례가 있었다

성균관(成均館)에서 봄가을로 석전제(釋奠祭)를 거행한 뒤에 문무 대소 관료(文武大小官僚)들이 모여 음복례(飮福禮)를 행하는데, 그 음복례가 매우 성대하였으니 1품부터 3품까지의 당상관(堂上官)은 명륜당(明倫堂)의 교의(交倚)에 앉고, 3품부터 9품까지의 당하관(堂下官)은 계단 위에 마련한 긴 의자에 앉았다가 조촐하게 제물을 탁자에 차리면 그 탁자 앞에 모두 서서 차례로 엎드렸다가 일어나 나누어 먹었다. 음복술을 다 마시고 나면 탁자 및 교의와 긴 의자를 치우고 제자리로 가서 편하게 앉았다. 각자에게 큰상을 내놓는데, 주찬(酒饌)이 매우 풍성하였으니 모두 성균관에서 준비한 것이다. 당상관과 당하관은 저마다 주거니 받거니 하였고, 또 술을 잘 마시는 자에게는 따로 큰 잔을 주어 한껏 취하면 파하였다.

봄가을로 독제(纛祭)를 거행한 뒤에도 또한 훈련원(訓鍊院)에서 음복례를 행하는데, 하나같이 석전제와 똑같이 하였다. 병조(兵曹)에서 보병에게 군포(軍布)를 지급하는데, 본원(本院: 훈련원)에서 마련한 것이다. 관례에 따라 관악(官樂) 및 악공과 기녀를 하사하여 노래와 춤을 성대히 베풀고 한껏 즐기고서 파하였다.

봄가을로 무예도시(武藝都試)의 시험장을 열었는데, 과거 시험장이 끝나는 날에는 의정부와 육조(六曹)의 당상관 전원 및 도총부(都摠府)와 훈련원의 당상관으로 각기 1명씩 모여 앉았다. 관례에 따라 술과 관악을 하사하고 각 해당 관청이 음식을 갖추도록 하였는데 또한 한껏 즐기고서 파하였다.

이 모두가 조정의 성대한 일이었다. 임진란 후에는 음복례 등의 일이 모두 거행되지 않으니, 크게 한탄스럽다.

○ 成均館春秋釋奠祭[1]後, 文武大小官聚會, 行飮福禮[2], 其禮甚盛, 自一品至于堂上三品, 坐于明倫堂上交倚[3], 自堂下三品至九品, 坐于階上長床, 略設饌卓, 皆起立於卓前, 以次俯伏興飮。飮福盞訖, 撤去饌卓及交倚長床, 平坐于本處。各進大盤, 饌品極豐, 皆本館備辦。堂上·堂下, 各行酬酢, 又選能飮者, 別屬以大杯, 極醉而罷。春秋纛祭[4]後, 亦行飮福于訓鍊院, 一如釋奠。兵曹給步兵價布[5], 于本院備辦也。例賜官樂伶妓[6], 盛陳歌舞, 極歡而罷。春秋武藝都試[7]開場, 終場之日, 政府六曹, 堂上合數, 都摠府·訓鍊院堂上, 各一員會坐。例賜酒樂, 令各該司供具, 亦極歡而罷。皆朝廷盛事也。壬辰亂後, 飮福等事, 並不行之, 可爲太息矣。

---

1 釋奠祭(석전제): 음력 2월과 8월의 上丁日에 孔子를 모신 文廟에서 4성 10철 72현에게 지내는 제사.

2 飮福禮(음복례): 제사를 끝낸 뒤 참제자들이 술과 제물을 나누어 먹는 의식.

3 交倚(교의): 옛날에 임금이나 3품 이상의 堂上官이 앉았던 의자. 堂下官은 繩床에 앉았다.

4 纛祭(둑제): 大駕나 軍中의 앞에 세우는 纛旗에 드리던 제사.

5 價布(가포): 조선시대 役에 나가지 않는 사람이 그 대신으로 軍布에 준하여 바치던 베.

6 伶妓(영기): 악공과 기녀.

7 武藝都試(무예도시): 兵曹와 훈련원의 당상관 또는 지방의 관찰사나 병마절도사가 武士를 선발하는 시험. 매년 봄가을에 실시하였다.

52. 별시의 잦은 시행으로 과거답지 못해지다

국가의 과거(科擧)에 대한 법전(法典)에는 단지 식년시(式年試)만 있었을 뿐이고 별시(別試)는 근대에 생긴 것인데, 사서삼경(四書三經)에서 지정한 글귀를 외우게 하거나 전혀 외우게 하지 않거나 하였다. 이를테면 알성 정시(謁聖庭試)를 보는 사람은 더욱 되는대로 하였으니, 유생(儒生)들이 사서삼경 읽기를 힘쓰지 않음은 실로 별시(別試)가 매우 잦았기 때문이다. 임진란 후에는 식년시를 시행하지 않고 별시만 더욱 잦게 시행했기 때문에, 경서(經書)의 글귀를 외우게 하는 것이 전폐되어 과거의 모양새도 이루지 못하니, 탄식할 만하다.

○ 國家科擧法典內, 只有式年, 而別試則出於近代, 或四書三經, 抽牲[1]而講, 或全不講之。如謁聖庭試之人, 尤爲苟簡[2], 儒生之不勤講書, 實由於別試之頻數也。壬辰亂後, 不擧式年, 而別試尤頻, 全廢講經, 不成科擧模樣, 可嘆也。

1 抽牲(추생): 抽栍의 오기. 講經 시험을 보는 사람에게 찌를 뽑게 함. 찌는 경서에 있는 글귀를 하나씩 써서 통에 넣어 강생들에게 뽑도록 하는 대쪽이다.

2 苟簡(구간): 소홀히 하고 되는대로 함.

53. 성균관 생활 점수인 원점이란 제도가 있었다

식년(式年) 문과(文科) 초시(初試)에서는 생원·진사로 성균관에서 생활한 출석 점수[圓點]가 300을 채운 자 가운데 50명을 뽑으니, 대개 진사들이 성균관에서 지내도록 권장한 것이다. 양현고(養賢庫)를 성균관 옆에 설치하고 별도로 쌀과 콩을 저장하여 매일 200명의 식량을 제공하였는데, 생원·진사들이 성균관에서 지내는 것을 좋아하지 않았으므로 또 원점(圓點)에 따라 응시할 수 있는 법을 세웠던 것이다. 원점이 300이 된 자는 성균관 시험에 응시하게 허락하고, 150인 자는 한성시(漢城試: 도성에서 행하는 시험) 및 향시(鄕試: 지방에서 실시하는 시험)에 응시하게 허락하니, 생원·진사를 배양하고 권면하는 뜻이 지극하였다.

그러나 이른바 성균관에서 지낸다는 것은 곧 밤낮으로 거처하면서 선성(先聖: 옛날의 성인)을 모시고 독서에 힘쓰는 것이나, 지금 성균관에서 지낸다는 것은 유명무실하고 한갓 과거에만 응시하기 위해서이니 어찌 한심하지 않으랴. 아침저녁으로 식당에서 식사를 마치고 책자(冊子)에 서명하면, 그 서명한 것을 계산하여 장부에 기록하는 것을 '원점(圓點)'이라 한다. 간혹 하루도 성균관에서 기거하지 않고 자기 집에서 아침저녁으로 와 식당에 가서 책자에 서명한 후 곧장 자기 집으로 돌아가면서도 300점을 채우는 자가 있다면, 이것도 성균관에서 지냈다고 할 것인가? 임진란 후로는 식년시(式年試)를 거행하지 아니하고 원점 또한 폐지하였으니, 더구나 개탄스럽다.

○ 文科式年初試, 成均館以生員·進士, 圓點[1]滿三百者, 取五十人, 蓋勸進士之居館也。養賢庫設於館傍, 別儲米豆, 每日給二百人之供, 而生進等, 不樂於居館, 故又立圓點赴試之法。圓點三百者, 許赴館試, 一百五十者, 許赴漢城試及鄕試, 其培養勸勵之意至矣。然所謂居館, 乃欲其晝夜居之, 侍衛先聖, 勤勉讀書, 而今之居館, 有名而無實, 徒爲赴試之圖, 豈不寒心? 朝夕坐食堂, 食訖, 署名於冊子, 計其名而置簿, 謂之圓點。或有一不居宿於館, 而自其家, 朝夕往參食堂, 署名冊子後, 卽還于家, 以爲三百點者, 此可謂居館耶? 壬辰亂後, 式年不擧, 圓點亦廢, 尤可慨也。

1 圓點(원점): 조선시대 성균관·사학에서 행한 출석 점수. 기숙하면서 공부하는 寄齋生들의 성균관에 생활한 일수를 확인하기 위하여 시행하였다.

54. 유학으로 문과에 급제한 것을 비렴이라 하다

세상에서 유학(幼學)으로 문과에 급제한 것을 비렴(飛簾)이라 하는데, 그 뜻이 자세하지 않으나 혹자가 말하기를, "생원이나 진사를 거치지 않고 급제하는 일이 세상에서 매우 희귀하게 여기는 까닭에 급제자가 유가(遊街: 풍악을 울리며 시가를 행진하는 일)할 때 사람들이 드리운 발을 걷고서 내다보기 때문이다."라고 하였다.

을미년(1595) 겨울에 실시한 별시(別試)에서 사촌누이 아들로 나에게 조카가 되는 성이민(成以敏)이 유학으로 장원급제하였다. 동지중추부사 이충원(李忠元)도 유학으로 장원급제하였기 때문에 고시관(考試官)이 되었다. 축하하는 자리를 베푸는 날에 성이민이 동지중추부사를 청하여 참석하였다.

나는 병 때문에 참석하지 못했는데, 절구시 1수를 지어 동지중추부사에게 보냈으니, 이러하다.

> 장원급제하기란 세상에 보기 드문 일이거늘
> 유학으로 장원하기란 더욱 어려운 일이로세.
> 듣건대 동지가 축하하는 자리에 갔다 하니
> 급제자 고시관이 부디 함께 즐거이 지내소.

동지중추부사가 차운한 시를 보냈으니, 이러하다.

번화한 거리의 많은 집들이 주렴 걷고 보며
문과에 장원급제하기 어렵다고 모두 말하네.
원로한 재상께서는 예전의 일 생각하실 터
좋은 시구 읊조리니 더욱 기쁨 넘치겠나이다.

나도 또한 일찍이 장원급제하였기 때문에 '예전의 일을 생각할 것이다.'라고 한 것이다. 내가 시를 지어 보냈으니, 이러하다.

고시관을 잔치에 초대하니 세상사람들 보고
학문 서로 전해지는 어려움 다시금 깨닫겠네.
한스럽나니 늙은이가 말석에도 참석치 못하여
장원급제자 멋진 모임에서 기뻐하지를 못했네.

○ 世稱幼學及第爲飛簾[1], 其義未詳, 而或曰: "未爲生員·進士, 而爲及第者, 世以爲稀貴, 故榜遊街[2]時, 人家撤簾而觀之也." 乙未冬別試, 族姪成以敏[3], 以幼學爲壯元。同知中樞李忠元[4], 以幼學壯

---

1 飛簾(비렴): 과거에서 진사나 생원과를 거치지 아니하고 대번에 대과 급제하는 일.

2 遊街(유가): 과거의 급제자가 左注, 先進者, 친척들을 찾아보기 위하여 풍악을 울리며 시가를 행진하던 일.

3 成以敏(성이민, 1565~?): 본관은 昌寧, 자는 退甫, 호는 三古堂. 1595년 별시 문과에 장원급제하였으며, 幼學으로서의 장원은 좀처럼 드문 일이었기 때문에 주위의 촉망을 받고 試官을 위하여 慶宴까지 베푼 일이 있었다. 성이민은 심수경의 큰아버지 沈思恭의 외손자이니, 사촌누이의 아들인 셈이다.

4 李忠元(이충원, 1537~1605): 본관은 全州, 자는 元甫·圓圃, 호는 松菴·驪叟. 1566년 별시 문과에 장원 급제한 뒤 홍문관수찬을 지냈다. 1592년 임진왜란 때

元, 爲試官。慶席之日, 以敏請同知參席。余以病未參, 吟呈一絶於同知, 曰: "居魁及第世稀看, 幼學居魁是更難。聞道同知臨慶席, 門生[5]座主[6]幸同歡." 同知次送曰: "九街[7]千戶擧簾看, 共道文科第一難。黃髮[8]相公懷舊事, 爲吟佳句侈玆歡." 余亦曾添壯元, 故云: '懷舊事.'也。余又呈曰: "恩門[9]邀宴世多看, 衣鉢[10]相傳更覺難。却恨衰翁孤席末, 龍頭佳會未成歡."

도승지로 왕을 의주까지 호종하였고 서울로 돌아와 형조참판에 특진되었다.

5 門生(문생): 과거의 급제자가 考試官(知貢擧)을 恩門이라 부르는 데 대하여 그 급제자들을 이르는 말. 자기를 선발해 준 고시관을 스승처럼 여겨 양자 사이에는 座主·門生制가 성립하였다.

6 座主(좌주): 조선시대 과거의 考試官을 이르는 말.

7 九街(구가): 도성에 뒤쪽에 있는 큰 길거리.

8 黃髮(황발): 본래 머리가 하얗게 세었다가 다시 누런빛을 띠는 것으로, 장수한 노인을 뜻하는 말.

9 恩門(은문): 과거 급제자가 고시관을 일컫던 말.

10 衣鉢(의발): 본래 불교 禪宗에서 법통 계승의 信證으로 가사와 바리때를 전해 주는 것을 말함. 전하여 스승과 제자 사이에 학문 전수, 도통 계승 등을 가리킨다.

55. 진천부원군 강혼과 성주 기녀 은대선의 사랑 이야기

사명(使命: 맡겨진 임무)을 받고 지방 고을로 나갈 때면 기생을 두고 있는 각 고을에서는 의례히 잠자리에서 시중들 기녀를 정해 놓았지만, 감사(監司: 관찰사)는 기율과 풍속을 단속하는 관리였는지라 비록 기녀가 자신의 고을에서 잠자리를 시중들었을지라도 짐바리처럼 실려서 갈 수 없는 것 또한 예전부터 내려오는 관례였다.

진천부원군(晉川府院君) 강혼(姜渾)이 영남을 순찰했을 때 성주(星州) 기녀 은대선(銀臺仙)에게 첫눈에 반하였다. 어느 날 성주에서 고을들을 순행하러 떠났는데, 낮이 되어서야 부상역(扶桑驛)에서 쉬고 있었다. 부상역은 곧 여정의 반쯤되는 곳인 까닭에 기녀 은대선 또한 따라갔다가 저물어도 차마 떠나지 못하고 그대로 부상역에서 묵었다.

다음날 아침에 강혼이 시를 지어 기녀 은대선에게 주었으니, 이러하다.

부상 역관에서 한바탕 즐기고 나니
묵는 길손 이불 없고 촛불 다 타가네.
열두 봉우리 무산에서 새벽꿈에 미혹되어
역참 누대의 봄밤이 추운 줄도 몰랐구나.

침구는 이미 개령(開寧)으로 보내 놓고 미처 가져오지 못한 까닭에 이불이 없이 묵은 것이다.

또 어떤 감사가 기생과 상방(上房)에서 묵다가 새벽에 일어 측간에 갔었는데, 시종드는 사람이 몰래 고하기를, "공(公: 감사)이 일어나 나가신 후에 어떤 젊은 사람이 갑자기 방으로 들어가 기생을 범하고 나갔으니 해괴하고 해괴한 일입니다."라고 하자, 감사가 웃으며 말하기를, "너는 다시 말하지 말라. 그자의 아내를 내가 차지하여 간통한 것이다. 그러니 본남편이 그렇게 한 일이거늘 무엇이 그리 이상하단 말이냐?"라고 하였다.

진천부원군이 법을 지킨 것과 감사의 넓은 도량은 가히 어려운 일이라고 할 만하다.

○ 使命之出外也, 有妓各官, 例定薦枕[1]之妓, 而監司則爲風憲之官[2], 雖薦枕於本邑, 不得馱載而行, 亦舊例也。姜晉川渾[3], 按嶺南時, 鍾情[4]於星州[5]妓銀臺仙。一日, 自星巡向列邑, 午憩于扶桑驛[6]。

---

1 薦枕(천침): 첩이나 기생, 侍女 등이 웃사람을 모시고 잠자리를 같이 함.

2 風憲之官(풍헌지관): 풍기를 문란하게 하는 자를 단속하는 관리.

3 姜晉川渾(강진천혼): 姜渾(1464~1519). 본관은 晉州, 자는 士浩, 호는 木溪·東皐. 1483년 생원·진사 양시에 합격하고, 1486년 식년 문과에 급제하였다. 1498년 무오사화가 일어나자, 김종직의 문인이라 하여 杖流되었다가 얼마 뒤 풀려났다. 그뒤 연산군에게 문장과 시로써 아부하여 그 총애를 받고 도승지에 올랐다. 1506년 중종반정을 주동하던 朴元宗 등이 죽이려 하였으나, 영의정 柳洵의 주선으로 반정군에 나가 목숨을 빌고 반정에 가담하여, 그 공으로 晉川府院君에 봉해졌다.

4 鍾情(종정): 매우 사랑함.

5 星州(성주): 경상북도 남서쪽에 있는 고을. 동쪽은 낙동강을 경계로 대구광역시와 칠곡군, 서쪽은 김천시와 경상남도 합천군, 남쪽은 고령군, 북쪽은 김천시와 접한다.

6 扶桑驛(부상역): 경상북도 개령에 있는 역관. 성주 북쪽과 경계를 이루는 곳으로, 김천시 및 구미시 일부 지역의 행정구역이다.

驛乃州之半程, 故妓亦隨往, 至暮不忍別去, 仍宿于驛。翌朝, 題詩贈之曰: "扶桑館裡一場歡, 宿客無衾燭燼殘。十二巫山迷曉夢[7], 驛樓春夜不知寒." 蓋寢具已送于開寧[8], 未及取還, 故無衾而宿也。又有一監司, 與妓宿于上房[9], 曉起如廁, 從人密告曰: "公起出之後, 有年少人, 猝入房內, 犯妓而出, 可駭可駭." 監司笑曰: "爾勿復言。渠之物, 吾借而奸矣。本夫之事, 何足怪乎?" 晉川之守法, 監司之洪量, 可謂難矣。

---

7 曉夢(효몽): 동 틀 무렵에 꾸는 꿈. 한 사람의 일생이 새벽에 꾸는 꿈처럼 짧은 것을 가리킨다.

8 開寧(개령): 경상북도 김천시 북동부에 있는 개령면 지역.

9 上房(상방): 관아의 우두머리가 거처하던 방.

56. 평양 기생 동정춘과 홍주 기생 옥선루를 사랑하다

가정(嘉靖) 신해년(1551) 가을에 이부랑(吏部郎)이었던 내가 사명(使命)을 받들어 관서(關西) 지방으로 갔다가 기성(箕城: 평양)의 기생 동정춘(洞庭春)과 정을 나누고 조정에 돌아온 뒤, 동정춘이 편지를 부쳐 이르기를, "님 그리워도 보지 못하여 생이별의 고통을 견디지 못하겠으니, 차라리 죽어서 무덤에 같이 묻히고자 가까운 시일 내에 선연동(嬋姸洞)으로 가겠나이다."라고 하였는데, 선연동은 기성의 칠성문(七星門) 밖에 있는 곳으로 기생이 죽으면 모두 이곳에다 장사지냈다. 내가 장난삼아 절구 1수를 지어 동정춘에게 보냈으니, 이러하다.

종이 가득 장황히 쓴 글 맹세한 말뿐일러니
훗날 황천에서 만나기를 스스로 기약하노라.
장부도 한번 죽는 것 끝내 면치 못할 바에야
마땅히 선연동 속의 혼이나 되어 보리로다.

얼마 안 되어 동정춘이 병으로 죽었다. 내가 장난삼아 율시 1수를 지었으니, 이러하다.

생이별에 길이길이 측은한 정 품었을지라도
어찌 사별하고야 문득 울음 삼킬 줄 알았으랴.

갑작스레 부음 들으니 애간장 찢어지는 듯하고
세세하게 목소리 얼굴이 떠올라 눈물 절로 나네.
편지는 몇 번이고 일찍이 대동강에서 왔건마는
꿈에서라도 넋이 다시는 평양성에 이르지 못했네.
선연동에 묻히고 싶다는 농담 되레 참언이 되었거늘
나와 저승에서 함께하자는 옛 약속 저버려 부끄럽소.

벗들이 위의 시를 보고서 웃었다.

기미년(1559) 봄에 내가 호서(湖西) 지방을 안찰하러 나갔을 때, 참판 권응창(權應昌) 공이 홍주 목사(洪州牧使)로 있었는데 그의 서제(庶弟) 송계(松溪) 권응인(權應仁)이 뒤따라와 있었다. 내가 홍주에 도착했던 날에 송계가 교방가요(敎坊歌謠) 율시(律詩) 2수를 지어 주었는데, 그 끝구가 이러하다.

인생이야 뜻대로 살면 남북 구별 없으니
선연동 혼일랑 아예 되려고 하지 마소.

이 시는 사리에 꼭 들어맞아 의미가 있었다. 그때 내가 홍주 기생 옥루선(玉樓仙)을 자못 사랑하였으니, 송계의 시는 증험한 것이다.

홍주를 순행하러 갔을 때 옥루선에게 율시 1수를 주었으니, 이러하다.

봄바람 향해 앉으니 남모르게 애끓고서
창 앞에 우는 새소리 차마 듣기 어렵네.

길게 헤어졌다가 짧게 만났거늘 봄은 저물고
길은 멀어서 편지마저 드물거늘 날도 저무네.
칠성교에 까막까치 있다는 말 믿지 않다가
도리어 무산에 구름마저 없다는 말 의심하네.
이러한 정 쓰려 하니 도리어 서글퍼지고
공연히 쇠화로 대하여 저녁노을과 바꾸네.

다른 시 또한 많이 주어 시축(詩軸)을 이루었다.

만력(萬曆) 계사년(1593) 봄에 공무로 인하여 홍주에 갔다가 옥루선(玉樓仙)이 살았는지 죽었는지 물으니, 시골 마을에 살아있으며 시축 또한 보관되어 있다고 하였다. 그 시축을 가져다 보니 손수 쓴 필적이 완연하여 소략하게나마 발문(跋文)을 써서 돌려주었다. 손꼽아 헤아려 보니 기미년(1559)부터 계사년(1593)까지는 35년이나 되었으며 내 나이가 78세였다. 멀리 떨어진 지방에서 예전에 지었던 글을 다시금 보고 발문을 지을 수 있었으니 다행이라 하겠다.

○ 嘉靖辛亥秋, 余以吏部郎, 奉使於關西, 與箕城妓洞庭春有情, 還朝之後, 春寄書曰: "思君不見, 未堪生別之苦, 寧欲死而同穴, 近將歸于嬋姸洞[1]."云, 洞在箕城七星門[2]外, 妓死皆葬于此。余戲作一絶, 送之曰: "滿紙縱橫摠誓言, 自期他日共泉原。丈夫一死終難免, 當作嬋姸洞裡魂." 未幾, 春病死。余復戲作一律曰: "生別長含惻惻

1 嬋姸洞(선연동): 평양 기생의 北邙山으로 알려진 평양성 북쪽 칠성문 밖에 있었던 기생의 묘지를 일컬음.

2 七星門(칠성문): 평양시 중구역 경상동에 있는 옛 평양성의 북문.

情，那知死別忽呑聲。乍聞凶訃腸如裂，細憶音容淚自傾。書札幾曾來浿水，夢魂無復到箕城。嬋姸戱語還成讖，愧我泉原負舊盟.” 朋儕，見而笑之。己未春，出按湖西，權參判應昌[3]公，爲洪州[4]牧使，其庶弟松溪權應仁隨之。余到州之日，松溪作教坊歌謠律詩二首呈之，末句：“人生適意無南北，莫作嬋姸洞裡魂.” 切當[5]有味。時余頗眷州妓玉樓仙，松溪之詩，驗矣。巡往洪州，贈仙一律曰：“坐向東風暗斷魂，窓前啼鳥不堪聞。離多會少春將晩，路遠書稀日欲曛。未信星橋曾有鵲，却疑巫峽更無雲。此情欲寫還惆悵，空對金爐換夕薰.” 他詩亦多贈，成軸焉。萬曆癸巳春，因公到洪，問仙存歿，則生在村里，詩軸亦藏云。取而見之，手跡宛然，略題跋語以還之。屈指而計，自己至癸，三十五年，余年七十八矣。復作舊作於遐方，可謂幸也。

3　權參判應昌(권참판응창): 權應昌(1505~1568). 본관은 安東, 자는 景遇, 호는 知足堂. 1519년 생원시에 합격하고, 1528년 식년 문과에 급제하였다. 1543년 형조참판, 이듬해 병조참판·경상도관찰사를 역임하고, 1546년 이조참판에 이르렀다.

4　洪州(홍주): 충청남도 홍성군 홍성읍 오관리 고을 범위.

5　切當(절당): 사리에 꼭 들어맞음.

57. 전주에서 병을 조리하느라 기생 금개와 지내다

가정(嘉靖) 경신년(1560) 겨울에 호남을 안찰하러 갔는데, 신유년(1561) 봄에 병으로 다른 사람과 교체되고 전주(全州)에서 병을 조리하느라 기생 금개(今介)와 1달 남짓 같이 지냈다. 금개는 나이가 20세였고 성질이 싹싹하고 영리하였다. 전주에서 돌아오던 날 한낮이 되어 우정(郵亭)에서 쉬었는데, 기생 금개 또한 따라왔다가 나를 송별하였다. 내가 시를 지어 주었으니, 이러하다.

봄철 내내 꼬박 병석에 누워 지내다가
무단히 이별 생각하니 너를 어이하리.
베게 위에서 몇 번이나 눈살 찌푸렸나
술자리에서 그저 다시 추파 보내누나.
객사의 천 가지 버들을 시름겨이 보며
양관곡의 한 곡조 차마 들을 수 있으랴.
문밖에 해가 져도 아직 떠나지 못하니
좌중에서 누가 암담한 생각 많은 자이랴.

그 뒤로 20여 년이 지나서 내가 축첩(蓄妾)의 상을 당했는데, 어떤 사람이 와서 말하기를, "전주의 기생 금개가 일찍이 사람을 따라 도성에 올라왔지만 그 사람이 죽어 과부로 지내다가 공(公: 심수경)이 첩의

상을 당했다는 말을 듣고서 옛정을 꾀하고자 합니다."라고 하였다. 내가 허락하려 했으나 때마침 사고가 있어서 그렇게 하지 못하였다. 헤어졌다가 다시 만나는 것 또한 운수가 있는 것인가.

○ 嘉靖庚申冬, 出按湖南, 辛酉春病遞, 調病於全州, 與妓今介, 同處月餘。年可二十, 性頗慧黠[1]。自全發還之日, 午憩于郵亭, 妓亦隨來送別。余題詩以贈曰: "一春都向病中過, 離思無端奈爾何。枕上幾回眉蹙黛, 酒邊空復眼橫波[2]。愁看客舍千絲柳, 忍聽陽關[3]一曲歌。門外日斜猶未發, 座間誰是暗然多." 其後二十餘年, 余喪蓄妾, 有人來言: "全州妓某, 曾隨人上京, 人亡寡居, 聞公喪妾, 欲講舊好." 余欲許之, 而適有事故, 未果焉。破鏡重圓[4], 亦有數耶?

---

1 慧黠(혜힐): 슬기롭고 민첩함.

2 橫波(횡파): 여자의 추파.

3 陽關(양관): 蘇軾의 陽關曲. "저녁구름 모두 걷히니 맑고 찬 기운 넘치는데, 은하수에는 소리 없이 보름달이 굴러가는구나. 내 평생 오늘밤과 같은 즐거움은 많지 않으리, 내년에는 밝은 달을 어느 곳에서 볼 수 있을까.(暮雲收盡溢淸寒, 銀漢無聲轉玉盤. 此生此夜不長好, 明年明月何處看.)"이다.

4 破鏡重圓(파경중원): 깨진 거울이 다시 둥글게 된다는 뜻. 살아서 이별한 부부가 다시 만나는 것을 비유하는 말이다.

58. 성주 가야산에서 기생 막종과 같이 지내다

가정(嘉靖) 경술년(1550) 봄에 잘못한 일로 파직되고 백부(伯父: 沈思恭)를 뵈러 대구(大丘)의 임소(任所)로 갔다가 바로 성주(星州) 가야산(伽倻山)에 놀러 갔는데, 목사(牧使) 조희(曺禧)는 인척(姻戚) 어른이다. 며칠을 머물러 있고자 청하니, 어린 기생 막종(莫從)을 붙여 주었는데 나이가 겨우 16세였다.

내가 대구로 돌아가게 되자, 목사가 기생에게 나를 따라가도록 명하여 함께 몇 달을 지냈는데, 장난삼아 절구시(絶句詩)를 지어 그녀에게 주었으니, 이러하다.

어여쁘기 기방에서 첫손인 그대
객지에서 오늘 우연히 만났도다.
다름 아니라 금석 같은 굳은 맹세 믿고
천 마디 만 마디 말들 부디 따르지 말게.

다른 시 또한 많이 주었다. 동료들이 사명(使命)을 받들어 영남으로 내려간 자들이 이 시들을 보고 많이 화답하였다.

계해년(1563) 봄에 내가 본도(本道: 경상도) 감사가 되었을 때는 성주(星州)에 가서 기생의 안부를 묻자 경성(京城)의 기적(妓籍)에 뽑혀 보충되었다 하였고, 내가 다른 사람으로 교체되어 돌아올 때는 기생이 다시

고향으로 돌아갔다 하였으니, 기러기와 제비처럼 서로 길이 어긋나는 것 같아서 이미 한탄스러운 것이었다.

얼마 안 되어 그 기생이 병으로 죽었고, 송계(松溪) 권응인(權應仁)이 성주 사람이라서 그녀의 부음(訃音)을 전하고 시로써 조문하였다. 바로 그의 시에 차운하였으니, 이러하다.

내 늙어 가면서 낙신부를 지을 마음 없으니
물결 밟는 버선에 튀는 물방울 볼 수 없네.
당시 처음 만나던 자태 아득히 떠오르는데
오늘 죽었다는 소식 홀연히 듣고 놀랐다네.
아침엔 구름 저녁엔 비 내리던 옛꿈 아련한데
춤추던 적삼 노래하던 부채 누구에게 맡겼나.
성주는 이제부터 화려한 맛이 감해져
적막한 임풍루엔 손님만 앉으리로다.

○ 嘉靖庚戌春, 以事落職, 往省伯父[1]于大丘任所, 仍遊星州[2]伽倻山[3], 牧使曺公禧[4]戚丈也。請留數日, 以兒妓莫從屬之, 年甫二八

1 伯父(백부): 沈思恭(1490~1556)을 가리킴. 본관은 豐山, 자는 子溫. 아버지는 沈貞이다. 공조와 호조 정랑, 온양군수, 가산군수, 대구부사, 원주목사 등을 지냈다.

2 星州(성주): 경상남도 남서쪽에 있는 고을. 동쪽은 낙동강을 경계로 대구광역시와 칠곡군, 서쪽은 김천시와 경상남도 합천군, 남쪽은 고령군, 북쪽은 김천시와 접한다.

3 伽倻山(가야산): 경상남도 합천군과 경상북도 성주군 경계에 있는 산.

4 曺公禧(조공희): 曺禧(1490~1564). 본관은 昌寧, 자는 仲慶·慶原. 1513년 진사가 되었고, 1517년 별시 문과에 급제하였다. 평안도도사, 병조 정랑, 나주목사, 동래부사 등을 지냈다.

矣。及還于大丘，牧使命隨去，與之數月，戱作絶句贈之，曰："綽約梨園[5]第一容， 客中今日偶相逢。靡他信誓堅金石， 萬語千言愼莫從." 他詩亦多贈焉。儕輩之奉使下南者，見而多和之。癸亥春，按節本道，到星問之，則妓選補京籍，及余遞還，妓又還鄕，鴻燕相違[6]，已爲可嘆。未幾，妓病死，權松溪星人也，傳其訃音，以詩弔之。乃次其韻，曰："老去無心賦洛神[7]，凌波[8]不見襪生塵。當年謾憶初呈態，此日驚聞忽化身。暮雨朝雲[9]迷舊夢，舞衫歌扇付何人。星山自此繁華減，寂寞臨風[10]【樓名】座上賓."

---

5 梨園(이원): 기생들의 음악과 노래를 교습시키는 곳. 妓房.

6 鴻燕相違(홍연상위): 길이 어긋나 만나지 못함을 일컫는 말. 기러기는 가을에 북에서 오고, 제비는 가을에 남으로 가서 서로 만나지 못하기 때문이다.

7 洛神(낙신): 洛神賦. 魏나라의 曹植이 조정에 들어갔다가 다시 자신의 땅으로 돌아가는 도중에 洛水를 지나가면서 洛神의 일생을 생각하고 지은 것으로, 작가와 낙수 여신이 만나 서로 사랑하게 되지만 사람과 신은 서로 달라 가까이할 수 없는 안타까운 심정을 표현한 것이다.

8 凌波(능파): 凌波襪. 魏나라 曹植이 지은 洛神賦의 "물결을 타고 사뿐사뿐 걸으니, 비단 버선에 물방울 튀어 오르네.(凌波微步， 羅襪生塵.)"에서 나온 말.

9 暮雨朝雲(모우조운): 남녀 간의 雲雨의 정을 말함. 楚나라 懷王이 高唐에 노닐다가 꿈속에 神女를 만나 동침을 하였는데, 신녀가 떠나면서 "첩은 巫山 남쪽 높은 봉우리에 사는데, 아침에는 구름이 되고 저녁에는 비가 되어 매일 아침저녁 陽臺 아래에 있습니다."라고 한 데서 나온 말이다.

10 臨風(임풍): 臨風樓. 성주의 객관 북쪽에 있었던 누정이다.

59. 성운은 행의가 있고 참된 처사이다

징군(徵君) 성운(成運)은 보은(報恩) 종곡(鍾谷) 사람이다. 몸가짐이 매우 고상했고 문장 또한 절묘하였는데, 시는 이러하다.

한번 종곡 산골짜기 속에 들어와서
솔과 대나무 우거진 초막에 누웠네.
하늘 높다 해도 머리 숙이려 하랴만
땅이 좁다 해도 오히려 무릎 펴려네.
명성 아래에는 어느 누가 있단 말인가
숲 사이에는 이 늙은이가 남아 있네.
사립문에 찾아오는 손 절로 끊어져도
어느 날이고 거문고와 책 놓지 않았네.

을사사화 때 사직을 지킨 공로가 혁파되었다는 말을 듣고 시를 지었으니, 이러하다.

일이야 지났으니 슬퍼한들 무슨 소용이랴만
어진 이를 회상하며 눈물로 옷을 적시노라.
출렁이는 물 마르니 용도 타서 죽고
소나무 거꾸러지니 학 놀라 날아가네.

황천에서는 은혜도 원한도 없으련만
세상에서는 시비가 아주 분분하도다.
운행하는 궤도의 해를 우러러 볼진댄
누가 환한 빛을 다시 가릴 수 있으랴.

두 시는 모두 지극히 아름답다. 징군은 세상에 뜻을 두지 않고 남이 알아주기를 구하지 않았으니, 참다운 처사(處士)였다.

○ 成徵君運[1], 報恩[2]鍾谷人也。行義甚高, 文章亦妙, 詩曰: "一入鍾山裡, 松筠臥草廬。天高頭肯俯, 地窄膝猶舒。名下何人在[3], 林間此老餘。柴門客自絶, 無日罷琴書." 聞乙巳衛社罷勳, 作詩曰: "事往嗟何及, 懷賢淚滿衣。波乾龍爛死, 松倒鶴驚飛。地下無恩怨, 人間有是非。仰瞻黃道[4]日, 誰復掩光輝." 兩詩皆極佳。徵君無意於世, 不求人知, 眞處士也。

1 成徵君運(성징군운): 徵君 成運(1497~1579). 징군은 학덕이 높은 선비로서 임금의 조서로 부름을 받은 선비를 일컫는다. 본관은 昌寧, 자는 健叔, 호는 大谷. 1531년 사마시에 급제하였다. 1545년 을사사화 때 형 成遇가 화를 입자 속리산에 은거하고, 이지함, 서경덕, 조식 등과 교유하며 학문에 힘썼다.

2 報恩(보은): 충청북도 남서부에 있는 고을. 동쪽은 경상북도 상주시, 서쪽은 대전광역시·충청북도 청주시, 남쪽은 옥천군, 북쪽은 청주시·괴산군과 접한다.

3 名下何人在(명하하인재): 큰 명성을 누린 사람은 오래 그 자리에 머물기 어렵다는 뜻. 춘추시대 越王 句踐이 패업을 이루고 范蠡를 上將軍으로 삼자, 범려가 '큰 명성 아래에는 오래 머물기 어렵다.(大名之下, 難以久居.)'라고 생각하여 바다에 배를 띄워 종적을 감추었다는 고사에서 온 말이다.

4 黃道(황도): 태양이 지구를 중심으로 회전한다고 생각했던 둥근 궤도. 제왕이 出遊하는 뜻으로 쓰이기도 하였다.

60. 당나라 향산구로회, 북송 수양오로회, 송나라 낙양기영회

당(唐)나라 회창(會昌) 연간 낙양(洛陽)에 살았던 자로서 전 회주 사마(前懷州司馬) 호고(胡杲)는 89세, 위위경(衛尉卿)을 끝으로 벼슬을 그만둔 길민(吉旼)은 88세, 전 자주자사(前磁州刺史) 유진(劉眞)은 87세, 전 용무군 장사(前龍武軍長史) 정거(鄭據)는 85세, 전 시어사 내공봉관(前侍御史內供奉官) 노진(盧眞)은 83세, 전 영주자사(前永州刺史) 장혼(張渾)은 77세, 형부 상서(刑部尙書)를 끝으로 벼슬을 그만둔 백거이(白居易)는 74세였는데, 7명이 칠로회(七老會)를 만들고서 각기 칠언육운(七言六韻) 배율시(排律詩) 1수씩 지었고, 백거이가 그 서문을 썼다.

낙양(洛陽)의 원로 이원상(李元爽)은 136세, 승려 여만(如滿)은 95세여서 2명을 추가로 가입시켰으니, 이것이 구로회(九老會)였다. 당시 사람들이 이를 흠모하여 세상에 전해지도록 하였다. 비서감(秘書監) 적겸모(狄兼謩: 狄兼謨의 오기)와 하남윤(河南尹) 노정(盧貞)은 70세가 되지 않았으니, 모임에는 비록 참여하였으나 구로의 대열에는 끼지 못하였다.

송(宋)나라 지화(至和) 연간 수양(睢陽)에 살았던 자로서 태자 태사(太子太師)를 끝으로 벼슬을 그만둔 두연(杜衍)은 80세, 예부 시랑(禮部侍郎)을 끝으로 벼슬을 그만둔 왕환(王渙)은 90세, 사농경(司農卿)을 끝으로 벼슬을 그만둔 필세장(畢世張)은 94세, 병부 낭중(兵部郎中)을 끝으로 벼슬을 그만둔 주관(朱貫)은 88세, 가부 낭중(加部郎中)을 끝으로 벼슬을 그만둔 풍평(馮平)은 87세였는데, 5명이 오로회(五老會)를 만들었다. 당시 사람들이 모임을 그림으로 형상화하고 그 성대한 일을 기록하였는데, 두연이 칠언율시(七言律詩) 1수를 짓고 네 사람이 모두 차운하였으며, 동향 사람 전명일(錢明逸)은 두연의 명을 받들어 서문을 지었다.

원풍(元豐) 연간 낙양에 살았던 자로서 사도(司徒)를 끝으로 벼슬을 그만둔 부필(富弼)은 79세, 태위(太尉) 판하남부(判河南府) 문언박(文彦博)은 77세, 상서(尙書) 사봉낭중(司封郎中)을 끝으로 벼슬을 그만둔 석여언(席汝言)은 77세, 조의대부(朝議大夫)를 끝으로 벼슬을 그만둔 왕상공(王尙恭)은 76세, 태상 소경(太常少卿)을 끝으로 벼슬을 그만둔 조병(趙丙)은 76세, 비서감(秘書監)을 끝으로 벼슬을 그만둔 유궤(劉几)는 75세, 위주 방어사(衛州防禦使)를 끝으로 벼슬을 그만둔 풍행(馮行)은 75세, 천장각 대제 제거 숭복궁(天章閣待制提擧崇福宮) 초건중(楚建中)은 72세, 사농 소경(司農少卿)을 끝으로 벼슬을 그만둔 왕신언(王愼言)은 72세, 선휘 남원 사판 대명부(宣徽南院使判大名府) 왕공진(王拱辰)은 71세, 태중 대부 제거 숭복궁(太中大夫提擧崇福宮) 장문(張問)은 70세, 용도각 직학사 제거 숭복궁(龍圖閣直學士提擧崇福宮) 장도(張燾)는 70세, 단명 전학사 겸 한림학사(端明殿學士兼翰林學士) 사마광(司馬光)은 64세였는데, 13명이 기영회(耆英會)를 만들고서 민(閩: 복건성의 지명) 사람인 정환(鄭奐)에게 명하여 모임을 그림으로 형상화하게 하였다.

왕공진은 때마침 대명부(大名府)에 있으면서 문로공(文潞公: 문언박)에게 편지를 보내어 사마광(司馬光)을 기영회에 가입시키도록 청하였지만 나이가 70세 되지 못하였는데, 문로공이 평소 그 사람됨을 존중하여 적겸모(狄兼謨)의 고사를 인용하여 기영회에 들기를 권하였으나 공

(公: 사마광)은 후배라면서 사양하였다. 문로공이 정환에게 막후(幕後)에서 사마광의 초상화를 전해 오도록 하였다.

문로공이 첫 번째 모임을 열었고, 그 나머지 사람들도 차례로 모임을 열었다. 먼저 부공(富公: 부필)이 오언(五言) 장편시(長篇詩)를 짓고, 다음으로 문로공이 칠언육운(七言六韻) 배율시(排律詩)를 지으니, 나머지 사람들은 5언 배율시를 짓거나 7언 배율시를 짓기도 하고 7언 장편시를 지었으며, 사마광이 그 서문을 썼다.

칠로회·오로회·기영회의 여러분은 모두 모임을 만든 때에 나이가 쓰여 있으나, 그들이 한평생 살아 누린 나이가 얼마인지 상고할 수 있는 자는 오직 백거이가 86세, 두연이 81세, 문언박이 92세, 사마광이 68세일 뿐이었고 나머지 사람들은 기록할 만한 것이 없었다.

우리 고을의 노인들이 당송(唐宋) 제현(諸賢)의 일을 정말 부러워하였는데, 10여 명은 모임을 만들고 여러 해를 지내다가 난리를 만나 흩어지고 말았다. 난리 후에 살아남은 자는 다만 서교(西郊) 송공(宋公: 송찬)·죽계(竹溪) 안공(安公: 안한) 및 나 3명뿐이었는데, 죽계도 이제 또 세상을 떠났다. 두 명만으로 다시 모임을 만들지 못하겠으니, 한탄을 금할 수 있으랴.

○ 唐會昌[1]中, 洛陽居, 前懷州司馬胡杲年八十九, 衛尉卿致仕吉旼年八十八, 前磁州刺史劉眞年八十七, 前龍武軍長史鄭據年八十五, 前侍御史內供奉官盧眞年八十三, 前永州刺史張渾年七十七, 刑部尙書致仕白居易年七十四, 七人爲七老會, 各賦七言六韻排律

1 會昌(회창): 당나라 武宗 때의 연호(841~846).

一首，而白居易爲之序。洛中遺老李元爽年一百三十六，僧如滿年九十五，二人追入，是爲九老[2]。時人慕之，圖傳於世。祕書監狄兼謩·河南尹盧貞，以年未七十，雖與會而不及列。宋知和[3]中，睢陽居，太子太師致仕杜衍年八十，禮部侍郎致仕王煥年九十，司農卿致仕畢世張年九十四，兵部郎中致仕朱貫年八十八，加部郎中致仕馮平年八十七，五人爲五老會[4]。時人，形于繪事，以記其盛，杜衍賦七言律詩一首，四人皆次韻，而同鄕人錢明逸，承杜公之命，爲之序。元豐[5]中，洛陽居，司徒致仕富弼年七十九，太尉判河南府文彦博年七十七，尙書司封郎中致仕席汝言年七十七，朝議大夫致仕王尙恭年七十六，太常少卿致仕趙丙年七十六，祕書監致仕劉几年七十五，衛州防禦使致仕馮行年七十五，天章閣待制提擧崇福宮楚建中年七十二，司農少卿致仕王愼言年七十二，宣徽南院使判大名府王拱辰年七十一，太中大夫提擧崇福宮張問年七十，龍圖閣直學士提擧崇福宮張燾年七十， 端明殿學士兼翰林學士司馬光年六十四，十三人爲耆英會[6]，命閩人鄭奐繪象之。王拱辰，時在大名府[7]，貽書

---

2 九老(구로): 香山九老. 唐나라 시인 白居易를 비롯하여 향산의 원로인 胡杲, 吉皎, 劉眞, 鄭據, 盧貞, 張渾, 李元爽, 如滿 등 아홉 사람을 가리킴. 백거이가 刑部尙書로 致仕한 뒤에 향산에 은거하여 이들과 함께 九老尙齒之會를 결성하고 풍류를 즐겼다. 향산은 중국 河南 洛陽 龍門山의 동쪽에 있는 산이다.

3 知和(지화): 宋나라 仁宗의 연호(1054~1055).

4 五老會(오로회): 睢陽五老會. 北宋 睢陽에서 노후를 보냈던 덕망 높은 다섯 퇴직 관리인 杜衍 등 다섯 사람이 賦詩를 酬唱하며 풍류를 즐겼던 詩酒 모임.

5 元豐(원풍): 宋나라 神宗의 연호(1078~1085).

6 耆英會(기영회): 洛陽耆英會. 宋나라 노재상인 文彦博이 唐나라의 白居易가 결성한 香山九老會를 본떠 富弼 등 70세 이상의 명사들을 모아 결성한 것으로, 당시 司馬光의 나이가 50세밖에 되지 않았지만 그를 흠모하여 이 모임에 넣었다고 한다.

文潞公, 請入司馬光, 年未七十, 而文潞公, 素重其人, 用狄兼謨故事, 請入會, 公辭以晩進。潞公令鄭奐, 自幕後傳其像。潞公爲第一會, 餘皆以次爲會。富公先賦五言長篇, 文潞公次賦七言六韻排律, 其餘或賦五言排律, 或賦七言排律, 或賦七言長篇, 而司馬光爲之序。七老會·五老會·耆英會, 諸公皆以作會時, 年歲書之, 而其終享幾歲, 可得以考者, 唯白居易八十六, 杜衍八十一, 文彦博九十二, 司馬光六十八, 餘無可記也。吾鄕耆老, 羡慕唐宋諸賢之事, 十餘人作會, 累年而遭亂乃散。亂後生存, 只西郊宋公·竹溪安公及余三人, 而竹溪今又逝矣。二人無復作會, 可勝嘆哉。

7 大名府(대명부): 중국 河北省 남단 魏縣의 大名. 나중에 北京으로 바뀐다.

61. 1549년 독서당 선온에 참석하다

독서당(讀書堂)은 두모포(豆毛浦)의 북변(北邊) 산기슭에 있는데, 경성(京城)과의 거리가 7, 8리 가량 된다. 조종조(祖宗朝)에서 홍문관(弘文館)을 세워 인재를 양성하려는 뜻이 성대하였다. 은총이 지극함을 갖추었으니, 사람들은 독서당을 신선의 땅인 영주(瀛洲)에 오른 것처럼 여겼다.

성종(成宗)은 수정 술잔을 하사하였고, 중종(中宗)은 북숭아 새긴 술잔을 하사하였으며, 명종(明宗)은 기유년(1549) 여름 서당에 선온(宣醞)을 베풀고 또 혜호배(蟪蚝盃, 협주: 혜호는 벌레 이름으로 술을 마시기만 하면 죽었기 때문에 그 벌레 모양으로 술잔을 만든 것은 술을 경계하려는 까닭이었다.)를 하사하였다. 관물공(觀物公) 민기(閔箕)·낙촌공(駱村公) 박충원(朴忠元)·임당공(林塘公) 정유길(鄭惟吉)·국간공(菊磵公) 윤현(尹鉉), 심수경이 선온(宣醞)에 참석하였다.

이튿날 독서당 동료들이 심수경에게 사은(謝恩)의 글을 짓도록 하였는데, 그 한 구절에 이르기를, "수정배·선도배와 나란히 전하리니, 성종과 중종조보다 더욱 빛나겠네.(與水精仙桃而竝傳, 于成宗中廟而益顯.)"라고 했다. 임당이 이 구절을 〈당중고사록(堂中故事錄)〉에 쓰고서, '바로 사실을 기록한 것이다.'라고 운운하였다.

이 일은 이미 49년이 지났는데, 독서당 동료들은 모두 작고하고 심수경만 살아 있으니 아, 슬프다. 임진난 후에는 서당이 허물어진 지도 또한 오래되었으니 한탄을 금할 수 있으랴.

○ 讀書堂, 在豆毛浦[1]北邊山椒, 距京城七八里許。祖宗朝, 翹館儲才之意, 盛矣。恩寵備至, 人比之登瀛。成廟賜水精杯[2], 中廟賜仙桃杯[3], 明廟己酉夏宣醞[4]于堂, 賜𧐖蜣杯【𧐖蜣蟲名, 飮酒輒死, 象此爲杯, 所以戒酒也】。觀物閔公箕·駱村朴公忠元·林塘鄭公惟吉·菊磵尹公鉉暨守慶, 得參宣醞。翌日堂僚, 使守慶作謝箋, 其一句曰: "與水精·仙桃而並傳, 于成宗·中廟而益顯." 林塘寫此句於堂中故事錄, 曰: "乃實錄也."云云。此事已過四十九年, 堂僚皆作古, 守慶獨存焉, 嗚呼愴哉! 壬辰兵亂之後, 堂廢亦久, 可勝嘆哉。

---

1 豆毛浦(두모포): 서울특별시 성동구 옥수동 동호대교 북단에 있었던 나루터.

2 水精杯(수정배): 조선시대 성종 때 독서당에 내려 주었던 수정 술잔.

3 仙桃杯(선도배): 조선시대 중종 때 독서당에 내려 주었던 복숭아를 새긴 술잔.

4 宣醞(선온): 임금이 신하에게 내려주는 술.

62. 5촌 조카 심일승이 술잔을 구워 보내주다

5촌 조카 심일승(沈日昇)이 사옹원(司饔院) 참봉(參奉)으로서 사기소(沙器所) 감조관(監造官)이었는데, 나에게 말하기를, "바라건대 시 1수를 지어 보내 주시면 그 시를 잔대(盞臺)에 써서 구워 만들겠습니다."라고 하여 내가 오언 절구시를 지었으니, 이러하다.

술의 덕 참으로 칭송할 만하니
한껏 취하면 화평한 기운이로세.
술잔에 나의 훈계를 붙이노니
오직 잔질 많이는 하지 말게나.

심일승이 술잔을 구워 보내 주었다. 대개 이 시는 나의 자식이나 조카를 훈계하고자 지은 것일 뿐, 타인이 보고서 준수하기를 감히 바라랴만 술로 인하여 화가 되는 것은 혹독하다. 자기 몸을 보호하고자 하면 어찌 유념하지 않을 수 있겠는가.

○ 堂侄沈日昇[1], 以司饔院參奉, 爲沙器所監造官, 謂我, 曰: "願作一詩以送, 則欲寫於杯坮而燔造焉." 作五言絶句, 曰: "酒德眞堪頌, 醺醺養太和。巵觴我寓戒, 唯願酌無多." 日昇燔造送之。蓋此詩欲

---

1 沈日昇(심일승, 1553~?): 본관은 豐山, 자는 明遠. 1585년 식년시에 합격하여 생원이 되었다.

戒吾子姪而作, 敢望他人覽而遵之, 酒之爲禍慘矣。欲保其身者, 可不念哉。

63. 1562년 성천도 영흥도 의주도 영빈도 네 병풍을 하사하다

명종(明宗) 임술년(1562) 겨울에 김주(金澍)·박충원(朴忠元)·오상(吳祥)과 심수경을 정원(政院)으로 부르도록 하여 그림을 비단에 그린 긴 병풍용 4벌을 내렸는데, 병풍용은 각기 8폭으로 되었고 그 마지막 폭이 비었으니, 바로 성천도(成川圖)·영흥도(永興圖)·의주도(義州圖)·영변도(寧邊圖)였다. 하교(下教)하기를, "김주에게 성천도, 박충원에게 영흥도, 오상에게 의주도, 심수경에게 영변도를 내려 각자 기문(記文)과 장편시(長篇詩)를 지어 빈 비단 마지막 폭에 직접 써서 들이라." 하였다. 네 사람이 엎드려 절하고 황공해 하며 물러났다. 각자 수일 내에 지어 쓰고서 바쳤는데, 신(臣)과 같이 보잘것없는 문장에다 졸렬한 글씨를 주상께서 친히 보시고 감상하기에 이르렀으니 그 영광스럽고도 다행함이 어떠했겠는가.

이전에 또 한양궁궐도(漢陽宮闕圖)가 있어서 홍섬(洪暹)에게 기문을 짓고 정사룡(鄭士龍)에게 장편시를 짓게 하였으며, 평양도(平壤圖)는 정유길(鄭惟吉)에게 장편시를 짓도록 하고 전주도(全州圖)는 이량(李樑)에게 장편시를 짓도록 하였는데, 모두 병풍에 그린 것이라고 한다. 이 병풍을 좌우에 두고 영원토록 전할 것이라고들 하였으나 임진란으로 인한 불길에 타고 말았으니 아, 애통하다.

○ 明廟壬戌冬, 命召金澍·朴忠元·吳祥曁守慶于政院, 下綃畫長屛次[1]四件, 各連八幅, 而空其末幅, 乃成川·永興·義州·寧邊圖也。教曰:“金澍成川圖, 朴忠元永興圖, 吳祥義州圖, 守慶寧邊圖, 各製記及長篇詩, 手寫于空幅以進.” 四人拜伏, 惶懼而退。各於數日內, 製寫以進, 如臣蕪文拙筆, 至塵睿賞[2], 何其榮且幸也? 前此, 又有漢陽宮闕圖, 命洪暹製記, 鄭士龍製長篇詩, 平壤圖, 鄭惟吉製長篇詩, 全州圖李樑製長篇詩, 皆是屛畫云。聞諸置諸左右, 將垂不朽, 而壬辰兵燹, 應烈焰, 嗚呼痛哉。

1 屛次(병차): 屛風次. 병풍을 꾸밀 그림이나 글씨.

2 睿賞(예상): 임금이 감상해 본다는 뜻.

64. 고려조 공민왕 때 정승 류숙의 시에 관한 진위 말하다

서거정(徐居正)이 편찬한 《동인시화(東人詩話)》에 이르기를, "전조(前朝: 고려) 공민왕(恭愍王) 때 정승 사암(思菴) 류숙(柳叔)이 벼슬을 그만두고 고향으로 돌아가는 벗을 전송하는 시를 지었으니, '인간세상 기름불에 제 스스로 들볶아도, 그대 같은 명철한 이야 역사에 전해지라. / 이미 위급한 때 사직을 안정시키고, 다시 평지에서 신선처럼 살려 하네. / 오호의 꿈 끊겨 물안개 속 물결 푸르고, 세 갈래 길에 가을 깊어 들국화 곱구나. / 인끈 던지고 떠나지 못하는 나를 보노니, 요즈음 양쪽의 귀밑머리 흰눈처럼 날리네.'라고 했는데, 신돈(辛旽)이 이 시의 명철(明哲)과 오호(五湖) 등의 말을 들어 왕에게 참소하여 류숙을 죽였다." 하였다.

김종직(金宗直)이 편찬한 《청구풍아(青丘風雅)》 또한 이 시를 뽑아 놓았는데, 이인복(李仁復)이 류숙(柳淑)을 전송하며 지은 시라고 하면서 말미의 주(註)에 이르렀으니, "말구(末句)를 처음에는 '서풍에 흙먼지 속에서 마음 아련했네.'라고 했다가 신돈이 볼까 두려워 고치기를, '요즈음 양쪽의 귀밑머리 흰눈처럼 날리네.'라고 했다." 하였다.

서거정과 김종직은 모두 문장을 널리 본 사람인 데다 기록한 시기의 선후 또한 서로 멀지 않으나, 이와 같이 다르게 기록하여 실었으니 어찌 그리도 괴이하단 말인가? 신돈이 시를 가지고 왕에게 참소하였다면, 시는 류숙이 지은 것이 분명하다.

○ 徐居正所撰《東人詩話》曰: "前朝恭愍王時, 政丞柳思菴叔[1], 送友人歸田詩曰: '人間膏火自相煎[2], 明哲如公史可傳。已向危時安社稷, 更從平地作神仙。五湖夢斷烟波綠, 三逕[3]秋深野菊鮮。顧我未能投紱去, 邇來雙鬢雪飄然.' 辛旽[4]以明哲五湖等語, 譖于王而殺之." 金宗直[5]所撰《青丘風雅》, 亦選此詩, 以爲李仁復[6]送柳淑之作, 末端註曰: "末句, 初曰: '西風塵土意茫然.' 而恐辛旽見之, 改曰: '邇來雙鬢雪飄然.'" 徐與金皆文章博覽之人, 時之先後, 亦不相遠, 而記載如此之異, 何其怪也? 旽以詩譖王, 則詩爲柳作, 明矣。

---

1 柳思菴叔(류사암숙): 柳叔(1316~1368). 본관은 瑞山, 자는 純夫, 호는 思菴. 1340년 과거에 급제해 이듬해 安東司錄이 되었다. 1365년 8월 류숙의 충직을 두려워하던 辛旽의 모함으로 시골에 돌아가 있다가 1368년 9월 신돈에 의해 洪州로 杖流되었다가, 12월 영광에서 신돈이 보낸 자에게 교살당하였다.

2 人間膏火自相煎(인간고화자상전): 《莊子》〈人間世〉의 "산의 나무는 유용하기 때문에 벌목을 자초하고, 油脂는 불을 밝힐 수 있어서 자기 몸을 태우게 만든다.(山木自寇也, 膏火自煎也.)"에서 나온 것으로, 사람들이 오욕칠정에 들볶여 자신의 재능으로 인해 화를 겪는다는 것을 비유한 말.

3 三逕(삼경): 은자의 문 안에 있는 뜰, 은자가 사는 곳.

4 辛旽(신돈, ?~1371): 성은 辛, 자는 耀空, 법명은 遍照. 이름 旽은 집권 후에 정한 속명이며, 법호는 淸閑居士이다. 桂城縣 옥천사의 절 노비의 아들이다. 본래 천민 출신이었으나 불자들 사이에 비범한 면이 있다고 알려졌으며, 金元命의 추천으로 공민왕에게 소개되었다. 《고려사》 등에서 妖僧, 邪僧, 庸僧, 微僧, 老狐 등으로 지칭하는 부정적 평가도 있으나, 개혁가로서 면모를 보여주기도 하였다.

5 金宗直(김종직, 1431~1492): 본관은 善山, 자는 季溫, 호는 佔畢齋. 1453년 진사가 되고, 1459년 식년 문과에 급제하였다. 鄭夢周와 吉再의 학통을 계승하여 金宏弼-趙光祖로 이어지는 조선시대 도학 정통의 중추적 역할을 했다. 세조의 왕위찬탈을 풍자해 지은 〈弔義帝文〉이 戊午士禍가 일어나는 원인이 되어 사후에 부관참시되었다가 中宗反正으로 신원되었다.

6 李仁復(이인복, 1308~1374): 본관은 星州, 자는 克禮, 호는 樵隱. 권신 李仁任의 형이다. 1326년 문과에 급제해 福州司錄이 되었다. 1342년 起居舍人으로 원나라의 制科에 급제해, 大寧路錦州判)의 벼슬을 받고 돌아와 起居注에 올랐다. 1365년 왕에게 辛旽을 멀리할 것을 간했다가 한때 파직 당하였다.

65. 국상의 의제(儀制)는 함부로 고치는 것이 아니다

부모의 삼년상(三年喪)은 성인(聖人)이 만든 의제(儀制)이다. 효자와 착한 손자들이 비록 간혹 곡하고 울며 음식 먹는 것이 정해진 예법보다 지나치는 일은 있을지언정, 기상(期祥: 복 입는 기간)과 복제(服制: 복 입는 제도)는 감히 고치려는 자가 있지 않았다.

국상(國喪)의 의제(儀制)는 조종조(祖宗朝)에서 상세히 정하여 법령에 실려 있는 것을 대대로 좇아 행하였으니, 한 사람의 사견(私見)으로 변경할 수 있는 바가 아니다. 지난번 왕후(王后)의 상(喪)에 대해 한 음관(蔭官)이 앞장서서 의논하기를, "졸곡(卒哭) 후에도 모든 벼슬아치들이 오사모(烏沙帽)와 흑각대(黑角帶)를 착용하는 것은 온당치 못하다."라고 하자, 조정에서 모이어 상의하여 백모(白帽)와 백대(白帶)를 착용하도록 고쳤으니, 더없이 큰 예(禮)를 경솔히 고친 것은 참으로 한심스러운 일이다. 대신(大臣)과 예관(禮官)들은 그 책임을 피할 수 없을 듯하다.

○ 父母三年喪, 聖人之制也。孝子慈孫, 雖或有哭泣飮食之過於禮, 期祥服制, 則無敢有改之者。國喪之制, 祖宗朝詳定, 著在令甲[1], 歷世[2]遵行, 非一人私見所可變更者也。頃於王后喪, 有一蔭官倡議[3], "以卒哭[4]後百官著烏紗帽·黑角帶爲未便." 朝廷集議[5], 改以

---

1 令甲(영갑): 법령. 법률과 명령을 아울러 이르는 말이다.

2 歷世(역세): 지나온 여러 세대.

白帽·白帶，莫大之禮，率爾改之，誠可寒心。大臣禮官，恐不得辭其責也。

3 倡議(창의): 앞장서서 의논함.

4 卒哭(졸곡): 상례에서 삼우가 지난 뒤 3개월 안에 강일에 지내는 제사.

5 集議(집의): 모이어 상의함.

66. 국상 때 변방에서는 거애하지 않는다

국상(國喪) 때 복제(服制: 상복을 입는 것)에 대하여 "변방에서는 거애(擧哀)하지 않는다."라고 한 것은 바로 적국의 사람들에게 국상이 난 것을 알리지 않으려는 것이다. 변방의 장수가 국상의 복제를 지키는데 있어서 어찌 내지(內地)와 다르겠는가? 그런데 듣건대 무부(武夫)의 무리들은 술을 기생들과 어우러져 마시는 것이 평상시와 똑같다고 하니, 참으로 한심스러운 일이다.

명종(明宗)의 국상(國喪: 1567) 때, 내가 안변 부사(安邊府使)에서 남도 병사(南道兵使: 함경남도 병마절도사)로 옮겨 제수되었는데, 몇 개월 동안 갑산(甲山)의 행영(行營: 군대가 진을 치고 있는 곳)에 머물러 있으면서 적을 방비하였다. 행영 안에 누각이 있어 정원(定遠)이라 불렀는데, 내가 시를 지었으니, 이러하다.

덧없는 인생에 괜한 고생만 하니 자조하고
해마다 옮겨 다니니 귀밑머리만 새로 세네.
누가 옥장에서 외로이 잠든 객을 알아주랴만
지난날 푸른 비단옷으로 늘 누웠던 사람일세.
천 리나 떨어진 달 밝은 밤 지내기 어렵거늘
뜰 가득 꽃잎 떨어지니 봄도 이미 지나가네.
범의 머리와 제비의 턱은 나의 몫이 아닐러니

도리어 헛된 명성으로 이몸 그르칠까 안타깝네.

그해는 만력(萬曆: 隆慶의 오기) 기사년(1569) 봄이었다. 수십년이 지난 뒤에 들으니, 그 시판(詩板)이 아직도 있다고 하였다.

○ 國喪服制, 邊不擧哀[1]云者, 乃是欲令敵人不知有國喪也。邊將之守喪制, 則何以異於內地乎? 聞武夫之輩, 其於酒食姬妓, 一如平時, 誠可愛心[2]。明廟之喪, 余以安邊府使, 移除南道兵使, 數月留防[3]于甲山[4]行營[5]。營中有樓, 名曰定遠, 余題詩曰: "自笑浮生謾苦辛, 年年飄轉鬢絲新。誰知玉帳[6]孤眠客, 曾是靑綾[7]慣臥人。千里月明難度夜, 一庭花落已經春。虎頭燕頷[8]非吾事, 却恨虛名誤此身." 是萬曆己巳春也。數十年後, 聞其詩板尙在云。

---

1 擧哀(거애): 喪禮에서, 죽은 사람의 혼을 부르고 나서 喪制가 머리를 풀고 슬피 울어 初喪난 것을 알림. 또는 그런 절차.

2 愛心(애심): 寒心의 오기.

3 留防(유방): 군사상 요새지에 군대가 머물러 있으면서 외적을 방비함. 조선시대 전략상 중요한 특수지역에 군대를 배치하여 불시의 변에 대비한 제도이다.

4 甲山(갑산): 함경남도 북동부에 있는 고을. 동쪽은 단천군, 서쪽은 삼수군, 남쪽은 풍산군, 북쪽은 혜산군과 접한다.

5 行營(행영): 군대가 陣을 치고 있는 곳.

6 玉帳(옥장): 장수가 거처하는 장막을 아름답게 일컫는 말.

7 靑綾(청릉): 푸른 비단으로 만든 이불. 궁중에서 숙직하는 것을 뜻하는 말이다. 漢나라 때 尙書郎이 번을 서면 靑綾被와 白綾被를 주었던 데서 유래한다.

8 虎頭燕頷(호두연함): 범 비슷한 머리와 제비 비슷한 턱이라는 뜻으로, 먼 나라에서 封侯가 될 相을 이르는 말.

67. 1553년 응교로서 시강관이었다

명종조(明宗朝)에서 심수경은 홍문관(弘文館)에 들어가 재차 부수찬(副修撰)이 되고 또 부교리(副校理)와 부응교(副應校)를 지냈지만 모두 오래되지 않아서 교체되었다. 계축년(1553) 초봄에 응교(應教)가 되고 그해 초가을에 교체되었지만, 주상이 부지런히 경연(經筵)에 납시니 하루에 많게는 세 번이나 접견하였고 간혹 야대(夜對: 밤에 경연을 베풂)까지도 하였다. 판서(判書) 박계현(朴啓賢)이 한림(翰林: 예문관 검열)이었을 때 나에게 말하기를, "공(公: 심수경)이 주상 앞에서 경서(經書)를 강론하는 목소리가 들을 만하였습니다."라고 하였다.

그해 겨울에 부모를 봉양하기 위하여 부평 부사(富平府使)를 청하여 제수되었는데, 박계현이 나와 이별하며 시를 주었으니, 이러하다.

강독은 이 시대 제일로 추앙되거니와
모름지기 거듭 범순부 불러 오리로다.

순부(淳夫)는 송(宋)나라의 시강(侍講) 범조우(范祖禹)의 자(字)이다. 정이천(程伊川: 程頤)은 범순부가 온화한 안색과 화평한 기상으로 시비를 잘 설명하며 임금의 뜻을 인도할 수 있다고 칭찬하였으며, 소동파(蘇東坡: 소식)는 범순부가 강사(講師)의 삼매(三昧)를 얻었다고 칭찬하였다. 신(臣)처럼 우둔한 사람이 어찌 감히 만분의 일이라도 비교가 되겠는가. 그저 시인의 허탄한 말일 뿐이다.

갑인년(1554) 가을에 병으로 부평 부사에서 체직되어 집에 한가로이 지낸 지 얼마 되지 않아서 특별히 전한(典翰)에 제수하는 명이 내려졌으니, 홍문관 관원에게 내린 특지(特旨)는 이것이 처음이었다. 을묘년(1555) 5월에 직제학(直提學)에 오르고, 그해 8월에 승진하여 승지(承旨)가 되었는데, 그 은총이 근래에 보기 드문 일이었으나 조금도 보답하지 못하였으니 진실로 죄줄 만하였다.

그후로는 주상이 경연에 나오는 일이 드물 뿐만 아니라 홍문관 관원들도 두세 달 동안 직책에 오래 있는 자가 없는데다 병을 핑계하는 것이 잇따르고 있으니, 식자들이 한심하게 여겼다.

○ 明廟朝, 守慶入弘文館, 再爲副修撰, 又爲副校理·副應敎, 皆不久而遞。癸丑初春, 爲應敎, 至秋初而遞, 上勤御經筵, 日多三接, 或爲夜對[1]。朴判書啓賢爲翰林, 謂守慶, 曰: "公之進講, 聲音可聽." 其年冬, 爲養親, 求除富平府使, 啓賢贈別詩曰: "講讀當今推第一, 會須重喚范淳夫." 淳夫, 乃宋侍講[2]祖禹[3]字也。程伊川[4], 稱其色溫

---

1 夜對(야대): 임금이 밤중에 신하를 불러서 경연을 베풀던 일.

2 侍講(시강): 임금에게 經學 등을 강의하는 관직.

3 范祖禹(범조우, 1041~1098): 송나라 사학가. 1086년 송나라 哲宗의 侍講을 담당했으며, 1095년 좌천되기까지 10년에 가까운 시간 동안 經筵侍官을 역임했다. 그가 저술한 《帝學》은 중국 고대 帝王의 학습경험을 수록하였는데, 특히 송나라 仁宗朝의 경연제도의 기록을 중시하였다. 이는 송대 군주교육의 중요한 표본이기도 하다.

4 程伊川(정이천): 程頤(1033~1107). 송나라 철학자. 형인 明道와 함께 오랫동안 周濂溪에게 학문을 배우고 哲宗의 侍講이 되었으나 蘇東波와 뜻이 맞지 않아 그 문하생들이 당쟁을 야기, 유배되었다. 정이는 崇政殿說書로 있었고, 이때 범조우는 著作佐郎이 되었는데, 정이가 司馬光에게 말하기를 "경연에서 만일 범순부를 얻어 온다면 더욱 좋을 것이오.(經筵若得范淳夫來尤好.)"라고 하자, 사마광이 말하기를

而氣和, 開陳是非, 導人主之意, 蘇東坡[5], 稱其得講師三昧也。如臣駑劣, 安敢比擬於萬一? 特詩人之誕辭耳。甲寅秋, 病遞富平, 居閑未幾, 以特旨除典翰, 館員特旨, 此其初也。乙卯五月, 陞直提學, 八月陞爲丞旨, 榮寵近所罕見, 而未有涓埃之答, 誠可罪也。厥後, 非但經筵罕御, 館員無二三朔久於職者, 病辭相繼, 識者寒心。

"그는 이미 역사를 편수하고 있으니, 조정에서 절로 탁용한 것입니다.(他已修史, 朝廷自擢用矣.)" 하였다. 그러자 정이가 말하기를 "이렇게 탁용함을 말할 것이 아니고, 다만 경연에서 그를 필요로 합니다.(不謂如此, 但經筵須要他.)" 하므로, 사마광이 그 까닭을 묻자, 정이가 말하기를 "나는 내 자신을 스스로 헤아려 보매 온화한 기상이 부족한데, 순부는 낯빛이 온화하고 기가 화평한지라, 시비를 개진하여 인주의 뜻을 계도하기에 더욱 알맞습니다.(頤自度乏溫潤之氣, 淳夫色溫而氣和, 尤可以開陳是非, 導人主之意.)"라고 하여, 그 뒤에 범조우가 끝내 侍講에 제수되었다.

5 蘇東坡(소동파): 蘇軾(1036~1101). 唐宋八大家의 한 사람으로, 舊法派의 대표자이며, 書畫에도 능하였다. 범조우가 侍講으로 임명되어 8년 동안이나 講筵에 있게 되었는데, 그의 강론에 대해서 蘇軾이 "순부의 강설은 작금의 제일이다. 말이 간략하면서도 합당하여 쓸데없는 글자나 장황한 말이 하나도 없고, 의리가 명백하여 문장이 찬란하니, 강사의 삼매를 얻었다.(淳夫講說爲今第一. 言簡而當, 無一冗字長語, 義理明白而成文粲然, 得講師三昧也.)"라고 칭찬하기도 하였다.

68. 송나라 가동이 채제에게 술을 경계하는 시를 주다

송(宋)나라 참정(參政: 參知政事) 채제(蔡齊)는 술을 좋아하였는데, 과거에 장원급제하고도 날마다 진한 술을 마시고 가끔 몹시 취하니, 그의 연세 높은 대부인(大夫人)이 그것을 자못 근심하였다. 가공속(賈公餗: 賈公疏의 오기, 賈同)이 어진 채제를 사랑하여서 그가 술 때문에 학문을 폐하고 병이 생길까 염려하여 시를 지어 풍자하였으니, 이러하다.

성군의 은총 두터워 문과 장원으로 뽑혔고
자애로운 어머니 은혜 깊은데 백발 되었네.
임금 사랑과 어머니 은혜 모두 보답 못했거늘
술로 만일 병들고서 뉘우친다 한들 무엇하랴.

채제가 깜짝 놀라 일어나서 사죄하였다. 이로부터 친한 사람이 아니면 술을 거들떠보지도 않았으니, 종신토록 몹시 취한 적이 없었다. 세상에 술을 즐기는 자는 비록 부모가 훈계해도 오히려 듣고 따르지 않는데, 채공은 아무 관계도 없는 길손으로서 풍자하여 그의 허물을 즉시 고쳤으니, 진실로 어질다고 하겠다.

○ 宋參政蔡齊[1], 喜酒, 登第壯元, 日飮醇酎, 往往至醉, 大夫人年

---

1 蔡齊(채제, 988~1039); 북송 관리. 1015년 진사 출신으로 장원급제자이다. 너무 이른 나이에 출세하여 酒色에 빠져 공무를 폐하는 지경에 이르자 당시의 名士였던

高, 頗憂之。賈公餗[2], 愛齊之賢, 而慮其以酒廢學生疾, 作詩諷之, 曰 : "聖君寵厚龍頭選, 慈母恩深鶴髮垂。君寵母恩俱未報, 酒如成病悔何追?" 齊瞿然起謝之。自是, 非親客, 不對酒, 終身未嘗至醉。世之耆酒者, 雖父母戒之, 猶不能聽從, 蔡公因過客之諷, 而卽改其過, 眞所謂賢矣。

賈同이 그를 보러 갔다가 만나지 못해 경계의 뜻으로 시를 지어 주었는데, 시를 받은 채제는 크게 뉘우치고 술을 자제하며 종신토록 크게 취하는 일 없이 늘 경계하여 參知政事까지 올랐다고 한다.

2 公餗(공속): 賈同의 字인 公疏의 오기. 학문과 옛것을 좋아해 며성을 얻었다. 나이 40여 살에 進士에 올랐는데, 그때 眞宗이 '동'이란 이름을 하사했다.

69. 1548년 독서당에 5명이 함께 선발되다

명종(明宗) 즉위(卽位) 3년인 무신년(1548) 봄, 독서당(讀書堂)에 함께 선발된 자는 교리(校理) 윤춘년(尹春年), 좌랑(佐郎) 한지원(韓智源), 전적(典籍) 박민헌(朴民獻), 수찬(修撰) 윤결(尹潔) 및 좌랑 심수경이었다. 윤춘년은 갑술생(1514)으로 계묘년(1543) 식년시 문과에서 급제하여 벼슬이 판서에 이르고 향년 60세 넘었으며, 한지원은 계유생(1513)으로 갑진년(1544) 가을 별시 문과에서 급제하여 벼슬이 교리에 이르고 향년 50세 되지 못하였으며, 박민헌은 병자생(1516)으로 병오년(1546) 봄 별시 문과에서 급제하여 벼슬이 참판에 이르고 향년 70세 넘었으며, 윤결은 정축생(1517)으로 계묘년(1543) 식년시 문과에서 급제하여 수찬이 되었다가 32세로 비명에 죽었으며, 심수경은 병자생(1516)으로 병오년(1546) 가을 식년시 문과에서 급제하여 벼슬이 의정(議政)에 이르고 나이가 80세 넘었는데도 아직도 아무런 탈이 없다.

심수경은 다섯 명 가운데 재주와 덕이 가장 낮은데도 벼슬이 가장 높고 나이가 가장 많았으니 그 까닭을 모르겠다. 벼슬은 혹 충실하게 일에 힘써야 재앙과 불운을 없게 할 수 있을 것이나, 수명은 혹 삼가고 몸조리를 하여야 요절을 면하게 할 수 있을 것이다. 그러나 대개 그 본분은 천명에 달려 있어서 사람이 어찌할 바가 아니다.

○ 明廟卽位三年戊申春, 讀書堂同時被選者, 校理尹春年·佐郎韓智源·典籍朴民獻·修撰尹潔及佐郎守慶也。尹春年甲戌生, 癸卯式年及第, 官至判書, 年過六十, 韓智源癸酉生, 甲辰秋別試及第, 官至校理, 年未五十, 朴民獻丙子生, 丙午春別試及第, 官至參判, 年過七十, 尹潔丁丑生, 癸卯式年及第, 以修撰, 年三十二, 死於非命, 守慶丙子生, 丙午秋式年及第, 官至議政, 年過八十, 尙無羔。守慶於五人中, 才德最下, 而官壽最高, 未知其所以然也。官或可以恪勤, 而致無災孼, 壽或可以愼攝, 而致無夭札。然大槩其本分在於賦命, 而非人爲所可容也。

70. 송나라 문언박의 동갑회 흠모하다

송(宋)나라 승상(承相) 노공(潞公) 문언박(文彦博)은 낙양(洛陽)으로 돌아왔을 때 나이가 78세였는데, 조산대부(朝散大夫) 정향(程珦)·조의대부(朝議大夫) 사마단(司馬旦)·사봉 낭중(司封郎中) 석여언(席汝言)과 더불어 동갑회(同甲會)를 만들고서 각기 시를 지었다. 노공의 시는 이러하다.

네 사람의 나이는 삼백 열두 살이고
게다가 모두 병오년에 같이 태어났네.
양원에서 시 읊조리는 빈객 될 수도 있고
상령에서 지초 캐는 신선이 될 수도 있네.
청담을 쉼 없이 나누니 자리에 기풍 베어나고
귀밑머리는 희끗희끗 어깨에 가득한 백설일레.
예로부터 진실로 이러한 모임 있지 않으니
낙양에서 응당 그림으로 그려 전해야 하리.

내가 항상 흠모하여 그 시에 차운하였으니, 이러하다.

노공과 같은 나이의 네 이름난 어진 분
팔십에 도달하기에는 두 살이 모자라네.

모두들 낙양에는 노인이 많다고들 하지만
누가 이 지상에 신선들이 있는 줄 알리오.
천수 누린 자야의 자취 어찌 따를 것이며
향산의 구로회와 어깨를 나란할 수 있으랴.
그림 그려 불후로 남긴다 해서 어디에 쓰랴만
시구는 지금까지 전해져서 보기에도 좋구나.

노공(潞公)은 향년 92세이나 정향(程珦)·사마단(司馬旦)·석여언(席汝言) 세 사람은 향년 몇 세였는지 모른다. 그러나 같은 시기에 낙양에서 지내다가 78세 동갑회를 만들었다고 하니, 또한 기이한 일이라 할 것이다. 나와 동갑 병자생(丙子生: 1516)인 35명이 계 모임을 만들었으나, 50년이 지난 뒤에는 나만 홀로 살아남았기 때문이다.

노공의 시에 차운한 끝에도 여전히 감탄스러워 다시 시 1수를 지었으니, 이러하다.

병자년에 태어난 동갑 서른 다섯 명은
젊어서 계 모임을 하여 노년이 되었네.
세월이 흘러 대부분 세상을 떠나서
80년 지나노라니 죄다 신선이 되었네.
성대하던 자리 적막해 공연히 탄식만 하니
외로이 홀로 남은 이 몸 누구를 기대랴.
오래도록 사는 것 참으로 어려운 일이라
단지 팽조와 노담만 만고에 전해지누나.

○ 宋丞相文潞公彦博[1], 保洛日[2], 年七十八, 與朝散大夫程珦[3]·朝議大夫司馬旦[4]·司封郎中席汝言[5], 爲同甲會, 各賦詩。潞公詩曰: "四人三百十二歲, 況是同生丙午年。占得梁園[6]爲賦客[7], 合成商嶺[8]採芝仙。淸談亹亹風生席, 素髮蕭蕭雪滿肩。此會從來誠未有, 洛中應作畫圖傳." 余常羨慕之, 次其詩韻曰: "潞公同甲四名賢, 八十將臨未二年。共道洛中多壽考[9], 誰知地上有神仙。百岭[10]子野[11]堪追武, 九老香山可並肩。何用畫圖垂不朽, 好看詩句至今傳." 潞公享年九十二, 程馬席三公, 未知其享年幾許。而同時洛中, 以七十八作會, 亦云奇矣。吾同甲丙子生, 三十五人作契, 而五十年後, 余獨

---

1 彦博(언박): 文彦博(1006~1097). 중국 북송 때의 정치가·재상. 서하 대책에 공을 세웠고, 패주 왕측의 난을 평정했다. 부필 등과 영종 옹립에 진력했다. 철종 즉위 후 정계의 원로로서 중신이 되었다. 전후 50년에 걸쳐 장상의 지위에 있었다.

2 保洛日(보락일): 歸洛日. 낙양으로 돌아왔을 때.

3 程珦(정향, 1006~1090): 북송의 관리. 程顥와 程頤의 부친이다.

4 司馬旦(사마단, 1006~1087): 북송의 정치가. 어린 나이에도 정치를 하는 솜씨가 뛰어나 상하가 모두 경탄했다. 17차례 승진하여 太中大夫까지 이르렀다.

5 席汝言(석여언, 1006~?): 북송의 정치가.

6 梁園(양원): 중국 漢나라 梁孝王이 세운 竹園. 新王이나 諸王家를 달리 이르는 말이다.

7 賦客(부객): 賦 짓는 손. 杜甫의 〈雲山〉에 "장안 낙양은 멀리 운산 밖에 있고, 고향 소식은 적막하여 오지 않누나. 부 짓던 손과 정신으로 사귀노라니, 고향 바라보는 대에 힘이 다하노라.(京洛雲山外, 音書靜不來. 神交作賦客, 力盡望鄕臺.)"라고 한 데서 온 말이다. 나중에 벼슬길에 나아가려는 뜻을 이루지 못한 사람들을 가리키는 말로도 쓰인다.

8 商嶺(상령): 商山. 은거지. 중국 陝西省 商縣 동쪽에 있는 산. 四皓가 秦나라 난리 피하여 숨은 곳이다.

9 壽考(수고): 나이가 아주 많게 오래 삶.

10 百岭(백령): 百齡의 오기. 사람의 일생. 天壽.

11 子野(자야): 북송 문학가 張先(990~1078)의 字. 詞와 詩에 뛰어났다.

生存。潞詩次韻之餘，仍爲感嘆，更賦一首：“同丙生人三十五，少年爲契到衰年。光陰遞去多辭世[12]， 八十踰來盡作仙。盛席寥寥空自嘆，孤形孑孑比誰肩。長生久視[13]眞難事，只有彭聃[14]萬古傳.”

12 辭世(사세)： 이 세상을 떠난다는 뜻으로, 사람의 죽음을 이르는 말.

13 長生久視(장생구시)： 길게 살아 오래도록 보는 것으로, 장수를 말함.

14 彭聃(팽담)： 彭祖와 老聃. 모두 장수한 자들이다.

71. 예문관과 홍문관의 대제학을 한 사람이 겸직하게 되다

우리 왕조에서 장원급제하여 대제학(大提學)이 된 자는 권제(權踶)·정인지(鄭獜趾: 鄭麟趾의 오기)·최항(崔恒)·김안로(金安老)·정사룡(鄭士龍)·정유길(鄭惟吉)·박순(朴淳)·노수신(盧守愼)·이이(李珥)이다. 조종조(祖宗朝)에서 예문관(藝文館) 대제학이 문형을 맡고 홍문관(弘文館) 대제학은 다른 사람이 겸임하였는데, 중종(中宗) 이후로 두 대제학을 한 사람이 겸직하였다. 어세겸(魚世謙)·이행(李荇)·김안로는 의정(議政)이 된 뒤에도 그대로 대제학을 겸하였는데, 여론이 간혹 비난하기도 하였다.

○ 國朝壯元及第, 爲大提學者, 權踶·鄭獜趾·崔恒·金安老·鄭士龍·鄭惟吉·朴淳·盧守愼·李珥也。祖宗朝, 藝文大提學主文, 而弘文大提學則他人兼之, 中廟朝以後, 兩大提學, 一人爲之矣。魚世謙·李荇·金安老, 爲議政後, 仍帶大提學, 物議或非之云。

72. 의발은 다양한 것에 비유되다

선가(禪家)에서 스승과 제자 사이에 도(道)를 전수하는 것을 일러 의발(衣鉢)을 전수한다고 하는데, 대개 의발을 도(道)에 비유하는 것이다.

전 왕조(前王朝: 고려) 때 문생(門生: 과거 급제자)과 좌주(座主 과거 고시관) 사이에 의발을 서로 전한다는 말이 있었는데, 대개 문장(文章)을 의발에 비유한 것이다.

대제학(大提學) 또한 의발을 서로 전한다는 말이 있었는데, 조종조(祖宗朝)에서 대제학에게 큰 벼루가 있어 서로 전했다고 하지만 지금까지도 아직 남아 있는지 여부는 알지 못한다.

○ 禪家, 師弟間傳道, 謂之傳衣鉢, 蓋以衣鉢, 比道也。前朝時, 門生座主, 有衣鉢相傳之語, 以文章, 比衣鉢也。大提學, 亦有衣鉢相傳之語, 祖宗朝大提學, 有大硯面, 相傳云, 未知今尙存否也。

73. 1573년 4월 영중추부사 홍섬이 궤장 받다

벼슬이 1품에 이르고 나이가 70세 이상인데도 국가의 경중에 관한 일에 매여 있어 벼슬을 그만둘 수 없는 자는 궤장(几杖)을 하사하는 것이 나라의 법이다.

만력(萬曆) 계유년(1573) 4월에 영중추부사(領中樞府事) 홍섬(洪暹)은 이미 영의정을 지낸 데다 나이가 70세였기 때문에 궤장을 하사하고 잔치를 베풀어 영예롭게 하였다. 여러 재상들이 많이 모였으니, 중사(中使: 어명을 전하는 내시) 및 도승지 이희검(李希儉)은 선온(宣醞: 임금의 하사 술)을 가져왔고, 주서(注書) 이준(李準)은 교서(敎書)와 궤장을 받들어 왔고, 우의정 노수신(盧守愼), 좌참찬 원혼(元混), 여성군(礪城君) 송인(宋寅), 판윤(判尹) 강섬(姜暹), 형조 참판 박대립(朴大立), 우윤(右尹) 김계(金啓)가 잔치 자리에 참여하였고, 심수경 또한 호조 참판으로 말석에 참여하였다.

이때 상공(相公: 홍섬)의 대부인(大夫人)은 나이가 87세였고 영의정 송질(宋軼)의 딸이다. 상공의 선군(先君: 洪彦弼) 또한 영의정으로 있으면서 궤장을 하사 받았다. 그래서 대부인은 영의정의 딸이고 영의정의 아내이며 영의정의 어머니이어서 두 번이나 이런 영화를 보니, 참으로 근래에 없던 성대한 일이었다.

우의정 노수신이 자리에서 시를 지었으니, 이러하다.

삼종 일생이 정승의 집안 벗어나지 않았으니
이러한 일은 지금에서야 처음 있는 일이로세.
대궐 안으로 들어갈 때 영수장 다시 짚었고
모친 앞에서는 도리어 노래자 색동옷 입었네.
우로 같은 은혜 입었으니 진정 천재일우거니와
환대한 관리들은 모두 당시에 쟁쟁한 이들이네.
어디에서 이러한 연석에 참여할 수 있으랴만
부끄럽게도 재상을 빛낼 좋은 시구가 없어라.

심수경 또한 시를 지었으니, 이러하다.

궤장의 넓고 큰 은혜는 나라에서도 드물거니와
재상이 모친께 올리는 문안은 다시 짝이 없네.
세 번째 영의정 되느라 삼공구경 벼슬 지냈고
대부인을 받들어 모셨으니 복이 하해와 같도다.
영광이 가득한 연회석에 어화가 자리를 비추고
희색이 하늘로 솟는데 선온주 동이에 넘치누나.
【협주: 연회석에는 조화 두 바구니와 하사주 열 항아리가 있었다.】
한 시대의 성대한 일 응당 기록해야 할지니
어디서 깃대 같은 붓 구하여 쓸 수 있으랴.

여성군(礪城君) 송인(宋寅)은 상공(相公: 홍섬)의 표제(表弟: 외사촌 동생)로 뒤이어 기문(記文)과 배율시(排律詩)를 지었고, 그 나머지 또한 모두 뒤이어 장편시(長篇詩)나 율시(律詩)도 지었다. 상공이 화공(畫工)에게 그 일을 그림으로 그리게 하고 여성군은 그 그림 뒤에 여러 시문을 붓글씨로 써서 한 집안의 보물로 간직하도록 하였다.

대부인은 향년 94세이고 상공은 향년 82세이었으니, 인간 세상의 복된 일과 경사스러운 일은 진실로 둘도 없는 것이다.

○ 官至一品, 年七十以上, 而繫國家重輕, 不得致仕者, 賜几杖[1], 國典也。萬曆癸酉四月, 領中樞府事洪暹, 旣經領議政 以年七十, 蒙賜几杖, 設宴以榮之。諸宰多集, 中使[2]及都丞旨李希儉[3]賚宣醞, 注書李準[4]陪敎書几杖來, 右議政盧守愼·三宰[5]元混·礪城君宋寅·判尹姜暹·刑曹參判朴大立[6]·右尹金啓[7]在座, 而守慶, 亦以戶曹參

---

1 几杖(궤장): 70세 이상의 연로한 대신들에게 내린 하사품. 조선시대의 안석은 양쪽 끝이 조금 높고 가운데는 둥글고 오목하였다. 지팡이의 머리는 비둘기 모양으로 장식하였다. 국가에서 궤장의 하사는 연로한 대신을 극히 우대하는 예법으로서 받는 사람들이 큰 영예로 여겼다.

2 中使(중사): 궁중에서 임금의 명령을 전하던 內寺.

3 李希儉(이희검, 1516~1579): 본관은 全州, 자는 景質, 호는 東皐·菊齋. 1546년 증광 문과에 급제하였다. 병조참의·대사헌을 거쳐 호조·형조·병조의 판서를 지냈다.

4 李準(이준, 1545~1624): 본관은 全州, 자는 平叔, 호는 懶眞子·西坡. 1568년 증광 문과에 급제하였다. 1592년 임진왜란이 일어나자 運餉使가 되어 명나라 군사의 군량미 조달책임을 맡았으나 병으로 은퇴하였다.

5 三宰(삼재): 좌참찬을 달리 이르는 말.

6 朴大立(박대립, 1512~1584): 본관은 咸陽, 자는 守伯, 호는 無患·無違堂. 1540년 식년 문과에 급제, 예문관검열이 되었다. 그뒤오 대사간·함경도관찰사·대사헌·同知經筵事·개성부유수 등을 역임하였다. 1579년 이조참판에서 형조판서에 특진, 이조판서·우참찬·호조판서를 차례로 역임하고 우찬성이 되었다.

7 金啓(김계, 1528~1574): 본관은 扶安, 자는 晦叔, 호는 雲江. 1552년 식년 문과에 급제하였다. 1573년 병조참지가 되었으며, 중국어에 능통하여 승문원부제조로 발탁되었다. 이어 황해도관찰사, 공조참판이 되었다.

判亦參席末。時相公大夫人，年八十七，而領議政宋軼[8]之女。相公先君，亦以領議政，蒙賜几杖。大夫人，以領相之女·領相之妻·領相之母，再見此榮，寔近古未有之盛事也。盧議政於座上，作詩曰："三從[9]不出相門闈，此事如今始有之。更柱省中靈壽杖[10]，却被堂上老萊[11]衣。恩霑雨露眞千載，歡接冠紳盡一時。何處得來叨席次，愧無佳句賁黃扉[12]."守慶亦作詩曰："几杖鴻恩罕此邦，相公家慶[13]更無雙。傳三議政官槐棘[14]，奉大夫人福海江。滿座榮光花映席，騰空喜氣酒盈缸【席上有造花二盆宣醞十缸】。一時盛事應須記，安得鋪張筆似杠."礪城君宋寅，卽相公表弟也，追作記與排律，其餘亦皆追作或長篇或律詩。相公令畫史[15]圖繪其事，礪城寫諸作於圖後，藏爲一家之寶焉。大夫人享年九十四，相公享年八十二，人世福慶，眞無雙也。

---

8 宋軼(송질, 1454~1520): 본관은 礪山, 자는 可仲. 1477년 생원시와 진사시에 합격, 같은 해 친시 문과에 급제하였다. 예조판서, 우의정, 영의정 등을 역임하였다.

9 三從(삼종): 여자가 따라야 할 세 가지 도리를 이르던 말. 어려서는 아버지를, 결혼해서는 남편을, 남편이 죽은 후에는 자식을 따라야 하였다.

10 靈壽杖(영수장): 영수나무로 만든 지팡이. 영수는 대나무와 비슷한데 가지에 마디가 있고 깎지 않은 지팡이로, 어진 신하를 대우하는데 쓴다. 前漢 平帝가 孔光에게 영수장을 하사하고 궁궐 안[省中]으로 들어올 때 지팡이로 쓰도록 하였다.

11 老萊(노래): 老萊子. 춘추시대 楚나라의 賢人으로 효성이 매우 지극하여 나이 70에 어린애 옷을 입고 어린애 같은 장난을 하여 부모를 즐겁게 한 데서 온 말. 나이가 70이나 된 노인이 어버이에게 효도하는 것을 비유한 말이다.

12 黃扉(황비): 宰相.

13 家慶(가경): 拜家慶. 오랜만에 집에 돌아와서 어버이를 뵙고 문안 인사를 올리는 것.

14 槐棘(괴극): 三槐九棘의 준말. 周나라 때에 外朝에다 회나무(槐)와 가시나무(棘)를 심어서 朝臣의 위치를 표시한 고사에서 나온 것으로 三公과 九卿을 말한다.

15 畫史(화사): 조선시대 도화서의 관직.

74. 홍섬의 궤장연에서 지은 시를 1597년 개작하다

계유년(1573) 주상이 인재(忍齋) 홍상공(洪相公: 홍섬)에게 궤장연(几杖宴)을 베풀어 주었을 때에 지은 소재(蘇齋) 노상공(盧相公: 노수신)의 시와 심수경의 시는 이미 앞에 기록되어 있다.

계유년에서 지금에 이르기까지 25년이 지났다. 그때 연회석에 있었던 사람은 오직 심수경과 이준(李準)만이 생존해 있고, 이공(李公: 이준)은 벼슬이 2품이다. 나는 의정(議政: 정승)을 지냈고 나이도 80세를 넘겼는데, 그 당시의 연회석을 돌이켜 생각하니 아쉬운 마음이 그지없는데다 다만 시를 즉석에서 경솔히 서툴게 지어 자못 미진한 점이 있었다. 그래서 이제 감히 손질하여 새롭게 고쳐 짓고자 하나, 다만 추한 여자가 화장하는 격이 될까 염려스럽지만 마침내 그 추함만 더할 뿐이다.

궤장은 본디 나이와 벼슬 높은 이 위한 것이니
지체 높은 집안에서 유달리 임금의 은택 입었네.
두 왕조에 걸쳐 현달하고 70살이 두 분이고
삼대에 걸쳐서 이어받은 정승이 세 분이로다.
대부인 모시고서 편안하게 복록을 누리시며
여러 재상들을 맞이하니 동남에서 모두 왔네.
인간 세상의 영화 누가 이와 같으랴만
왁자하게 만인의 입에 칭송되어 전하네.

인재의 아들 홍기영(洪耆英, 1549~1612)은 나의 사위이다. 그 궤장연의 화도(畫圖)를 난리 중에 잃어버렸다는 것을 들은 까닭에 이처럼 써서 주어 보관하도록 하였지만, 그 당시 화도의 만분에 일이라도 가깝기만 바란 것뿐이다.

○ 癸酉年, 忍齋洪相公, 賜几杖宴, 時蘇齋盧相公詩及守慶詩, 已錄於上矣。自癸酉至于今, 二十五年。其時在座者, 唯守慶與李準生存, 而李公官爲二品。余官經議政, 年過八十, 追憶宴席, 不勝依依, 第以拙詩卽席率爾, 頗有未盡。今敢點化[1]改作, 而只恐嫫母[2]粉飾, 適足以增其醜耳。"几杖元因齒爵堪, 高門偏荷聖恩覃。二朝繼顯稀年[3]二, 三代相傳議政三。奉大夫人綏福履, 邀諸宰相盡東南。世間榮耀誰如此, 喧播應爲萬口談." 忍齋之胤耆英, 乃余女壻也。聞其宴席畫圖, 失於兵燹, 故書此以贈使藏之, 蓋庶幾於當時畫圖之萬一也。

---

1 點化(점화): 손질하여 새롭게 함을 이르는 말.

2 嫫母(모모): 옛날 黃帝의 넷째 부인. 현명하였으나 얼굴이 못 생긴 추녀로 이름이 높았다.

3 稀年(희년): 드문 나이라는 뜻으로, 일흔 살을 이르는 말.

75. 독서당에 1552년 문회당 짓고 30여 년 뒤 다시 모이다

독서당(讀書堂)에 예전부터 대청(大廳) 및 남루(南樓)가 있었고, 또 남루의 북쪽에 침방(寢房)이 있었는데, 임자년(1552) 연간에 독서당 동료 임당(林塘) 정유길(鄭惟吉)·낙촌(駱村) 박충원(朴忠元)·국간(菊磵) 윤현(尹鉉)·동원(東園) 김귀영(金貴榮) 및 심수경이 의논하여 남루의 동쪽에 당(堂) 하나를 마련하니 매우 산뜻하였고, 문회당(文會堂)이라 불렀다.

30여 년이 지난 뒤에 독서당 동료들이 또 남루의 서북쪽 저수지 가에 새로이 당(堂)을 마련하였는데 더욱 산뜻하였다. 독서당의 선생을 초대하여 낙성연을 베푸니, 심수경과 지사(知事: 지중추부사) 임열(任說)이 참여하였다. 당원(堂員: 홍문관과 예문관의 관원)으로 교리(校理) 류근(柳根)·이항복(李恒福)과 봉교(奉教) 이호민(李好閔)이 자리에 있는 데다 사미(四美: 좋은 때·아름다운 경치·보고 즐기는 마음·즐거운 일)와 이난(二難: 어진 주인·아름다운 손님)을 갖추었으니 진실로 훌륭한 모임이었다.

술이 거나했을 때, 내가 먼저 칠언율시와 오언율시를 짓고 여러 사람들도 각기 시를 지어 서로 주고받으니 수십여 편이나 되었는데, 다만 내가 먼저 지은 시만 기억하고 나머지는 기억하지 못하겠다.

회상컨대 지난날 30년 전 독서당에 들고
남루와 동각에 올라 신선들과 짝하였었네.

몸이 대궐로 돌아가 관직에 오래 매였으니
호당으로 가는 길 막혀 꿈에서 자주 꾸었네.
좋은 날에 외람되게 늙은이가 초청을 받아서
화려한 옥당에 욕되게도 첫째 자리에 앉았네.
풍경이 모두 예전과 다름없어 눈에 선하나
시 짓자니 서까래 같은 붓이 없어 부끄러라.

그 얼마나 옛 문회당 생각했던가
오늘에서야 새 옥당을 구경하네.
나무 그림자 삼층 섬돌에 어른거리고
하늘빛 작고 네모난 연못에 배회하네.
학은 어리석어 애초 춤 배운 적 없지만
연꽃은 시들어도 여전히 향기 머금었네.
온종일 즐기고도 돌아가기를 잊었으니
어찌 시 읊조리고 술 마시기 사양하랴.

바로 만력 정해년(1587) 8월 25일이었다. 이때 지사(知事: 지중추부사) 임열은 78세, 나는 72세, 교리 류근은 39세, 교리 이항복은 32세, 봉교 이호민은 38세였는데, 이때의 모임을 그림으로 그리고 이름을 기록하여 각기 보관하였다. 정해년부터 지금에 이르기까지 11년이 되었는데, 유공(柳公)과 두 이공(李公)은 모두 2품의 관직에 올랐고, 나 또한 1품의 관직에 올랐지만 아직 죽지 않고 살아 있다. 그리고 독서당이 전란으로 폐허가 되어 다시는 사문(斯文)의 모임을 가질 수가 없으니, 어찌 탄식을 금할 수 있겠는가?

○ 讀書堂, 舊有大廳及南樓, 又有樓北寢房, 壬子年間, 堂僚鄭林塘惟吉·朴駱村忠元·尹菊磵鉉·金東園貴榮暨守慶, 議構一堂於樓東, 甚瀟洒, 名曰文會。後三十餘年, 堂員等又構新堂於樓西北池上, 尤極瀟洒。邀堂之先生, 爲落成之宴, 守慶與任知事說赴焉。堂員柳校理根·李校理恒福[1]·李奉教好閔[2]在席, 四美二難[3], 眞勝會也。酒半, 余先作七言律·五言律, 諸公各賦, 互相酬唱, 多至數十餘篇, 只記余先作者, 而餘不能記。"憶昨登瀛卅載前, 南樓東閣件神仙。身歸闕下官長繫, 路隔湖邊夢屢牽。勝日猥蒙招舊物, 華堂忝得赴初筵。眼中風景渾如昔, 愧乏題詩筆似椽." "幾年思舊館, 今日賞新堂。樹影三層砌, 天光半畝塘[4]。鶴癡初鶴舞[5], 荷老尙含香。

---

1 李校理恒福(이교리항복): 교리 李恒福(1556~1618). 본관은 慶州, 자는 子常, 호는 弼雲·白沙·東岡. 1575년 진사 초시에 오르고 1580년 알성 문과에 급제해 승문원부정자가 되었다. 1583년 賜暇讀書를 했고, 이이의 추천으로 홍문관과 예문관의 청요직을 두루 거쳤다. 1589년 정여립 모반사건을 처리한 공로로 평난공신 3등에 녹훈되었다. 임진왜란이 나자 선조와 왕비를 호종했고, 세자의 분조를 보필하여 군무를 맡았으며, 능란한 외교 솜씨로 명의 원군 파병과 양국 사이의 여러 문제를 조정했다. 인목대비 폐위를 반대하다 북청으로 유배되어 그곳에서 세상을 떠났다.

2 李奉教好閔(이봉교호민): 봉교 李好閔(1553~1634). 본관은 延安, 자는 孝彦, 호는 五峯·南郭·睡窩. 1579년 진사가 됐으며 1584년 별시문과에 급제했다.

3 四美二難(사미이난): 사미는 良辰(좋은 때)·美景(아름다운 경치)·賞心(보고 즐기는 마음)·樂事(즐거운 일)이고, 이난은 두 가지 갖추기 어려운 것으로 賢主(어진 주인)·嘉賓(아름다운 손님)임.

4 天光半畝塘(천광반묘당): 朱子가 지은 〈觀書有感〉의 "반묘의 네모난 연못 한 거울처럼 열렸는데, 하늘빛과 구름 그림자가 함께 배회하네. 묻노니 저 어찌 이렇듯이 맑은가? 근원에 활수가 있기 때문이라네.(半畝方塘一鑑開, 天光雲影共徘徊. 問渠那得淸如許, 爲有源頭活水來.)"에서 나오는 말. 여기서 반묘의 네모난 연못은 사람의 마음을 方寸이라고 말하는 것에 비겨서 일컬은 것이다.

盡日忘歸去, 寧辭詠且觴." 是萬曆丁亥八月念五也。時任知事年七十八, 余年七十二, 柳校理年三十九, 李校理年三十二, 李奉敎年三十八, 繪畫題名, 而各藏焉。自丁至今十一年, 柳公·兩李公, 官皆二品, 余亦官一品, 尙不死。而書堂丘墟[6]於兵燹, 不可復作斯文之會, 可勝歎哉?

---

5 鶴舞(학무): 學舞의 오기.

6 丘墟(구허): 예전에는 번화하던 곳이 뒤에 쓸쓸하게 변한 곳.

76. 송당 유홍이 퇴우정 짓고 시를 청하다

의정(議政) 유송당(兪松塘: 兪泓)은 2품의 관직에 올랐을 때 광주(廣州) 용진강(龍津江) 가의 무수동(無愁洞)에 농막을 지어 퇴우정(退憂亭)이라 부르고 재상의 반열들에게 시를 청하였다. 의정 박사암(朴思菴: 朴淳)이 칠언율시를 맨먼저 짓고, 의정 노소재(盧蘇齋: 盧守愼)·정임당(鄭林塘: 鄭惟吉)·김동원(金東園: 金貴榮)·이아계(李鵝溪: 李山海) 및 다른 재상들도 많이 화답하였다. 심수경 또한 화답하는 시를 지었으니, 이러하다.

티끌 세상 겨우 벗어나서 바로 신선 되니
무수동 속은 인간세상 아닌 딴 세상일세.
젊은 나이에 훈업 세워 임금 은혜 갚았으니
물러나기를 청하여 푸른 산에 편히 지내네.
세속의 세월에 허둥대고 있는지 누가 알랴
세상 밖의 좋은 산천 몇 번이나 생각했던가.
그대 따라 옷소매 떨치고 내 장차 떠나려 하니
고향으로 돌아가는데 성 근처 옥토가 필요하랴.

임당(林塘: 정유길)은 끝내 물러나지 못하고 72세로 세상을 떠났다. 심수경 또한 2품의 관직에 오르고 나이가 70세 된 후에 누차 물러나

쉬기를 청하였으나 윤허받지 못하다가, 80세가 지나서야 겨우 윤허를 받았다. 만약 수년 전에 죽었더라면 물러나려는 뜻을 끝내 이룰 수 없었을 것이니, 이제라도 돌아온 것은 어찌 하늘이 주신 다행이 아니리오? 그리하여 앞의 시에 차운하였으니, 이러하다.

송당이 이미 신선 되었으니 애달프기 그지없으나
진퇴의 처신 수명의 장단 모두 하늘의 소관일세.
고향으로 돌아가려 청함이 오늘 더욱 많아지나니
농막에서 시 짓도록 요청 받은 옛날이 생각나네.
얻거나 잃은 것 몇 번인지 흐릿해 꿈만 같으니
세월이 냇물처럼 흘러가는 것을 참을 수 없네.
율리에 늙어서 돌아왔다고 말일랑 하지 말라
【비선리에는 밤나무가 많다.】
살아가는 것이야 그래도 작은 밭이 있다네.

○ 兪議政松塘[1], 官二品時, 作別墅[2]於廣州[3]龍津[4]邊無愁洞[5], 名曰

---

1 松塘(송당): 兪泓(1524~1595)의 호. 본관은 杞溪, 자는 止叔. 1549년 사마시에 합격하고 1553년 별시 문과에 급제, 승문원 정자가 되었다. 1594년 좌의정으로서 해주에 있는 왕비를 호종하다가 객사하였다. 성품이 중후관대하고, 의리를 위해 기개를 굽히지 않았으며, 시문에 뛰어났고 장서가 많았다.

2 別墅(별야): 농장이나 들에 한적하게 따로 지은 집.

3 廣州(광주): 경기도 중남부에 있는 고을. 동쪽은 여주시, 서쪽은 성남시, 남쪽은 용인시·이천시, 북쪽은 하남시와 한강을 경계로 남양주시와 접한다.

4 龍津(용진): 경기도 광주 지역 한강의 지류.

5 無愁洞(무수동): 경기도 광주시 퇴촌면 무수리.

退憂亭, 求詩於宰列。朴議政思菴, 首題七言律, 盧議政蘇齋·鄭議政林塘·金議政東園·李議政鵝溪及他宰相, 多和之。守慶亦和曰: “纔出塵寰[6]便是仙, 無愁洞裡別藏天[7]。黑頭勳業酬恩日, 青嶂棲遲[8]乞退年。誰識世間忙歲月, 幾思方外好山川。從君拂袖吾將決, 歸去寧須負郭田[9].” 林塘, 終不得退去, 年七十二而卒。守慶, 亦於官二品, 年七十之後, 累乞退休而不得請, 過八十僅得請焉。若於數年前死亡, 則乞退之志, 終不得遂, 今之得歸, 豈非天賜之幸歟? 乃次前詩曰: “怊悵松塘已作仙, 行藏[10]修短摠關天。荒園乞退多今日, 別墅求詩憶昔年。得喪幾回迷似夢, 光陰無耐逝如川。莫言栗里【飛仙多栗】歸來晚, 生計猶存數畝田.”

---

6 塵寰(진환): 티끌이 있는 세상. 곧 속세를 가리킨다.

7 別藏天(별장천): 別有天. 인간세상이 아닌 딴 세상.

8 栖遲(서거): 관직에 얽매이지 않고 편안히 지냄.

9 負郭田(부곽전): 성 근처의 비옥한 토지.

10 行藏(행장): 用行舍藏. 《論語》〈述而〉의 “써 주면 나의 도를 행하고 써 주지 않으면 숨는다.(用之則行, 舍之則藏.)”에서 나온 말. 자신의 도를 펼 수 있느냐 없느냐에 따라 거취를 결정하여 조정에 나아가기도 하고 은퇴하기도 하는 것을 말한다.

77. 서얼 문장가 권응인과 시문 주고받다

서얼로서 글을 잘하는 자로 조종조(祖宗朝)에서는 어무적(魚無迹: 魚無跡의 오기)·조신(曺伸)이 세상에 이름을 떨쳤는데, 근래에는 권응인(權應仁) 또한 이름났지만 그의 글이 전해지지 못한 채 이미 세상을 떠났으니 참으로 애달프다.

평소에 나와 수창한 시가 자못 많았는데, 10년 전에 나에게 2편의 율시를 보내와 그 시에 차운하여 보냈다. 권응인의 시는 기억하지 못하고 단지 나의 졸작만 기억할 뿐이다.

세상살이란 진정 술 취해 체모 잃는 것 같으니
한평생 이내 심사를 필경에는 누가 알리오.
목숨 길고 짧은 것이야 모두 운수 소관일지니
영예와 치욕, 근심과 기쁨은 그저 때가 있다네.
지루하게 병든 몸이라 장수하기가 어려운데
빛나는 직함 정승 버금가는 자리라 부끄럽네.
임금에게 충성하고 나라 위하는데 무엇이 능했으랴
스스로 헤아려 한가로이 지내는 것 분수 마땅하리라.

밝은 달이 두 고을 비추는 것 오래도록 보노라니
천리 밖에서 서로 그리워하느라 머리털 희어지네.

거센 비바람에 궁궐로 달려가는 것 견디지 못하며
그림과 글씨로 초당에 누운 것이 괜스레 부럽구나.
의자를 내려놓아도 예장의 유자를 만날 길 없고
고기를 보려 하니 어찌해야 함께 호량을 거닐꼬.
빈궁과 영달은 그런대로 운명에 맡길 만하나
재주 있는 장인이 예장나무 버린 것 한스럽네.

○ 庶孼能文者, 祖宗朝魚無迹[1]·曺伸, 名於世, 近世權應仁亦有名, 而其文未售於用, 已爲作古, 良可惜也。平時, 與我酬唱頗多, 十年前, 寄我二律, 次韻送之。權詩不能記, 只記拙作。"處世眞同醉失儀, 百年心事竟誰知。死生修短皆關數, 榮辱憂歎[2]各有時。病骨支離侵壽域[3], 華銜慚愧亞台司[4]。致君[5]謀國[6]何能得, 自料投閑分是宜." "明月長看照兩鄕, 相思千里鬢成霜。不堪風雨趨香土[7], 空羡圖書臥草堂。下榻[8]末由逢孺子[9], 觀魚安得共濠梁[10]。窮通且可安天

1 魚無迹(어무적): 魚無跡의 오기.
2 憂歎(우탄): 憂歡의 오기.
3 壽域(수역): 仁壽之域. 天壽를 다하며 살 수 있는 태평성대를 가리킴.
4 台司(태사): 三公. 삼공이 소속된 의정부를 칭하기도 한다.
5 致君(치군): 임금에게 몸바쳐 충성을 함.
6 謀國(모국): 나라를 위한 방책을 꾀함.
7 香土(향토): 궁정 안의 흙을 미화하여 이른 말.
8 下榻(하탑): 의자를 내려놓는다는 뜻으로, 특별히 마음에 맞는 손님을 후하게 예우하는 것을 가리킴. 後漢의 陳蕃이 豫章太守로 있으면서 다른 빈객은 일절 사절하고 徐穉가 올 때에만 특별히 의자를 내려놓았다가 그가 가면 다시 걸어 놓았다는 고사가 있다.
9 孺子(유자): 後漢의 徐穉의 字. 벼슬에 응하지 않고 南州의 高士로 일컬어졌으며,

賦，只恨良工棄豫章[11].”

太守 陳蕃으로부터 극진한 대우를 받았다.

10 濠梁(호량): 濠라는 강의 다리. 莊子와 惠子가 호량에서 거닐며 물고기가 자재하게 노니는 것을 보고 심오한 이치에 관해 대화를 나누었다고 한다.

11 豫章(예장): 녹나무과에 속하는 상록 교목인 녹나무. 천하에 이름 높은 재목으로 일컬어진다.

78. 심수경은 청요직과 화현직 두루 지내다

무릇 사람에게 관직을 제수하는 것은 비록 전조(銓曹: 吏曹)에서 재주를 보고 헤아려서 주는 것이나, 실은 하늘이 부여한 운명에 말미암은 것이지 사람의 힘으로 능히 할 수 있는 바가 아니다.

세상에서 사헌부(司憲府)·사간원(司諫院)·홍문관(弘文館)의 관원, 의정부와 이조(吏曹)·병조(兵曹)의 낭청(郎廳)을 청요직(淸要職)이라 하고, 또 이상(二相: 의정부의 좌우찬성)·삼사재(三四宰: 의정부의 좌우참찬)·육조 판서(六曹判書)와 팔도 감사(八道監司)·양계(兩界: 서계 평안도와 동계 함경도) 병사(兵使)·개성 유수(開城留守)·승지(承旨)를 화현직(華顯職)이라고 하는데, 심수경은 삼사(三司: 사헌부·사간원·홍문관)의 관직, 의정부와 이조·병조의 낭관을 두루 지냈고, 또 이상(二相)·삼사재(三四宰), 호조·예조·병조·형조·공조의 판서, 강원·충청·전라·경상·함경·경기의 감사, 함경남도·평안도의 병사(兵使), 개성 유수, 승지를 지냈다. 원래 재주와 덕행 및 명망이 없는데도 그러한 직책에 부합하여서 이력이 이와 같으니, 어찌 하늘이 부여한 명에 말미암은 바가 아니리오. 세상에서 간혹 꾀를 부리고 힘을 써서 얻으려는 자가 있는데, 이는 하늘이 부여한 명을 알지 못하는 것이라고 할 만하다.

○ 凡人官職之除, 雖是銓曹觀才擬授, 而實由於天之賦命, 非人之所能爲也。世稱司憲府·司諫院·弘文館官員, 政府·吏兵曹郎廳, 爲淸要之職, 又稱二相·三四宰·六曹判書·八道監司·兩界兵使·開城留守·承旨, 爲華顯之職, 守慶遍歷三司官·政府·吏兵郎, 又歷二相·三四宰·戶禮兵刑工曹判書·江原忠淸全羅慶尙咸鏡京畿監司·咸鏡南道平安兵使·留守·丞旨。本無才德物望, 可稱其職, 而履歷如此, 豈非由於賦命乎? 世或有欲以智力得之者, 斯可謂不知命也。

79. 심수경이 13세에 부친 여읜 뒤 모친에게 엄한 교육 받다

심수경은 13세 때 가군(家君: 沈思遜)을 여읜 뒤 어머니의 교육에 힘입어 성장하여서 벼슬길이 트이고 명예를 얻자, 어머니를 영화롭게 잘 모셔 그 은혜를 갚으려는 뜻을 항상 품고 있었다.

가정(嘉靖) 을축년(1565) 여름에 개성 유수(開城留守)로 제수되어 정묘년(1567) 임기가 만료되어 조정에 돌아왔으며, 그해 가을에 또 청하여 안변 부사(安邊府使)가 되었으며, 무진년(1568) 여름에 함경남도 병사(兵使)로 옮겨 제수되었으며, 기사년(1569) 여름에 본도(本道: 함경도) 감사(監司)로 옮겨 제수되어 신미년(1571) 여름 임기가 다 끝나려 할 때 병을 핑계하고 집으로 돌아왔다. 지금까지 7년 동안 네 곳을 옮겨 다니면서 맛난 음식을 어머니께 공양하여 조금이라도 나의 숙원을 이루었으니, 어찌 다행한 일이 아니겠는가.

모친이 86세에 세상을 떠나자, 갑자기 여읜 애통을 안으니 모친의 은혜가 넓고 커서 다함이 없을 뿐이었다. 모친은 평소 가르치고 타이르는 것이 매우 엄격하였으니, 무릇 관청이나 고을의 송사를 처리하는 사이에 한번이라도 뇌물을 받고 간청을 들어주는 일이 없었고, 정사를 처리하며 백성을 다스리면서 비방을 받은 일이 없었던 것은 실로 낳아주신 부모를 욕되게 하지 않으려고 한 것에 연유하였다. 벼슬이 극품(極品: 좌의정)에 이르고 나이가 팔순이 넘은 것은 아마도 부모의 경사스럽고 복된 일이 미친 것이리라.

○ 守慶, 年十三, 家君[1]見背[2], 賴慈母教育, 得至成立, 宦達名遂, 常懷榮養[3]報恩之志。嘉靖乙丑夏得除開城留守, 丁卯夏秩滿還朝, 其秋又求爲安邊府使, 戊辰夏移除南道兵使, 己巳夏移拜本道監司, 辛未夏秩將滿, 病辭而歸。首尾七年四處, 甘旨之供, 少償宿願, 何其幸也? 親年八十六, 遽抱風樹之慟[4], 昊天罔極而已。慈氏平生教訓嚴切, 凡於官府州郡獄訟之間, 一無苞苴[5]干請之事, 履政臨民, 免被譏謗 實由於無忝所生。官極品而壽過八旬, 恐是父母之餘慶耳。

---

1 家君(가군): 沈思遜(1493~1528)을 가리킴. 본관은 豊山, 자는 讓卿. 아버지는 沈貞이다. 1513년 사마시에 합격하고, 1517년 별시 문과에 급제하였다. 홍문관에 들어가 修撰·應教를 지내고, 1525년 경상좌도어사로 나갔다가 다시 돌아와 典翰·직제학을 역임하였다. 1528년 다시 서북 변경의 야인들의 준동이 심해지자 당상관에 올라 만포진첨절제사가 되어 변방방어에 정력을 쏟다가, 야인의 기습을 받아 살해되었다.

2 見背(견배): 어버이를 여읨.

3 榮養(영양): 어버이를 영화롭게 잘 모심.

4 風樹之慟(풍수지통): 부모가 죽어 봉양하지 못하여 슬퍼한다는 뜻. 《韓詩外傳》의 "나무는 고요히 있고 싶지만 바람이 그치지 않고 자식은 봉양하고 싶지만 어버이가 계시지 않는다.(樹欲靜, 而風不止, 子欲養, 而親不待也.)"에서 나온 말이다. 후세에 이를 인용해 부모를 오래 봉양하지 못한 슬픔에 비유하였다.

5 苞苴(포저): 뇌물로 보내는 물건을 이르던 말.

80. 임억령이 늙바탕에 담양 부사가 되어 시 짓다

참의(參議) 임억령(林億齡)의 호는 석천(石川)이다. 해남(海南) 출신인데, 지은 시(詩)가 빼어나고 참신하여 일찌감치 세상에 이름을 떨쳤다. 을사사화(乙巳士禍) 때에 그의 동생 임백령(林百齡)과 뜻이 같지 않아 위사훈(衛社勳: 정난위사공훈)에 참여하지 않았으나 여전히 조정에서 벼슬은 하고 있었다.

늙바탕에야 담양 부사(潭陽府使)로 제수되었는데, 시를 지었으니, 이러하다.

아침에 대궐에 나갔다가 저녁엔 남도 오니
내심으로 성군 시절의 가짜 허유에 견주네.
종적은 구름 같아 퍼지다가 걷히고는 하고
출처는 물 같아서 멈췄다가 다시 흐르누나.
속세에 도연명처럼 허리 굽힌들 어떠랴만
명리 다투면서 후예와 노닐던 일 후회하네.
돌아와 해변에서 늙으리라 이미 결심했거늘
누런 국화 붉은 귤 있으니 고향의 가을일세.

또 읊었으니, 이러하다.

아전들 돌아간 빈 뜰엔 새 발자국만 찍혔고
살구꽃 그림자 듬성한데 휘영청 달 밝았네.
하얀 머리에 억지로 오사모 눌러쓰고 있다가
손님이 가면 걸어두고 손님이 오면 쓴다네.

○ 林參議億齡, 號石川。海南人, 爲詩俊逸淸新, 早名於世。乙巳之禍, 與其弟百齡[1], 志意不同, 未參衛社勳, 而猶仕于朝。晩除潭陽府使, 作詩曰: "朝趨北闕[2]暮南州, 竊比明時僞許由[3]。縱跡似雲舒或卷, 行藏如水止還流。何妨混世陶腰折[4], 追悔爭名羿彀[5]遊。歸老海邊吾已決, 黃花朱橘故園秋." 又曰: "吏散庭空鳥印蹤, 杏花疏影月

---

1 百齡(백령): 林百齡(1498~1546). 본관은 善山, 자는 仁順, 호는 槐馬. 1516년 진사시에 합격하고, 1519년 식년 문과에 급제해 상서원직장에 서용되었다. 1545년 尹元衡·李芑 등과 모의해 尹任·柳灌·柳仁淑 등을 사사하는 을사사화를 일으켰다. 이 사건을 주도한 공로로 定難衛社功臣 1등에 책록되고 崇善君에 봉해졌으며, 보국숭록대부에까지 올랐다.

2 北闕(북궐): 景福宮을 昌德宮과 慶熙宮에 상대하여 이르는 말.

3 許由(허유): 堯舜 시대의 賢人. 요임금이 만년에 이르러 자신의 자리를 허유에게 양보하려 하자 그는 한사코 거절한 다음 箕山 아래로 도망쳐 몸소 밭을 갈면서 생계를 유지했다고 한다. 후에 요임금이 다시 그를 불러 구주의 우두머리로 임명하려 하자, 허유는 어지러운 소리를 너무 많이 들었다며 穎水로 가서 자신의 귀를 씻어 자신의 고결함을 보였다고 한다. 부귀와 권력을 뜬구름처럼 여겼던 인물이다.

4 陶腰折(도요절): 혼란기 중의 혼란기였던 동진 말기는 왕족 출신 권신과 간신배가 들끓고 하층민들이 반란을 일삼으며 조정은 정치에 안중에도 없었던 시기인데, 도연명은 나름 청운의 뜻을 품고 13년 동안 관직에서 생활했지만 남에게 굽히거나 아첨하지 못하는 성격 때문에 이렇다 할 두각을 나타내지 못했던 것을 일컬음. 관직생활 내내 한직을 전전하던 그는 41세 때 마지막으로 얻은 팽택 縣令의 자리에서 80일을 근무하다다 결국 출세를 포기하고 낙향을 결심한다.

5 羿彀(예구): 后羿의 화살. 후예는 중국 夏나라 때 동이족의 수령으로 제후가 되었으며 활쏘기로 이름났던 사람이다.

明中。白頭剛厭烏紗帽, 客去而懸客至籠."

81. 선비가 길흉 점치는 것은 마땅히 할 바가 아니다

세상의 유생(儒生)들이 점치기를 좋아하는 것이 바짝 성행하였으나 나는 평생에 한번도 점쳐 본 적이 없었으니, 아마도 이순풍(李淳風)·소강절(邵康節: 邵雍) 같은 이를 만나기가 어렵다고 여겼기 때문이었을 것이다. 점쟁이들이 길흉을 말하나 반드시 믿을 만한 것이 못되는데, 어느 해에 길하다고 들으면 간혹 길하길 요행으로 기다리지만 끝내 아무런 효험도 보지 못하며, 어느 해에 흉하다고 들으면 간혹 근심과 의구심으로 세월을 허비하지만 끝내 아무런 일도 일어나지 않으니, 어찌 보탬은 없고 해로움만 있는 것이 아니랴. 유생이 간혹 스스로 점을 잘 친다고 생각하여 사람들의 길흉을 곧잘 말하나 또한 마땅히 할 바가 아니다.

○ 世之儒生, 好卜者滔滔, 余於平生, 一不問卜, 蓋以李淳風[1]·邵康節[2], 難得以遇矣。卜者言吉凶, 未必可信, 而聞某年吉, 則或有僥倖待吉, 竟無其驗, 聞某年凶, 則或有虛費憂疑, 竟無其驗, 豈非無益而有害乎? 儒生, 或有自以爲善推卜, 善言人之吉凶, 亦非所當爲也。

---

1 李淳風(이순풍): 당나라 태종 때의 천문학자. 渾天儀를 제작하여 별을 관측했고, 태사령이 되어 麟德曆을 편찬했으며, 五曹·孫子 등의 옛 算書를 주해했다.

2 邵康節(소강절): 북송의 성리학자이자 상수학자인 邵雍. 그는 문장이 빼어나고, 시를 잘 지었을 뿐 아니라 周易에 아주 밝았고, 학문이 높아 전국적으로 이름난 사람이었다.

82. 풍수지리설은 아득히 황당무계하여 믿을 것이 못되다

지리풍수설(地理風水說)은 아득히 황당무계하여 족히 믿을 것이 못되는데, 간혹 그 말에 구애되어 때가 지났으나 그 어버이를 장사 지내지 않는 자도 있고, 간혹 까마득히 먼 선조의 묘를 파서 이장하는 자도 있으니, 매우 부당한 것이다.

세종조(世宗朝) 재상(宰相) 어효첨(魚孝瞻)이 상소하여 풍수설의 옳지 못함을 극력 개진하니 명백하고 정대하였는데, 그의 부모를 가원(家園) 옆에 장사 지냈으며, 그의 아들인 정승 어세겸(魚世謙)도 그 부모를 장사 지내는데 땅을 가리지 않았다. 그 집안의 법도가 이와 같았으니 참으로 탄복할 만하다.

고려 때의 모든 왕릉도 모두 같은 산에 썼고, 중국에서도 역대의 여러 능들을 또한 같은 산에 썼으니, 필시 분명한 견해가 있을 것이다.

○ 地理風水之說, 杳然虛誕, 不足取信, 而或有有拘於其說過時不葬其親者, 或有久遠祖先之墓掘而遷葬者, 極爲無謂。世宗朝, 宰相魚孝瞻[1], 上疏極陳風水之非, 明白正大, 葬其父母於家園之側, 其子政丞世謙[2], 葬其父母, 亦不擇地。其家法如此, 誠可歎服也。高

---

1 魚孝瞻(어효첨, 1405~1475): 본관은 咸從, 자는 萬從, 호는 龜川. 1423년 생원을 거쳐, 1429년 식년문과에 급제하여 검열에 등용, 이어 집현전교리가 되었다. 風水說을 배격하고 斥佛을 주장한 大儒로 이름이 높았다.

麗代諸陵，皆用一山，中朝歷代諸陵，亦用一山，其必有定見矣。

2 世謙(세겸): 魚世謙(1430~1500). 본관은 咸從, 자는 子益, 호는 西川. 1451년 생원이 되고, 1456년 동생 魚世恭과 同榜으로 식년 문과에 급제하였다.

83. 동호 저자도와 봉은사의 빼어난 풍광 구경하다

동호(東湖)의 저자도(楮子島)는 경치가 비할 데 없는 좋은 곳이다. 전조(前朝: 고려) 때 정승 한종유(韓宗愈)가 그곳에 별장을 짓고 벼슬에서 물러나 지냈다. 그가 시를 읊었으니, 이러하다.

십리 잔잔한 호수에 가랑비 지나더니만
긴 젓대의 한 가락 갈꽃 너머로 들리네.
곧바로 쇠솥에 국을 끓이던 그 손으로
외려 낚싯대 잡고 저무는 물가로 내려가네.
홑적삼에 짧은 모자 쓰고서 연못 돌아드니
언덕 저편 수양버들 서늘한 저녁 바람 보내네.
바람 쐬다가 돌아오니 산 위엔 달 떠 있고
지팡이엔 이슬 맞은 연꽃 향기 아직 스몄네.

시 또한 흥취가 좋다.

봉은사(奉恩寺)는 저자도에서 서쪽으로 1리쯤에 있다. 왕년에 내가 호당(湖堂: 독서당)에서 사가독서(賜暇讀書)할 때 배를 타고 저자도 머리에 정박하고서 봉은사를 찾아 구경하다가 돌아왔는데, 강가 어촌에 살구꽃이 만발하여 봄 경치가 매우 아름다워 배 안에서 시를 지었으니, 이러하다.

동호의 빼어난 경치야 사람들 알았으나
저자도 앞머리의 절경 더욱 기이하도다.
절을 찾아간 길은 솔잎 밟는 오솔길이요
어촌은 보나니 온통 살구꽃 울타리로세.
따스한 모래밭 연한 풀숲에 원앙 한쌍 졸고
잔잔한 물결에 잔바람 타고 돛배가 흘러가네.
봄날의 흥취와 시름을 미처 읊기도 전에
압구정 언덕 언저리엔 벌써 석양이 깔리네.

지금 40여 년이 지났는데도 다시 가서 구경을 못하니, 그 서운한 마음을 견디지 못하겠다.【압구정은 저자도에서 서쪽으로 몇 리쯤에 있는데, 재상 한명회(韓明澮)가 별장을 지어 또한 경치로 이름이 났다.】

○ 東湖[1]楮子島[2]絶勝也。前朝政丞韓宗愈[3], 爲別業退老[4]。其詩曰: "十里平湖細雨過, 一聲長篴隔蘆花。直將金鼎調羹手, 還把漁竿下晩沙。單衫短帽繞池塘, 隔岸垂楊送晩涼。散步歸來山月上, 杖頭[5]猶襲露荷香." 詩亦好矣。奉恩寺[6]在島西一里許。昔年, 余於

---

1 東湖(동호): 한강 가운데 뚝섬에서 옥수동에 이르는 곳. 두뭇개라고도 하였다. 한강의 동쪽에 위치하여 한강과 중랑천이 만나 수역이 확처럼 넓고 잔잔한 데서 붙여진 이름이다.

2 楮子島(저자도): 서울특별시 압구정동과 옥수동 사이에 있었던 섬. 닥나무가 많이 있어서 지어진 이름이다.

3 韓宗愈(한종유, 1287~1354): 본관은 淸州, 자는 師古, 호는 復齋. 1304년 과거에 급제해 史翰에 들어갔고 충숙왕 때 史館修撰이 되었다. 1344년에 조칙으로 충목왕을 모시고 귀국해 정사를 보필하게 되어 좌정승에 임명되었다.

4 退老(퇴로): 나이가 많아서 벼슬에서 물러남.

湖堂賜暇時，乘舟泊島頭，訪寺而還，江邊漁村，杏花盛開，春景正佳，舟中有作，"東湖勝槩衆人知，楮島前頭更絶奇。蕭寺[7]踏穿松葉徑，漁村看盡杏花籬。沙暄草軟雙鴛睡，浪細風微一棹移。春興春愁吟未了，狎鷗亭畔夕陽時." 今過四十年餘，而無復往賞，不勝其依依也。【狎鷗亭，在島西數里，故相韓明澮[8]別業，亦以勝名.】

---

5 杖頭(장두): 지팡이의 머리. 곧 지팡이의 손잡이 부분이다.

6 奉恩寺(봉은사): 서울특별시 강남구 수도산에 있는 절.

7 蕭寺(소사): 사찰을 일컫는 말. 梁武帝 蕭衍이 절을 짓고 나서 蕭子雲을 시켜 飛白의 書體로 자기의 성씨인 蕭 자를 크게 써서 붙이게 한 고사에서 유래한 것이다.

8 韓明澮(한명회, 1415~1487): 본관은 淸州, 자는 子濬, 호는 狎鷗亭·四友堂. 과거에 실패하고 문음으로 관직에 진출했다. 계유정난 때 수양대군의 심복으로 활약했고 세조 즉위 후 사육신 주살에 적극 협조한 공 등으로 영의정에 올랐다. 세조 사후 원상으로서 어린 왕을 보필하며 국정을 운영했고, 예종과 성종에게 딸을 왕비로 들어보내 권세와 부를 누렸다.

84. 이향성의 세심정은 경치가 가장 좋은 정원이다

경성(京城)에서 이름난 정원이야 한둘이 아니지만, 이향성(李享成)의 세심정(洗心亭)은 가장 경치가 좋았으니, 정원 안에는 누대(樓臺)가 있고 그 누대 아래에는 맑은 샘이 콸콸 흐르며, 그 곁에는 산이 있어 살구나무가 헤아릴 수 없을 만큼 많아서 봄이 되면 만발하여 눈빛처럼 현란하고 다른 나머지 꽃들도 많았다.

이공(李公: 이향성)은 자못 시 짓기를 좋아하여 매양 손을 맞아 읊조리고 감상하였는데, 나 또한 여러 번 갔었다. 상사(上舍) 이굉(李宏)이 경치가 뛰어난 세심대(洗心臺)를 구경하고자 그 집에 찾아갔다. 이향성이 마침 병석에 누워 나와 보지 않자, 이굉이 시 한 수를 지어 그 문병(門屛: 대문 가림판)에 크게 썼으니, 이러하다.

> 섬돌 앞 푸른 대나무는 세속과 어울리기 어렵고
> 세심대 아래 흐르는 맑은 물은 마음 씻지 못하네.

이 시는 한때 세상에 전해져 웃음거리였다.

임진년(1592) 초봄에 내가 친구의 집을 찾았다가 그 자리에 이공(李公: 이향성)의 여종이 거문고 타는 것을 보았다. 내가 절구시 1수를 지어 그 여종에게 주어 그녀의 주인에게 전하도록 하였으니, 이러하다.

거문고 소리 들을 만하니 뉘 집 여자이뇨
스스로 세심대 하인이라고 말을 하네.
만 그루 산살구꽃 피기를 기다렸다가
술병 손에 들고 가서 봄을 즐기고 싶네.

그 후에 이내 병난(兵亂)을 당하여 세심대의 빼어난 경치를 더 이상 감상하지 못하였다.

○ 京城中名園, 非止一二, 而李享成[1]洗心亭最勝, 園中有臺, 臺下淸泉瀩瀩[2], 傍邊有山, 杏樹不知其數, 當春盛開 爛熳如雪, 他餘花卉亦多。李公頗知作詩, 每邀客吟賞, 余亦屢往。有上舍李宏, 欲賞勝臺, 造其門。李適臥病不出見, 宏大書一句於門屛[3], 曰: "階前綠竹難醫俗, 臺下淸川未洗心." 一時傳笑。壬辰初春, 余到友人家, 見李公婢彈琴者在席。余題一絶付婢, 使呈其主, 曰: "彈琴可聽誰家女, 自說洗心臺下人。要待萬株山杏發, 爲携壺酒去尋春." 其後仍遭兵亂, 臺之勝不復賞矣。

1 李享成(이향성, 1524~1592): 본관은 龍仁. 李弘幹(1486~1546)의 둘째 아들이다. 홍산 현감을 지냈다. 더러는 李亨成으로도 표기된다.

2 瀩瀩(획획): 물이 콸콸 흐르는 소리.

3 門屛(문병): 밖에서 집안을 들여다보지 못하도록 大門이나 中門 안쪽에 가로막아 놓은 담이나 널빤지.

85. 고려 최해 이곡 이색 이인복 안축 원나라 과거에 급제하다

고려 때 졸옹(拙翁) 최해(崔瀣), 가정(稼亭) 이곡(李穀), 목은(牧隱) 이색(李穡), 초은(樵隱) 이인복(李仁復), 흥령군(興寧君) 안축(安軸)이 모두 원(元)나라 조정에서 베푼 과거에 급제하였는데, 최해는 재주가 뛰어나고 뜻이 높았지만 때를 만나지 못하여 끝내 사자산(獅子山) 아래에 살면서 스스로 《예산은자전(猊山隱者傳)》을 짓고 죽었으며, 이곡은 원나라 조정에서 한림국사원 검열(翰林國史院檢閱)이 되었고 결국에 본국(本國: 고려)의 찬성사(贊成事)가 되었으며, 이색은 원나라 조정에서 한림 지제고(翰林知制誥)가 되었고 결국에 본국의 시중(侍中)이 되었으며, 이인복은 본국의 검교시중(檢校侍中)이 되었으며, 안축 또한 찬성사가 되었다. 이곡은 곧 한산(韓山)의 향리(鄕吏) 출신이었는데, 이색은 바로 그의 아들이다.

이인복은 성산(星山)의 향리 출신 이조년(李兆年)의 손자로 세상에서 어진 사람이라고 칭송되었는데, 원나라 동년(同年: 같은 해 급제자) 승지(承旨) 마언휘(馬彦翬)와 학사(學士) 부자통(傅子通)에게 시를 지어 보냈으니, 이러하다.

늘 경림연에서 취하여 돌아오던 일 생각나나니
따뜻한 봄날 어사화 그림자가 건들건들 했었네.
작별 뒤에야 사귄 정 두터움을 다시 깨닫지만

늙어가며 어찌 세상사 글러질 줄을 알았으리오.
둔마가 아직 외양에 남은 콩 부끄럽게도 생각하니
붕새 날아가고 누가 뱁새 깃든 울타리 되돌아보랴.
그대들에게 청컨대 동이를 비루하다 비웃지 말게나
바다 위의 세 봉우리에는 푸른 기운 솟아오른다네.

점필재(佔畢齋: 김종직)가 이 시를 《청구풍아(靑丘風雅)》에 싣고 단주(註)에서 이르기를, "이때는 원나라가 바야흐로 어지러워서 끝구를 통해 두 사람을 부른 것이니 살던 곳을 떠나 동방으로 피해 오도록 하였다."라고 하였는데, 승지(承旨: 마언휘)와 학사(學士: 부자통)는 바로 황제를 가까이서 모시는 신하로 벼슬의 등급이 높은 관원이니, 이인복이 비록 같은 해의 과거에 같이 급제한 사이로 친분이 두텁다 한들 외국에 있는 사람들을 어찌 감히 불러올 수 있겠는가? 하물며 끝구는 달리 그들을 불러오는 뜻이 없거늘, 점필재는 무슨 근거로 이런 주를 달았는지 아직 알지 못하겠다.

○ 高麗時, 拙翁崔瀣[1]·稼亭李穀[2]·牧隱李穡[3]·樵隱李仁復·興寧

---

1 崔瀣(최해, 1287~1340): 본관은 慶州, 자는 彦明父·壽翁, 호는 拙翁·猊山農隱. 1320년 安軸·李衍京 등과 함께 원나라의 과거에 응시하였으나 최해만 급제하였다. 1321년 遼陽路蓋州判官이 되었다. 5개월만에 병을 핑계하고 귀국하였다.

2 李穀(이곡, 1298~1351): 본관은 韓山, 초명은 芸白, 자는 仲父, 호는 稼亭. 원나라에 들어가 1332년 征東省 향시에 수석으로 선발되었다. 다시 殿試에 차석으로 급제하였다.

3 李穡(이색, 1328~1396): 본관은 韓山, 자는 穎叔, 호는 牧隱. 1341년 진사가 되고, 1348년 3월 원나라에 가서 國子監의 생원이 되어 성리학을 연구하였다. 1351년 아버지 상을 당해 귀국하였다. 원나라에 가서 1354년 制科의 會試에 1등, 殿試에 2등으로 합격해 원나라에서 應奉翰林文字承事郎同知制誥兼國史院編修官을 지냈다.

君安軸[4], 皆登第於元朝, 而瀣才奇志高, 不遇於時, 終居獅子山下, 自著《猊山隱者傳》而卒, 穀爲元朝翰林國史院檢閱, 終爲本國贊成事, 穡爲元朝翰林知制誥, 終爲本國侍中, 仁復爲本國檢校侍中, 軸亦爲贊成事。穀乃韓山鄕吏[5] 而穡卽其子也。仁復乃星山鄕吏兆年[6]之孫, 世稱賢人, 寄元朝同年馬彦翬承旨·傅子通學士詩, 曰: "每向瓊林[7]憶醉歸, 賜花春煖影離離。別來更覺交情厚, 老去安知世事非。駑鈍尙慚懷棧豆[8], 鵬飛誰復顧藩籬[9]。請君莫笑東夷陋, 海上三峰聳翠微[10]." 佔畢齋載此詩於《靑丘風雅》, 註曰: "是時元朝方亂, 末句招二人, 避地[11]東來也."云, 承旨·學士, 乃皇帝近侍, 秩高之官, 仁復雖曰同年親厚, 以外國之人, 安敢招來乎? 況末句則別無招來之意, 未知佔畢何據而爲是註耶?

---

4 安軸(안축, 1282~1348): 본관은 順興, 자는 當之, 호는 謹齋. 1324년 원나라 制科에 급제하여 遼陽路蓋州判官에 임명됐으나 부임하지 않았다.

5 韓山鄕吏(한산향리): 韓山李氏의 戶長系 시조 權知戶長 李允卿을 가리킴. 한산 지방에 세거해 온 豪族의 후예로 고려 중엽에 鄕吏의 우두머리 호장을 지냈고, 5대에 걸쳐 호장직을 세습하였다. 이곡은 바로 이윤경의 5대손이다.

6 兆年(조년): 李兆年(1269~1343). 본관은 星州, 자는 元老, 호는 梅雲堂·百花軒. 1294년 10월 鄕貢進士로 과거에 급제하여 安南書記에 보직되었다. 1340년 4월 정당문학에 승진하였고, 예문관대제학이 되어 星山君에 봉해졌다.

7 瓊林(경림): 瓊林宴. 과거에 급제한 사람들에게 조정에서 베풀어 주는 잔치. 송나라 때 瓊林苑에서 새로 과거에 급제한 사람들에게 베풀던 잔치에서 유래하였다.

8 棧豆(잔두): 말에게 먹이는 콩. 駑馬戀棧의 뜻인데, 늙은 말이 말구유에 남은 얼마 안 되는 콩을 못 잊어 마굿간을 떠나지 못한다는 뜻이다. 사소한 이익에 얽매여 큰 이익을 내다보지 못함을 비유로 이르는 말이다.

9 藩籬(번리): 허름한 울타리. 藩籬之鷃. 담장에 앉아 있는 종달새. 식견이 좁고 옹졸한 사람을 이르는 말이다.

10 翠微(취미): 먼 산에 아른아른 보이는 푸른 빛.

11 避地(피지): 세상을 피해 은둔하는 것을 말함.

86. 1591년 송찬이 기로 모임 베풀다

만력(萬曆) 신묘년(1591) 가을, 기로소(耆老所)의 당상관으로 단지 영부사(領府事: 영중추부사) 김귀영(金貴榮)과 지사(知事: 지중추부사) 강섬(姜暹), 심수경이 있었다. 동지(同知) 송찬(宋贊), 좌윤(左尹) 목첨(睦詹), 참판(參判) 신담(申湛), 대사성(大司成) 이기(李墍)는 모두 종2품으로도 들어와 참여하였다.

그리고 뒤에 들어온 제공(諸公)들이 돌아가면서 모임을 갖기로 하고 송공(宋公: 송찬)이 먼저 모임을 베풀었는데, 영부사 김귀영과 좌윤 목첨 및 심수경이 모임에 참석하였지만 참판 신담과 대사성 이기는 일이 있어 참석하지 못하였다. 내가 자리에서 시를 지었으니, 이러하다.

서교 영감 마련한 모임이 성대한 술잔치이고
일흔 넘은 2품 이상 늙은이들 모여 볼 만하네.
붉은 뺨에다 센 머리에 쓴 모자 위 꽃 꽂혔고
비단병풍 늘어선 휘장 기생 난간처럼 둘렀네.
풍류야 저 멀리 삼한에서 생겨 오래된지라
향산구로회 다투어 본떠 진실로 같으니 기뻤네.
주인 팔순 넘은 것이 가장 하례할 일이니
세상에 이러한 일은 보기가 어려운 것이라네.

모두가 제각기 시에 화답하였으나 기억하지 못하겠다. 임진년(1592) 전란을 겪고 정유년(1597)에 이르자 오직 송공(宋公: 송찬)과 이공(李公: 이기) 및 나만 생존하였고 기로회(耆老會)를 다시는 가질 수 없었으니, 한탄을 금할 수 있으랴.

○ 萬曆辛卯秋, 耆老堂上, 只金領府事貴榮·姜知事暹及守慶在焉。宋同知贊·睦左尹詹·申參判湛·李大司成墍, 皆以從二品入參。而後入諸公, 欲輪設[1]作會, 宋公先設, 金領府事·睦左尹及守慶參會, 而申參判·李大成, 有故未參。守慶於席上賦詩, 曰: "郊翁設席盛杯盤, 會得耆英有足觀。紅頰白鬚花壓帽, 繡屛羅幕妓圍欄。風流逈自三韓舊, 爭像眞同九老歡。最賀主人踰八耋, 世間玆事見之難." 諸公各和而不能記。壬辰經亂, 至于丁酉, 惟宋公·李公及余生存, 而耆老之會, 未能復作, 可勝嘆哉?

1 輪設(윤설): 잔치나 모임 등을 열 때 비용과 노고를 경감하기 위해 돌아가면서 하는 것을 일컬음.

87. 심사손 형제와 김명윤 형제가 각기 나란히 급제하다

정덕(正德) 정축년(1517)에는 나의 선친(先親: 沈思遜)과 계부(季父) 묵재공(默齋公: 沈思順)이 문과에 같이 급제하였으며, 계미년(1523) 연간에는 김명윤(金明胤)과 그의 아우 김홍윤(金弘胤)이 연방(連榜: 사마시의 전시와 회시)에 급제하였고, 김홍윤은 문과에 장원하였다.

남곤(南袞)이 축하시를 김명윤의 부친인 찬성(贊成) 김극핍(金克愊)에게 보내고, 아울러 나의 조부 소요공(逍遙公: 沈貞)에게도 보이도록 하였으니, 그 시는 이러하다.

두 아들이 급제하여 세상사람 모두 찬탄하니
문과 장원 배출한 집안은 더욱 영화가 빛나네.
광산 김씨와 풍산 심씨가 나란하니
예전부터 덕 쌓아 경사 많은 집안인 줄 알았네.

광산(光山)은 바로 김명윤의 본관이고, 풍산(豐山)은 바로 우리 심가(沈家)의 본관이다.

심수경은 불초한데도 요행으로 문과에 급제하였으나 자손들이 더 이상 급제한 자가 없었는데, 김씨 집안 또한 급제한 자가 없었다. 어찌 덕 쌓아 경사 많은 집안이라는 말이 단지 선대에만 맞고 후세에는 맞지 않는단 말인가. 두 집안이 모두 쇠한 것은 자손들이 학업에 스스로 힘쓰지 않았기 때문일러라.

○ 正德[1]丁丑年, 吾先君與季父默齋公[2], 一榜登第, 癸未年間, 金明胤[3]與其弟弘胤[4], 連榜[5]登第, 而弘允[6]爲壯元。 南袞送賀詩於金之父二相克愊[7], 兼視吾祖父逍遙公[8], 曰:“二子登科世共誇, 壯元門戶更光華。光山金與豐山並, 知是從前積慶多.” 光山卽金之本貫, 豐山卽吾沈之本貫也。守慶以不肖, 又僥倖登第, 而子孫更無登第者, 金門亦無登第者。豈積慶之語, 只驗於先世, 而不驗於後世耶?

---

1 正德(정덕): 중국 명나라 제10대 황제인 武宗의 연호(1506~1521).

2 默齋公(묵재공): 沈思順(1469~1531)을 가리킴. 본관은 豐山, 자는 宜中. 아버지는 沈貞이다. 1516년 진사시에 합격하고, 1517년 별시 문과에 급제하였고, 湖堂에 뽑혀 經筵에 참여하였다. 1530년 山陵에 대한 誌文을 지으라는 명을 받았는데, 1531년 그 지문의 글을 문제 삼아 筆跡을 대조하는 일까지 생겼다. 그때 이름을 숨기고 글을 지었다는 명목으로 옥에 갇혀 곤장을 맞으면서 심문을 받다가 죽었다.

3 金明胤(김명윤, 1493~1572): 본관은 光山, 자는 晦伯. 아버지는 金克愊이다. 1519년 현량과 급제하여 홍문관의 부정자를 지냈으며 1524년 별시문과 급제하였다. 명종 초 윤원형과 함께 을사사화를 일으킨 주역이다.

4 金弘胤(김홍윤, 1499~1569): 본관은 光山, 자는 毅仲. 아버지는 金克愊이다. 1522년 생원진사시에 합격하고, 1526년 별시 문과에 장원으로 급제하였다.

5 連榜(연방): 진사시와 생원시인 司馬試의 鄕試·會試 합격자 명부.

6 弘允(홍윤): 弘胤의 오기.

7 克愊(극핍): 金克愊(1472~1531). 본관은 光山, 자는 子誠. 1489년 진사가 되고, 1498년 식년 문과에 급제, 승문원정자에 보임되었다. 李沆·沈貞과 함께 세간에서 三奸으로 지칭했으며, 사림파와 대립해 많은 비난을 받기도 하였다.

8 逍遙公(소요공): 沈貞(1471~1531). 본관은 豐山, 자는 貞之, 호는 逍遙亭. 1495년 생원시에 합격하고, 1502년 별시문과에 급제, 이듬해 修撰이 되었다. 1519년 趙光祖 등이 僞勳削除를 요구하여, 반정공신들로부터 심한 반발을 받았다. 이에 敬嬪朴氏를 통하여 趙氏專國(조씨가 나라를 오로지 한다.)의 말을 궁중에 퍼뜨리고, 南袞·洪景舟 등과 모의하여 왕을 움직여, 기묘사화를 일으켜 사류를 일망타진하였다. 그뒤 남곤과 함께 정권을 장악하다가 1527년 남곤이 죽은 뒤, 좌의정·花川府院君에 올라 수하에 李沆·金克愊을 두고 권력을 독점하였다.

抑兩門皆衰, 子孫自不力於擧業耶?

88. 노수신이 십청정을 짓고 시 청하다

상국(相國) 노소재(盧蘇齋: 노수신)가 석가산(石假山)이 있는 십청정(十靑亭)을 짓고, 재상의 반열들에게 시(詩)를 청하였다. 심수경이 시를 지었으니, 이러하다.

담장 아래에 높다랗게 석가산을 만드니
석가산 앞의 한 움큼 물도 아낄 만하네.
아침 안개 저녁노을에 예사로이 묻히고
뭇 골짜기 많은 봉우리 지척간에 있네.
굽이진 물가엔 때때로 새 발자국 남았고
깊숙한 냇물엔 곳곳에 이끼가 아롱졌네.
굳이 숭산 화산을 두루 유람할 필요 없으니
험준한 산을 늘 대하며 홀로 문 닫아걸었네.
열 그루 사철나무 하나의 정자 에워싸니
푸르름 변치 않고 더욱 푸르고 푸르러라.
찬 바람 소리 이어졌다 끊어졌다 문을 지나고
빽빽한 그림자 사이로 정원 가득한 달빛 더해지네.
매화와 버들이 봄을 다툴 때 수려한 색 더하고
눈보라 서릿발 혹독할 때 기이한 형상으로 뒤바뀌네.
세간사 영고성쇠의 일을 어찌 한하랴만

높은 풍취 취하여 법도가 있음을 볼지라.

상국(相國: 노수신)이 위의 시를 웃으면서 보고는 버리지 않았다. 대나무 또한 푸르지만 십청(十青)의 대열에 들지 못하였으니, 대나무는 때가 되면 말라서 십청에 견줄 수가 없었기 때문이리라. 그런데 사람들이 더러 말하기를, "상공(相公)의 취사선택이 조금 온당치 못한 듯하다."라고 하였다.

○ 盧相國蘇齋, 有石假山[1]十青亭, 求詩於宰列。守慶賦之曰: "墻下嵯峨[2]作假山, 山前一掬水堪慳。朝嵐暮靄尋常裡, 衆壑群峰咫尺間。曲渚時時留鳥篆, 幽溪處處着苔斑。不須嵩華[3]觀遊遍, 長對孱顏[4]獨閉關。十樹冬青擁一亭, 青青不改更青青。寒聲逓動風過戶, 密影交加月滿庭。梅柳爭時增秀色, 雪霜嚴裡轉奇形。世間何限榮枯事, 看取高標有典刑." 相國笑覽而不棄焉。竹亦青也, 而不與十青之列, 蓋竹有時而枯, 非十青之比也。人或言: "相公之取舍, 稍似未穩也."

1 石假山(석가산): 정원 따위에 돌을 모아 쌓아서 조그마하게 만든 산.
2 嵯峨(차아): 산이 높이 솟아 험한 모양.
3 嵩華(숭화): 嵩山과 華山. 중국의 오악 가운데 두 산이다.
4 孱顏(잔안): 울퉁불퉁 삐쭉삐쭉한 모양.

89. 노수신이 1584년 지은 시에 세 차례 차운하다

상국(相國) 노소재(盧蘇齋: 노수신)가 70세 되던 갑신년(1584) 원일(元日: 정월 초하룻날)에 시를 지었으니, 이러하다.

세상 살며 몸 훼상치 않고 죽어야 불효 면하나니
아무런 탈 없이 내 나이가 일흔 살에 이르렀구나.
누가 성인이 하고 싶어 했던 것을 따랐으랴만
대부가 깨달았던 잘못에 오래도록 어두웠구나.
한결같은 도리로 임금과 신하가 만났건만
늙고 병들어 깊은 충정은 어그러지고 말았네.
다만 응당 매화와 버드나무 봄빛만
예전처럼 옷자락에 젖어 드네.

심수경이 70세 되던 을유년(1585) 원일 노소재의 시에 차운하였으니, 이러하다.

문득 새해가 온 것을 깨달으니
누가 일흔을 드물다 말했는가.
영화와 쇠락을 더없이 겪었으며
옳은 일 그른 일 많이도 견뎠네.

수명의 장단 하늘이 응당 정하니
살다가 죽는 이치야 감히 어길소냐.
벼슬에서 물러나는 일 생각하였다가
조정에 나갈 때의 정복 벗어나 볼까.

이 시는 장차 벼슬에서 물러나고자 하면서 회포를 표현한 것이다. 80세 되던 을미년(1595) 원일 또한 앞의 시에 차운였으니, 이러하다.

인생 칠십도 드문 법인데
팔십이야 응당 더욱 휘귀타.
위나라 무공의 경계를 배우고자 하였고
일찍이 거원이 깨달은 잘못도 알았네.
영화를 탐하다가 몸이 묶여 있어
벼슬에서 물러나려는 일 어긋나네.
바라던 뜻 언제나 이루려나
슬프구나 먹고 사는 일이여.

여러 차례 벼슬에서 물러나기를 청하였으나 윤허를 받지 못하여서 시를 지어 서교공(西郊公: 송찬)에게 보였다. 이에 서교가 화답하였으니, 그 한 연구(聯句)는 이러하다.

성안에 그대로 머무르는 것 옳으나
전원으로 물러나 가려는 것 그르네.

아마도 병란이 아직 그치지 않아서 향촌에 물러나 있기가 어려울 듯했기 때문에 시에서 그처럼 말한 것이리라.

내가 다시 시를 지어 보였으니, 이러하다.

벼슬과 녹봉이야 저마다 누릴 수 있어도
백세까지 사는 것은 세상에 실로 드무네.
그대로 머물라는 것도 정녕코 옳을진댄
물러나 가려는 것 응당 그릇됨 아닐지라.
만년에는 더욱 마땅히 물러나야 하니
초심 어찌 기꺼이 거스를 수 있으랴.
전란은 어느 날에나 평정될 것인고
오직 한번 갑옷 입기를 바랄 뿐이네.

병신년(1596) 늦겨울이 되어서야 비로소 퇴휴(退休)의 은전을 받았는데, 여생은 많이 남아 있지 않으니 쉴 날이 얼마나 되랴만 그래도 소원을 이루었으니 죽어도 응당 눈을 감을 수 있겠다.

○ 盧相國蘇齋, 七十歲甲申元日, 作詩曰: "寄也歸而免[1], 居然[2]到

---

1 寄也歸而免(기야귀이면): 부쳐 산다는 것은 이 세상에 태어나서 사는 동안을 말한 것이고, 돌아가서 면한다는 것은 부모의 遺體인 몸을 훼상하지 않고 편안히 죽어서 불효를 면한다는 뜻. 《禮記》〈祭義〉에는 孔子의 말을 인용하여 "하늘이 낳아 준 것과 땅이 길러 준 것들 중에서 사람만큼 소중한 것은 없다. 부모가 완전한 몸으로 낳아 주셨으므로, 자식은 의당 완전한 몸으로 돌아가야만 효도라 할 수 있는 것이니, 자신의 신체를 손상시키지 않고, 자신의 인격을 욕되게 하지 않는 것이 바로 몸을 완전하게 지켰다고 할 수 있는 것이다. 그러므로 군자는 반걸음을 걷는데도 감히 효도를 잊지 않는 것이다."라고 하였다.

者稀[3]。誰從聖人欲[4], 久昧大夫非[5]。一理君臣契, 深衷老病違。只應梅柳色, 依舊入霑衣." 守慶七十歲乙酉元日, 次盧韻曰: "斗覺[6]新年至, 誰言七十稀。飽經榮與落, 多耐是兼非。循短[7]天應定, 行休[8]理敢違。思量乞身事, 準擬[9]解朝衣." 將欲乞退而述懷也。八十歲乙未元日, 又次前韻曰: "人生稀七十, 八十更應稀。欲學武公戒[10], 曾知蘧瑗非。貪恩身局束, 乞退事乖違。志願何時遂, 嗟哉食與衣." 累度乞退, 未蒙恩許, 以詩示西郊公。西郊和之, 其一聯曰: "城內仍留是, 林間欲去非." 蓋以兵亂未止, 似難退在鄉村, 故其詩云云。余復作而示之曰: "爵祿人皆享, 期頤[11]世固稀。仍留果爲是, 欲去未應非。晩節尤宜退, 初心詎肯違。妖氛[12]何日定, 唯望一戎衣." 丙申冬末, 乃

---

2 居然(거연): 아무 일 없이. 그럭저럭. 슬그머니.

3 稀(희): 稀壽. 나이 일흔 살을 달리 이르는 말.

4 聖人欲(성인욕): 《論語》〈爲政篇〉에서 공자가 "내가 일흔 살에는 하고 싶은 대로 하여도 법도에 어긋나지 않았다.(七十而從心所欲, 不踰矩.)"라고 한 데서 나온 말.

5 大夫非(대부비): 대부는 춘추시대 衛나라의 어진 대부로 자가 伯玉인 蘧瑗을 가리킴. 《淮南子》〈原道訓〉에 "거백옥은 나이 오십이 되어서 사십구 년 동안의 잘못을 알았다.(蘧伯玉年五十, 而知四十九年非.)"라고 한 데서 나온 말이다. 거백옥처럼 과거사의 잘못을 깨달아 보지 못했다는 겸사이다.

6 斗覺(두각): 문득 깨달음. 갑자기 깨우침. 홀연히 깨우침.

7 循短(순단): 修短의 오기. 긴 것과 짧은 것.

8 行休(행휴): 일생이 다 지나가고 죽을 날이 눈앞에 닥쳐 옴.

9 準擬(준의): 꼭 ~할 것으로 여김.

10 武公戒(무공계): 춘추시대 衛나라 武公이 95세의 나이에도 늙었다고 자처하지 않고 경계하는 잠을 지어 자신의 잘못을 바로잡으려고 노력하면서 신하들에게, "내가 늙었다고 하여 버리지 말고 반드시 아침저녁으로 공경히 하는 마음으로 서로들 나를 경계하라.(無謂我老耄而舍我, 必恭恪於朝夕, 以交戒我.)]"라고 한 것을 일컫는다.

11 期頤(기이): 나이 백살을 가리키는 말.

始蒙恩休退，餘生不多，休日幾何，然猶得償志願，死應瞑目矣。

12 妖氛(요분): 불길한 기분. 곧 전란을 일컫는다.

90. 1550년 영천 명월루를 유람하고서 시 짓다

가정(嘉靖) 경술년(1550) 봄에 백부(伯父: 沈思恭)가 대구 부사(大邱府使)로 있었는데, 나는 이조 좌랑(吏曹佐郎)으로 있다가 산관(散官: 실무가 없는 직위에 전보된 관원)이 된 까닭에 대구로 가서 문안하였다. 영천(永川)과 하양(河陽)은 다 대구의 인접한 고을이다. 영천 군수(永川郡守)는 사문(斯文) 김취문(金就文)이고, 하양 현령(河陽縣令)은 사문 민호(閔箎)였다.

민공(閔公: 민호)은 일찍이 교분이 있었는데, 하루는 임금의 명을 받들고 대구부에 도착했다가 나에게 말하기를, "영천(永川)의 명월루(明月樓)는 사람들이 경치가 좋은 곳으로 일컬으니, 어찌 가서 보지 않겠소?"라고 하였다. 나는 그 고을 군수와 서로 알지도 못하는 사이거니와 산관이 된 사람으로서 노닐며 구경하는 것이 온당치 못하다면서 사양하였는데, 민공이 억지로 나를 끌어내어 가서 보았더니 명월루는 과연 경치가 좋은 명승지이었다. 올라가서 구경한 끝에 작은 술상을 차려놓고서 담화를 나누었다. 김공(金公: 김취문)과 민공 두 사람이 나에게 시를 지어 달라 청하였는데, 나는 사양하고 감히 짓지 않았다.

또 강청했었지만 그래도 들어주지 않았는데, 술이 얼큰해지자 김공이 칠언율시 1수를 써서 내놓으며 말하기를, "평생 시를 짓지 않았으나 훌륭한 시를 청하여 보고 싶어 감히 이처럼 약자가 선수를 칩니다."라고 하니, 내가 그 자리에서 즉시 화답하는 시를 지었다. 다음날 돌아오기 전에 듣자니, 어제 김공이 지은 시는 바로 명월루의 현판에 있는 옛 시를 자기가 지은 것인 양 베껴서 나를 속인 것이다. 서로 껄껄 크게 웃고 헤어졌다.

그 뒤에 참판 조사수(趙士秀) 공의 집으로 공을 찾아뵈니, 조공이 말하기를, "지난번에 내가 영남 감사(嶺南監司)로 영천(永川)에 가서 명월루에 있는 그대의 시를 보았는데, 그 연구(聯句)에, '꾀꼬리 한 가닥 노랫소리에 봄빛은 다하고 / 푸르게 무성한 풀밭 십리 들판에 석양은 더디네.'라고 하였거늘, 자못 아름다운 시였네."라고 하였다. 아마도 김공이 나의 졸렬한 시를 현판으로 만든 것이리라.

10여 년이 지난 계해년(1563) 봄, 내가 영남 감사로 영천에 가니 시판(詩板)은 여전히 있었으나, 김공과 민공 두 사람은 다 작고하였으니, 옛일의 감회가 없을 수 없었다.

○ 嘉靖庚戌春, 伯父爲大丘府使, 余以吏曹佐郎作散[1], 往省之。永川[2]·河陽[3], 皆其隣邑也。永川郡守金斯文就文[4], 河陽縣令閔斯文箎[5]。而閔公曾有交分, 一日承差[6]到府, 謂余曰: "永川明月樓, 世稱

---

1 作散(작산): 일정한 사무 분담이 없는 벼슬.

2 永川(영천): 경상북도 남동부에 있는 고을. 동쪽은 포항시·경주시, 서쪽은 경산시·대구광역시, 남쪽은 청도군, 북쪽은 군위군·청송군과 접한다.

3 河陽(하양): 경상북도 경산시 하양읍 지역. 북쪽 및 북동쪽은 와촌면, 남동쪽은 진량읍, 남쪽은 압량읍, 서쪽은 대구광역시와 접한다.

4 金斯文就文(김사문취문): 金就文(1509~1570). 본관은 善山, 자는 文之, 호는 久菴. 1537년 별시 문과에 급제하여 校書館正字가 되었다.

5 閔斯文箎(민사문호): 閔箎(생몰년 미상). 본관은 驪興, 자는 可和, 호는 嘯皐. 1531년 생원시에 합격하고 1540년 식년 문과에 급제하였다.

6 承差(승차): 임금의 명을 받들고 지방에 파견됨.

勝槩, 盍往視乎?" 余辭以郡守不相識, 散人游賞非便, 閔公强之, 捽以往, 則樓果有勝槩。登覽之餘, 設小酌談話。金閔兩公, 請余賦詩, 余辭而不敢。强請猶不聽, 酒闌金公, 寫出七言律詩一首, 曰: "平生不作詩, 而要觀高作, 敢爲此弱者先手耳." 余於席上卽和之。翌日臨還, 聞昨日金詩, 乃板上古作, 謄書爲己作, 以欺余也。相與大噱以別。厥後, 謁趙參判士秀[7]公於其第, 公曰: "頃者, 按節嶺南, 到永川, 見樓上有君詩, 其一聯曰: '黃鳥一聲春色盡, 靑蕪十里夕陽遲.' 頗佳."云, 蓋金公以余拙詩爲懸板也。越十餘年, 癸亥春, 按節到永, 詩板尙在, 而金閔兩公, 皆作古, 不能無感舊之懷矣。

7 趙參判士秀(조참판사수): 趙士秀(1502~1558). 본관은 楊州, 자는 季任, 호는 松岡. 1528년 식년시 생원·진사시에서 각각 합격하고, 3년 뒤 1531년 식년시 문과에 급제하였다.

91. 고려 이규보와 진화를 쌍운주필이라 하다

고려의 이규보(李奎報)와 진화(陳澕)는 문장으로 한 시대를 떨쳤으니, 〈한림별곡(翰林別曲)〉에 이른바, '이정언(李正言)·진한림(陳翰林) 쌍운주필(雙運走筆).'이라고 한 것이 곧 이규보와 진화이다. 두 사람은 빨리 짓는 것으로 나란히 이름이 났는데, 이규보는 벼슬이 태보평장사(太保平章事)에 이르고 진화는 벼슬이 우사간(右司諫)에 이르렀지만, 그들의 나이가 누가 많고 적은지 알 수 없다.

서거정(徐居正)이 편찬한 《필원잡기(筆苑雜記)》에 이르기를, "우리나라의 필법(筆法)은 김생(金生)이 제일이고, 학사(學士) 요극일(姚克一)과 승려 탄연(坦然)·영업(靈業)이 그 다음이다. 이규보가 평론하기를, '최충헌을 제일로 삼고, 탄연을 둘째로 삼고, 류신(柳紳)을 셋째로 삼는다.'라고 했으니, 이는 권세가에게 아부한 것이지 공정한 평론은 아니다."라고 하였다. 만약 권세가에게 아부하여 명성을 얻게 된다면, 문장인들 어찌 볼 만한 것이 있겠는가? 이규보의 〈두문(杜門)〉이라는 시는 이러하다.

세상에서 떠들어대는 비방 피하려고
문 닫고 누웠으니 머티털 더부룩하네.
처음에는 그지없이 봄 그리는 처녀 같더니
점차로 고요이 여름 내내 참선하는 중일세.

아이들 놀자고 옷 당겨도 족히 즐거운지라
손님 와서 문 두드려도 대꾸조차 하지 않네.
빈궁과 영달은 모두 하늘이 부여한 것이니
뱁새가 어찌 붕새를 부러워한 적이 있으랴.

이 시를 보자면, 당시 또한 필시 중대한 비방의 대상이었을 것이다.

○ 高麗李奎報[1]·陳澕[2], 文章動一時, 翰林別曲所謂'李正言·陳翰林, 雙韻走筆[3].' 卽奎報與澕也。兩人以走筆齊名, 李官至太保平章事, 陳官至右司諫, 其年長短, 未能知也。徐居正所撰《筆苑雜記》曰: "東國筆法, 金生[4]爲第一, 姚學士克一[5]·僧坦然[6]·靈業[7]亞之。李

1 李奎報(이규보, 1168~1241): 본관은 黃驪, 초명은 李仁氐, 자는 春卿, 호는 白雲居士. 만년에는 시·거문고·술을 좋아해 三酷好先生이라고 불렸다. 문재에 뛰어났으나 형식적인 과거시험 글을 멸시하여 국자시에 낙방하다가 네 번째 응시에서 수석합격을 했다. 급제 후에도 관직을 받지 못하고 사회 혼란 속에서 〈동명왕편〉을 지었다. 무신집권자인 최충헌을 국가 대공로자로 칭송하는 시를 짓고서야 관직에 진출했고, 이후 최씨 정권에서 문필가로서 무인정권을 보좌하며 승승장구했다. 무인정권에 봉사한 입신출세주의자이자 보신주의자라는 평가를 받기도 한다.

2 陳澕(진화, 생몰년 미상): 본관은 驪陽, 호는 梅湖. 시문에 능하여 당시 이규보와 더불어 이름을 떨친 문장가이다. 1200년 國子監試에 급제하였고, 같은 해 과거에 합격하여 內侍에 임명되었다.

3 雙韻走筆(쌍운주필): 운문이 서로 짝을 이루어 달리듯 시를 지어 쓴 것.

4 金生(김생, 711~791): 신라의 최고 명필가이자 승려.

5 姚學士克一(요학사극일): 姚克一(생몰년 미상). 신라의 서예가. 侍書學士를 지냈으며, 구양순의 필법을 터득하여 필력이 힘찼다.

6 坦然(탄연, 1070~1159): 고려 仁宗 때의 승려. 속성은 孫, 호는 默庵. 慧炤國師에게서 禪을 배워 禪風을 크게 일으켰다. 書藝에도 뛰어나 金生에 버금가는 명필로 알려졌다.

7 靈業(영업, 생몰년 미상): 남북국 시대의 승려이자 서예가. 현재 전하는 남북국시대의 글씨 가운데 왕희지의 필법을 가장 충실하게 재현한 글씨로 평가받고 있다.

奎報評論, '以崔忠獻[8]爲第一, 坦然爲第二, 柳紳爲第三.' 阿附權貴, 非公論也." 若以阿附權貴得名, 則文章何足觀哉? 其杜門詩曰: "爲避人間謗議騰, 杜門高臥髮鬅鬙[9]。初如蕩蕩[10]懷春女, 漸作寥寥[11]結夏[12]僧。兒戲牽衣聊足樂, 客來敲戶不須膺。窮通榮辱皆天賦, 斥鷃何曾羡大鵬." 當時亦必有重謗矣。

---

8 崔忠獻(최충헌, 1149~1219): 본관은 牛峰, 초명은 崔鸞. 고려 후기 무신 집정 이의민을 제거하고 무신 정권의 최고 권력자가 되어 敎定別監을 역임한 무신이다.

9 鬅鬙(붕승): 머리털이 헝클어짐.

10 蕩蕩(탕탕): 넓고 아득한 모양.

11 寥寥(요요): 고요하고 한가로움.

12 結夏(결하): 비구들이 여름 장마철에 90일 동안 한 곳에 있으면서 수행하는 기간. 夏安居 또는 雨安居라고도 한다.

92. 단종 복위 운동의 성삼문과 박팽년에 대해 말하다

세조(世祖)는 노산군(魯山君: 단종)으로부터 왕위(王位)를 물려받고, 노산군을 상왕(上王)으로 높였다. 박팽년(朴彭年)·성삼문(成三問)·류성원(柳誠源)·이개(李塏)·하위지(河緯地)·유응부(兪應孚) 및 김질(金礩)과 성삼문의 부친 성승(成勝)이며, 상왕의 처남 권자신(權自愼) 등이 몰래 상왕을 복위(復位)시키려고 꾀하였는데, 거사하기로 약속한 날에 그 거사의 기회를 잃게 되자 김질이 거사가 이루지 못할 줄 알고 그의 장인에게 달려가 알리니, 상국(相國) 정창손(鄭昌孫)이 대궐에 들어가 고변하였다. 김질은 녹공을 받았지만 그 나머지는 모두 주살(誅殺)되었으니, 거사하기로 약속했다가 기회를 잃은 것이나 김질이 고변한 것은 다 하늘의 뜻이지 어찌 사람의 힘으로 될 일이겠는가.

당초에 세조가 안평대군(安平大君)과 대신(大臣) 김종서(金宗瑞) 등을 주살하고 정난공신(靖難功臣)을 삼을 때, 박팽년과 성삼문이 집현전(集賢殿)의 관원으로 숙직하여 호위하였으므로 전례에 따라서 공신에 끼었지만 성삼문은 그것을 부끄러워하였다. 공신 등이 차례로 연회를 베풀었지만 성삼문은 홀로 베풀지 않았으며, 세조가 왕위를 물려받을 때는 성삼문이 예방 승지(禮房承旨)로 국보(國寶: 국새)를 지니고서 목놓아 통곡하였다. 세조가 만약 성삼문만 홀로 연회를 베풀지 않았고 목놓아 통곡했던 정상을 의심하고서 힐문하였다면, 어찌 위태하지 않았으랴. 성삼문의 처사는 우활(迂闊)하다고 할 만하다.

박팽년은 충청 감사(忠淸監司)가 되어 윗전에 올리는 모든 계목(啓目: 국왕에게 올리는 문서양식)에 신(臣) 자를 쓰지 않고 다만 박 아무개라고만 한 것이 한두 번에 그치지 않았다. 세조가 만일 신(臣) 자를 쓰지 않은 실상을 살펴서 깨닫고 힐문하였다면, 어찌 위태하지 않았으랴. 박팽년의 처사 또한 우활하다고 해야 할 것이다. 대사를 거행하고자 하면서도 처사를 이와 같이 우활하고서야, 어찌 거사가 발각되지 않으리라고 보장할 수 있겠는가.

추강(秋江) 남효온(南孝溫)이 편찬한 《육신전(六臣傳)》은 세상에 전하는 것이 드물었는데, 그것을 본 사람 또한 많지 않다.

○ 世祖, 受禪[1]於魯山[2], 尊魯山爲上王。朴彭年[3]·成三問·柳誠源[4]·李塏[5]·河緯地[6]·兪應孚[7]及金礩[8]·三問父勝[9]·上王之舅權自

---

1 受禪(수선): 임금의 자리를 물려받음.

2 魯山(노산): 魯山君. 조선 端宗이 세조에게 왕위를 빼앗기고 그 신분이 격하되었을 때에 붙여진 칭호.

3 朴彭年(박팽년, 1417~1456): 본관은 順天, 자는 仁叟, 호는 醉琴軒. 1432년 식년 생원시에 입격하고, 1434년 알성시에 입격하면서 관직 생활을 시작하였다. 계유정난 이후 성삼문·이개·하위지·유성원·유응부 등과 단종 복위를 시도하였으나 정창손의 사위 김질의 고발로 실패하였고, 혹독한 고문으로 죽었다.

4 柳誠源(류성원, ?~1456): 본관은 文化, 자는 太初, 호는 琅玕. 1444년 식년 문과에 급제하였다. 단종 복위 운동의 일이 발각되어 성삼문·박팽년 등이 차례로 잡혀와서 모진 고문을 당할 때, 유성원은 집에 있다가 일이 발각된 것을 알고 스스로 목을 찔러 죽었다.

5 李塏(이개, 1417~1456): 본관은 韓山, 자는 淸甫·伯高, 호는 白玉軒. 1436년 친시문과에 同進士로 급제하였다.

6 河緯地(하위지, 1412~1456): 1435년 생원시에 합격하고, 1438년 식년문과에 장원으로 급제한 뒤, 집현전부수찬에 임명되었다.

7 兪應孚(유응부, ?~1456): 본관은 杞溪, 자는 信之, 호는 碧梁. 일찍이 무과에 올라 1448년 첨지중추원사가 되었다.

愼[10]等, 潛謀復上王, 約議[11]擧事之日, 失其事機, 金礩知事不濟[12], 馳告其妻父, 鄭相國昌孫[13], 詣闕上變。 金礩錄功, 餘皆被誅, 約事失機, 金礩告變, 皆天也, 豈人爲哉? 當初世祖, 誅安平大君及大臣金宗瑞[14]等, 爲靖難功臣[15]之時, 彭年·三問, 以集賢殿官宿衛, 循例[16]參勳, 三問礩之[17]。功臣等論設[18]宴會, 三問獨不設, 及其受禪, 三問以禮房丞旨, 持國寶, 失聲痛哭。世祖, 若疑其獨不設宴·失聲痛哭之情, 而詰問之, 則豈不殆哉? 三問之處事, 可謂迂矣。彭年, 爲忠淸監

---

8 金礩(김질, 1422~1478): 본관은 安東, 자는 可安, 호는 雙谷. 1450년 추장 문과에 급제해 主簿에 임명되었다. 집현전 학사와 함께 단종 복위를 꾀하는 모임을 몇 차례 가지던 중 위험을 느끼자, 1456년 장인인 鄭昌孫과 함께 세조에게 고변해 이른바 사육신사건이 발생하였다. 그 뒤 세조의 철저한 신임을 받아 佐翼功臣 3등에 추봉되고 판군기감사에 승진되었다.

9 勝(승): 成勝(?~1456): 본관은 昌寧, 호는 赤谷. 무과에 급제, 1440년 경상도병마절제사를 거쳐, 1446년에 중추원부사가 되었다.

10 權自愼(권자신, ?~1456): 본관은 安東. 문종비인 顯德王后의 아우이다. 수양대군이 단종으로부터 왕위를 물려받을 때에 단종의 외숙부로서 세조의 즉위에 협력하지 않았다. 그런데도 피동적으로 佐翼功臣 3등에 책정되었다.

11 約議(약의): 논의할 문제를 합의함.

12 不濟(부제): 쓸모가 없음. 도움이 되지 않음.

13 鄭相國昌孫(정상국창손): 鄭昌孫(1402~1487). 본관은 東萊, 자는 孝仲. 1423년 사마시를 거쳐 1426년 식년 문과에 同進士로 급제하여 권지승문원부정자가 되었다. 사위 김질에게 단종 복위 운동 사실을 듣고 세조에게 고변하였다.

14 金宗瑞(김종서, 1383~1453): 본관은 順天, 자는 國卿, 호는 節齋. 1405년 식년 문과에 同進士로 급제해 1415년 尙書院直)을 지냈다. 수양대군이 야망을 실현하는 데 가장 문제되는 인물로 지목되었고, 결국 계유정난 때 제거되었다.

15 靖難功臣(정난공신): 세조가 안평대군과 김조서 등을 죽인 뒤에 그것이 국가에 공이 된다 하여 내린 공신 칭호.

16 循例(순례): 慣例에 따름.

17 礩之(질지): 恥之의 오기.

18 論設(논설): 輪設의 오기.

司, 凡於上達啓目, 不書臣字, 只稱朴某, 非止一再。世祖, 若察悟而詰問其不書臣字之情, 則豈不殆哉? 彭年處事, 亦迂矣。欲擧大事, 而處事之迂若此, 安可保其不敗露乎? 南秋江孝溫[19], 所撰六臣傳, 罕傳於世, 人之見者, 亦不多矣。

19 南秋江孝溫(남추강효온): 南孝溫(1454~1492). 본관은 宜寧, 자는 伯恭, 호는 秋江·杏雨·最樂堂·碧沙. 金宗直의 문인이며, 金宏弼·鄭汝昌 등과 함께 수학하였다. 生六臣의 한 사람이다. 인물됨이 영욕을 초탈하고 지향이 고상하여 세상의 사물에 얽매이지 않았다.

93. 박팽년의 문장은 맑고 깨끗하며 필법은 고묘하다

박팽년은 문장이 충담(沖澹: 맑고 깨끗함)하고 필법이 고묘(高妙: 고상하고 기묘함)하였다. 성삼문은 세종조의 중시(重試)에 장원급제하여 영화와 총애를 모두 누렸고 명성과 인망 또한 중하였다. 류성원·이개·하위지도 모두 세종의 총애를 받은 사람들이고, 유응부는 무관 출신의 재상이었다.

세조가 영의정이었을 때 의정부에 연회를 베풀자, 박팽년 시를 지었으니, 이러하다.

묘당 깊은 곳에서는 슬픈 가락 울려 퍼지지만
지나간 만사 지금 같아서는 도무지 모르겠구나.
버드나무가 푸르러 동풍이 살랑살랑 불어오고
꽃들이 활짝 피었으니 봄날은 더디기만 하구나.
선왕이 이루어 놓은 옛 사업 금궤에 거둬들이고
성스런 임금 큰 은혜로 옥 술잔을 기울이는구나.
즐기지 않으려 해도 어찌 길이 즐기지 않으랴
노래에 화답하며 취하고 배부르니 태평시절일레.

○ 彭年文章沖澹, 筆法高妙, 三問以世宗朝重試壯元, 榮寵比至[1], 名望亦重。誠源·塏·緯地, 皆世宗寵愛之人, 應孚武人宰相也。世祖爲領議政時, 設宴於政府 彭年賦詩曰: "廟堂深處動哀絲, 萬事如今摠不知。柳綠東風吹細細, 花明春日正遲遲。先生[2]舊業抽金櫃[3], 聖主新恩倒玉巵。不樂何爲長不樂, 賡歌醉賦太平時."

---

1 比至(비지): 備至의 오기.

2 先生(선생): 先王의 오기.

3 金櫃(금궤): 황금으로 만든 書櫃를 말하는데, 국가와 왕에게 관계되는 기밀문서를 보관하는 궤.

94. 과거장에서 남의 글 표절하는 것을 금하다

과거 시험장에서 남의 글을 그대로 빌어 제출하는 것은 법으로 매우 엄하게 금했으나, 명리(名利)만 좋아하면서 부끄러움을 모르는 무리들은 범하는 것이 넘쳐나니 선비들의 기풍이 아름답지 않았다.

공자 사당에 참배한 후 제술(製述: 시문을 지음) 시험을 보여 인재를 뽑는 것이 조종조(祖宗朝) 이후로 점점 잦아져 갑자기 어지러워지는 사이에 인재를 뽑는 것이 정밀하지 못할 뿐만 아니라 남의 글을 그대로 빌어 제출해 합격하는 자 또한 많았다.

명종조(明宗朝)에 외척권신(外戚權臣)의 아들인 이정빈(李廷賓)이 있었는데, 과거 시험 공부를 하지 않고도 남의 글을 그대로 빌어 제출해서 장원급제를 하고 입신양명하여 화요직(華要職)을 거치자, 공론이 마침내 일어나 삭직(削職)을 당하기에 이르렀다. 당시에 또 여계선(呂繼先)이 있었는데, 문사(文士) 차천로(車天輅)의 글을 빌어다가 제출하여 장원한 일이 탄로나서 국문을 당하고 급제가 취소되었으니, 국가의 치욕이 어떻다 하겠는가.

공자 사당에 참배한 후 간혹 친히 임하기도 하였으니, 시관(試官)에게 경서를 강(講)하도록 하여 옛날처럼 경서를 펼쳐 놓고 어려운 것을 질문하게 하고는 급제(及第)를 내리거나 상을 내리기도 하였으면 많은 선비를 위로하고 기쁘게 할 수 있었을 것이다. 그러니 제술(製述)로써 인재를 뽑는 것은 하지 않도록 하는 것이 아마도 체모를 갖추는 것이리라.

○ 科場借述[1], 法禁甚嚴, 而嗜利無恥之輩, 犯者滔滔, 士風不美。謁聖[2]後, 製述[3]取人, 祖宗朝以後, 漸爲頻數, 急遽紛擾之間, 非但取之不精, 借述得中者亦多矣。明廟朝, 有外戚權臣[4]之子李廷賓[5], 未習擧業, 而借述爲壯元, 顯歇華要, 公論竟發, 至於削職。當世又有呂繼先[6], 借述於文士車天輅, 爲壯元事露訊鞫, 亦至削科, 國家羞辱, 爲如何哉? 謁聖後或親臨, 命官試講經書, 如古之橫經問難[7], 或賜第或賜賞, 則亦足以慰悅多士。製述取人, 勿爲之, 恐是得體。

1 借述(차술): 과거 시험에서 다른 사람의 글을 그대로 빌어 제출하는 일. 과거 시험의 부정 행위 중의 하나였다.

2 謁聖(알성): 성균관 文廟의 孔子 신위에 참배하는 것.

3 製述(제술): 시나 글을 지음.

4 外戚權臣(외척권신): 太宗의 차남인 孝寧大君의 5대손이자, 명종의 왕비인 仁順王后의 외삼촌인 것을 일컬음. 이량의 여동생이 沈鋼에게 출가하여 인순왕후 심씨를 낳았기 때문이다.

5 李廷賓(이정빈, 1539~1592): 본관은 全州, 자는 景觀. 아버지는 명종 때의 권신 李樑이다. 1563년 유학으로 알성문과에 장원으로 급제하였는데, 그 자신은 학문적 소양이 없었으나, 아버지가 試題를 미리 알고서 답안지를 대신 작성하였다고 한다.

6 呂繼先(여계선, 생몰년 미상): 본관은 咸陽. 아버지는 呂謙이다. 1586년 알성 문과에 급제하였다.

7 橫經問難(횡경문난): 경서를 펼쳐 들고 어려운 것을 질문함. 《後漢書》〈儒林列傳〉 서문의 "향사례가 끝나고 천자가 정좌하여 직접 강을 하면 제유가 경서를 지니고 그 앞에서 토론을 벌이는데, 관대를 한 진신들을 비롯해서 교문을 에워싸고 구경하는 자들이 헤아릴 수 없이 많았다.(饗射禮畢, 帝正坐自講, 諸儒執經問難於前, 冠帶搢紳之人, 圜橋門而觀聽者蓋億萬計.)"에서 나온 말이다.

95. 심정의 소요당에 남곤과 장옥이 시문 짓다

나의 조부(祖父: 沈貞)가 양천현(陽川縣) 동북쪽의 공암(孔巖) 서쪽으로 강 연안에 집을 짓고 소요당(逍遙堂)이라 불렀다.

그 뛰어난 경관은 한강(漢江) 이남의 강 연안에 있는 정자 중에서 가장 빼어난 곳이어서 당시 명사(名士)들이 벽에 가득하도록 시를 지었는데, 남곤(南袞)의 율시 두 수가 있었으니 그 첫수는 이러하다.

물은 여주의 남한강에서 산은 삼각산에서
모두 정자 앞으로 향하니 새삼 기이하도다.
외딴 섬 교묘히 드넓은 강물 위에 있고
자욱한 긴 안개 달 뜰 때에 두루 피어오르네.
멀리서 보노니 도성 입구가 볼수록 비슷하여
꿈속에서 구지에 가 있는 듯 스스로 의아해라.
그대 소요하려더니 어찌 그리도 급히 마련했나
훗날에 흰 수염 날리면서 길이 쉬러 가려는가.

사문(斯文) 장옥(張玉)이 사륙변려체(四六騈儷體)로 오륙십 구(句)나 되는 서문을 지었는데, 사람들은 매우 뛰어난 작품이라면서 등왕각(滕王閣)의 서문에 견주었다. 그 첫머리가 이러하다.

파릉현 북쪽과
한양성 서쪽에
세 개 섬이 떠 있으니
여섯 자라가 이고 서 있네.
십리나 되는 기나긴 강은
바다 어귀로 흘러 내려가고,
천 길이나 되는 절벽은
물결 속으로 달려드네.

또 말하였다.

천향이 옷소매에 가득 스며드니
멀리서 서강의 바람이 휘몰아치고,
강가의 빗발이 얼굴에 들이치니
궁궐서 마신 술이 살짝 깨는구나.

기발한 생각이나 기지에 찬 표현한 짧은 구절이 매우 많았으나 내가 젊었을 적에 보았으므로 그 전편(全篇)을 기억해 내지 못하는 것이 한스럽다.

○ 吾祖父, 作堂於陽川縣[1]東北孔巖[2]西江岸上, 名曰逍遙。其形勝, 爲漢江以下沿江亭榭[3]之最, 一時名士, 題詠滿壁, 南袞有二律,

---

1 陽川縣(양천현): 서울특별시 강서구 일대에 있었던 행정구역.

2 孔巖(공암): 서울특별시 강서구 가양동에 있었던 포구.

其一曰: "水從驪漢[4]山從華[5], 盡向亭前更效奇。孤島巧當江闊處, 長烟遍起月生時。望中京口看猶似, 夢裡仇池[6]到自疑。君欲逍遙寧遽得, 他年長往鬢垂絲." 張斯文玉[7], 以四六, 作序五六十句, 人稱佳作, 比之滕王閣序。其起頭曰: "巴陵縣[8]北, 漢陽城西。三島【孔岩及二小島】浮來, 六鰲[9]戴立。十里長江, 流下海口。千尺斷岸, 走入波心." 又曰: "天香滿袖[10], 遠飄西湖[11]之風。江雨入顔, 微醒北闕之酒." 警句[12]甚多, 余少時覽之, 恨未能記得其全篇耳。

---

3 亭榭(정사): 경치가 좋은 곳에 휴식 등을 위하여 만든 건물로 벽체없이 기둥과 지붕으로 구성된 정자.

4 驪漢(여한): 驪州의 남한강.

5 華(화): 華山. 서울특별시의 북부와 경기도 고양시 사이에 있는 산. 白雲臺, 人壽峰, 萬景臺의 세 봉우리가 있어 三角山이라고도 한다.

6 仇池(구지): 중국 서북방 감숙성에 있는 땅 이름. 사방이 깎아지른 절벽 위에 있는 땅으로, 지극히 군사상 좋은 땅이라 한다.

7 張斯文玉(장사문옥): 斯文 張玉(1493~?). 본관은 德水, 자는 子剛, 호는 柳亭. 1515년 알성문과에 장원하고, 이듬해 정언에 제수되었다. 1519년 응교 역임 시 1521년의 기묘사화의 여파인 신사무옥에 연루되어 유배되었다. 沈貞의 逍遙亭 정자 서문을 지으며 미사여구를 남발하여 비난을 듣기도 하였다.

8 巴陵縣(파릉현): 서울특별시 강서구와 양천구 일대는 고구려 때 齊次巴衣縣으로 불렸고, 8세기 신라 경덕왕 때는 孔巖이라는 지명으로 바뀌어 불리게 되었는데, 이후에도 齊陽, 巴陵, 陽平, 陽原 등 많은 이름이 있었으니, 공암의 이칭임.

9 六鰲(육오): 바다 속에서 三神山을 머리로 이고 있다는 자라.

10 天香滿袖(천향만수): 御殿에 풍기는 향기가 옷에 베어 왔다는 뜻.

11 西湖(서호): 서울특별시 당인리 발전소가 있는 西江.

12 警句(경구): 상식적으로는 생각해 낼 수 없는 기발한 생각이나 기지에 찬 관찰을 표현한 짧은 글.

발문(跋文)

고금의 문인이 저술한 잡기(雜記)는 많다. 내가 본 것은《남촌철경록(南村輟耕錄)》·《강호기문(江湖記聞)》·《유양잡조(酉陽雜俎)》·《시인옥설(詩人玉屑)》·《학림옥로(鶴林玉露)》 등의 서적 및 전조(前朝: 고려) 때 이인로(李仁老)의《파한집(破閑集)》·이제현(李齊賢)의《역옹패설(櫟翁稗說)》과 우리 왕조 서거정(徐居正)의《태평한화(太平閑話)》·《필원잡기(筆苑雜記)》·《동인시화(東人詩話)》, 이육(李陸)의《청파극담(靑坡劇談)》, 성현(成俔)의《용재총화(慵齋叢話)》, 조신(曺伸)의《소문쇄록(謏聞鎖錄)》, 김정국(金正國)의《사재척언(思齋摭言)》, 송세림(宋世琳)의《어면순(禦眠楯)》, 어숙권(魚叔權)의《패관잡기(稗官雜記)》, 권응인(權應仁)의《송계만록(松溪漫錄)》 등인데, 모두 견문을 기록하여 한적함을 달래는 거리로 삼았을 뿐이다.

내가 신미년(1571) 가을부터 몸소 겪고 눈으로 보고 귀로 들은 것을 연대에 따라 기록하니 모두 몇 가지 조목이 되었는데, 그것을 제목하여《견한잡록(遣閑雜錄)》이라 하였다. 비록 한적함을 달래는데 주안점을 두어서 쓸데없이 번잡하고 난잡하기는 하지만, 반드시 모두가 부질없고 무익한 말만은 아닐 것이니, 보는 이는 비웃지 말기 바랄 뿐이다.

○ 古今文人, 著述雜記, 多矣。余所得見者, 南村輟耕錄[1]·江湖記

1 南村輟耕錄(남촌철경록): 元나라의 陶宗儀가 쓴 책.

聞·酉陽雜俎[2]·詩人玉屑[3]·鶴林玉露[4]等書， 及前朝李仁老[5]有破閑集，李齊賢[6]有櫟翁稗說，我朝徐居正有大平閑話·筆苑雜記·東人詩話，李陸[7]有青坡劇談，成俔有慵齋叢話，曺伸有謏聞鎖錄，金正國[8]有思齋摭言，宋世琳[9]有禦眠楯，魚叔權有稗官雜記，權應仁有松溪漫錄，皆是記錄見聞之事，以爲遣閑之資耳。余自辛卯秋，凡身之所履·目之所覩·耳之所聞者，隨年記錄，摠若干條，目之曰遣閑雜錄。雖主於遣閑，冗雜[10]荒亂，而未必皆漫浪無益之說，觀者幸毋哂焉。

---

2 酉陽雜俎(유양잡조): 唐나라 段成式이 엮은 이야기 책.

3 詩人玉屑(시인옥설): 宋나라 魏慶之가 편찬한 시화집.

4 鶴林玉露(학림옥로): 宋나라 羅大經이 지은 책.

5 李仁老(이인로, 1152~1220): 본관은 慶源, 초명은 得玉, 자는 眉叟, 호는 臥陶軒.

6 李齊賢(이제현, 1287~1367): 본관은 慶州, 초명은 李之公, 자는 仲思, 호는 益齋·櫟翁.

7 李陸(이육, 1438~1498): 본관은 固城, 자는 放翁, 호는 青坡·浮休子. 1464년 세조의 溫陽行次 별시에 장원하여 성균관직강을 제수받았다. 1466년 拔英試에 급제하고 1468년 문과 중시에 합격하였다.

8 金正國(김정국, 1485~1541): 본관은 義城, 자는 國弼, 호는 思齋·恩休. 1509년 별시 문과에 장원으로 급제하고, 1514년에 賜暇讀書하였다.

9 宋世琳(송세림, 1479~?): 본관은 礪山, 자는 獻仲, 호는 醉隱·孤隱·孤松·訥庵. 1498년 진사가 되고, 1502년 알성시에 장원으로 급제하였다.

10 冗雜(용잡): 번잡함. 번거로움. 쓸데없음.

찾아보기

ㄴ

ㄷ

ㄹ

ㅁ

ㅂ

ㅅ

ㅇ

ㅈ

ㅊ

ㅌ

ㅍ

ㅎ

견한잡록

遣閑雜錄

영인 자료

《대동야승》 권13, 서울대학교 규장각한국학연구원 소장

여기서부터는 影印本을 인쇄한 부분으로 맨 뒷 페이지부터 보십시오.

古今文人著述雜記多矣余所得見者南村輟耕錄
江湖記聞酉陽雜俎詩人玉屑鶴林玉露等書及於
李仁老有破閑集李齊賢有櫟翁稗說我朝徐居
正有太平閑話筆苑雜記東人詩話李陸有青坡劇
談成俔有慵齋叢話曹伸有謏聞鎖錄金正國有思
齋摭言宋世琳有禦眠楯魚叔權有稗官雜記權應
仁有松溪漫錄皆是記錄見聞之事以為遣閑之資
耳余自辛卯秋凡身之所履目之所覩耳之所聞者
隨筆記錄摠若干條目之曰遣閑雜錄雖主於遣閑
冗雜荒亂而未必皆漫浪無益之說觀者幸毋哂焉

107

106

恨未能記得其全篇耳

105

遣悶

罕有也朴亨麟洪麟從麟鵬麟皆文科萬瑋珹璡璨皆
文科琇生員尹昉暘暉暄皆文科而父兩議政斗壽
尚在雖非五子亦難矣
戊子年以後司馬榜中爲狀元及第者多或至五六
亦不下二三而獨癸卯榜唯守慶一人而已此爲可
恠而癸卯後自甲辰至癸丑十年間式年別試 謁
聖庭試及第每榜癸卯司馬連居第二其後數榜亦
有居第二者尤爲可恠似是偶然而非偶然也
高麗時每榜狀元及第者設龍頭会一時歆艷金良
鏡以高才居榜眼官至宰相猶懷快々 其隣有設龍

5

頭會者金作詩送之曰聞道君家宴貴賓桂林渾是
一枝春欲參高會慚非分却恨當年第二人我
朝不設此會久矣如余不才或有幸得者故狀元之
名人不以為貴隣居柳根黃赫黃致誠皆狀元一隣
有四狀元亦是盛事余戲次金詩曰昔會龍頭盛主
賓通来傳府幾秋春吾隣欲效前朝事却恐觀瞻駭
世人 金良鏡改名仁鏡
戊子年以後司馬榜中為議政者戊子年尹元衡權
轍洪暹辛卯年閔箕李鐸鄭惟吉甲午年盧守慎
丁酉年無庚子年朴淳金貴榮癸卯年姜士尚及守

遣閑

慶丙午年春秋無己酉年鄭芝衍兪泓壬子年柳塤
鄭琢乙卯年李陽元崔興源尹斗壽戊午年李山海
辛酉年鄭澈甲子年柳成龍李元翼丁卯年金應男
庚午年以後則時未可知也
國朝狀元及第爲議政者無幾鄭麟趾崔恒權擥洪
應愼承善柳順汀金安老沈通源鄭惟吉朴淳盧守
愼鄭澈及守慶守慶以不才不德猥濫至此誠可愧
也甲申夏守慶爲左參贊領議政朴淳左議政盧守
愼右議政鄭惟吉右贊成鄭澈及守慶皆狀元及第
丙三公皆經大提學贊成時爲提學守慶曾經提學

7

五人一時爲同僚盛事也守慶作詩曰潭〻相府會龍頭盛事人間罕比伴爭道一時奎壁煥只慚庸品厠名流貳成和之曰五學士爲五狀顯聲名到我不相伴只應好事無分別等謂當時第一流貳成將欲告三公皆和仍索和於朝中以傳盛事而未幾貳成在散未果成爲

丙戌秋守慶爲右貳成領議政盧守愼左議政鄭惟吉乃乙亥生守慶乃丙子生左參贊黃琳右參贊安自裕乃丁丑生皆是耆老所堂上一時爲同僚亦盛事也守慶作詩曰相府高年乙丙丁誰知一席會耆

遣閑

英此時盛事應須記壽域開过見太平

宰相中年八十以上者吾所目見宋純知中樞九十二歲呂誠贊成八十九歲洪暹領議政八十二歲元混判中樞九十三歲任說知中樞八十二歲矣宋贊右參贊八十八歲守慶領中樞八十二歲矣並尚無恙幸也

耆老會自唐宋有之前朝亦有之我 朝有耆老所丙年七十二品以上乘焉 祖宗朝例於三月三日九月九日 賜耆英宴於訓鍊院或盤松亭而當代只以所中所儲之物春秋設辦會而已作守慶於乙

9

酉年以左叅賛得叅其時盧議政守愼鄭議政惟吉
元判府事混鄭八溪君宗榮任知事誽姜知事暹爲
同僚其後黃判書琳安判書自裕李判書遴金領府
事貴榮亦爲同僚而未幾諸公相繼卒逝唯金領府
事姜知事及守慶在爲負數甚少難於作會 祖宗
朝有從二品亦叅之例故宋賛睦詹申湛李墍亦許
叅而今則宋賛知中樞八十八守慶領府事八十二
李墍吏曹判書七十六尚無恙壬辰亂後所存故不
得作會矣議政俞泓判書李憲國李增叅判柳希霦
李希得李確皆應叅而亦不得會憲國七十三增七

遣閑

十二希霖七十八希得七十六並無恙 丁酉
讀書堂創於 世宗朝選年少能文有望者 賜長
暇讀書 中廟構堂於東湖邊官給供具以寵異
之守慶丙午秋登第戊申春被選乙卯秋陞堂上八
年間書堂前後同僚二十人升沉修短各自不同閔
箕鄭惟吉金貴榮及守慶為議政李滉為貳成金澍
為判尹朴忠元尹鉉尹春年尹毅中為判書朴民獻
為叅判許曄為監司南應龍為叅議柳順善為承旨
金弘度為正心金撛厚為校理韓智源為校理尹潔
為修撰金質忠為佐郎安璲為博士而朴忠元鄭惟

11

吉李滉朴民獻金貴榮皆年七十並作古過守慶年
今八十二〻十二人中過七十者只六生存者只六
先生案中過七十者甚稀七十果是稀也
吾同年癸卯司馬榜中及第者六十一人蔭職者三
十一人姜士尚及守慶議政沈鋼領敦寧朴啓賢黃
琳李琳尹毅中判書李戡李重慶金德龍沈銓孫軾
黃應奎嘉善尹尉鄭惕洪天民趙澄柳承善金彥沈
愼喜男權擘柳從善張士重趙溥金百鈞李億祥權
純任呂李楫通政丙年過七十者在外則未能詳知
在京則李鳳壽李楫八十三嚴曙八十二鄭惕八十

遣閑

柳成男李勣忠七十七黃麟慎喜男七十五權擘七十四趙溥許鉉朴泓七十三沈鎬權純七十三金彥沈李鑑李遴七十一沈銓金鎭七十並作古而守慶八十二黃應奎八十張士重七十四並尙無恙二百人同榜五十五年丙三人生存嗚呼愴哉 士重丁酉夏應奎戊申秋作古

吾同甲丙子生作契者三十五人丙年過七十者蘇瀹朴麟壽成世平尹緯柳成男並遲並作古丁傑及守慶八十二並尙無恙三十五人中二人生存幸也 丁傑丁酉夏亦作古

13

乙卯夏倭寇犯湖南戶曹判書浚慶爲都巡李察使守慶以弘文館典翰金貴榮以吏曹佐郎爲從事從官往討之其後李浚慶官至領議年過七十金貴榮經左議政年至七十四守慶右議政年今八十二三人皆爲議政而過七十誠非偶然也

我朝大提學下李良尹淮權踶鄭麟趾申叔舟崔恒徐居正魚世謙洪貴達成俔金勘申用漑南袞李荇金安老蘇世讓金安國成世昌申光漢鄭士洪暹鄭惟吉龍朴忠元朴淳盧守愼金貴榮李珥李山海柳成龍李陽元李德馨尹根壽重任相傳自有優劣而皆洽於物情豈

遣閑

不難哉年少入相者 祖宗朝則未能詳知而當代
則朴淳年德五十柳㙉五十五李山海五十鄭澈五
十四柳成龍四十九金應南李元翼五十此近代所
罕七十後入相絶無而僅有守慶七十五乃入眞竊
忝也金貴榮贈賀詩曰金甌拈得白頭卿自是天心
重老成朝野共稱賢多卜彈冠應識故人情守慶和
之曰忝厚諸書歷五卿贊成六載竟無成一朝誤荷
非常寵駑劣何能稱物情
國朝議政年過七十參耆老所者權僖權仲和李舒
成石璘趙浚河崙黃喜許稠河演崔潤德崔恒盧思

第

15

考槃上房

愼魚世謙柳洵鄭光弼李惟情尹殷輔柳溥洪彥弼
尹仁鏡李芑尚震尹漑李蓂李浚慶權轍洪暹盧守
愼鄭惟吉金貴榮及守慶守慶不德而得與達尊之
二藍諸名相之例何其濫也崔恒以上在耆老所先生案故錄之而更問則
恒年未七十云餘亦未詳而議政則雖未七十例皆參宴以其參宴之故錄於先生案歟
中廟朝有名妓上林春善琴三魁堂申參判從濩眷
之其家在鍾樓閭一日三魁過去口占曰第五橋頭
烟柳斜晩來風日轉淸和緗簾十二人如玉靑瑣詞
屋信馬過好事者畫之題其詩於畫尾厥後鄭判府
事士龍作七言律詩贈之鄭右相順朋洪領相彥弼

成右相世昌金二相安吐申二相光漢諸公連和之
遂成巨軸守慶以時及見上林亦題其軸末而不知
今在何處也礪成君衆寅婢石介善歌舞一時無雙
洪領相暹作絶句三首贈之鄭左相惟吉盧相領守
愼金左相貴榮李領相山海鄭左相澈李右相陽元
及守慶連和之他餘宰相亦多和遂巨成卷而姝以
賤倡得諸名之相詩技勢豈不貴歟
僧之求詩於搢紳及儒生以爲持身之宝謂之詩軸
盖僧之古風也名公巨卿尙皆題之礪城頤菴最多
余亦喜題非愛僧也乃出於愛山耳

書[illegible] 十三 第

英廟駕幸楊花渡过喜雨亭駐駕経日　文廟為東
宮随之安平大君亦随之一夕安平與成三問任元
濬臨江置酒翫月東宮送洞庭橘二盤盤内書之曰
栴檀偏宜　鼻膏脂偏宜　口最愛洞庭橘香鼻又
甘口遂令題詩以進安平成任各製進安平手寫叙
事及詩善畫安堅作並名士継和者甚多徐居正亦
和之而其所撰筆苑雜記曰東宮送洞庭橘於近臣
其盤内書之云云而成俔所撰慵齋叢話亦載此事
與雜記同徐成皆安平一時之人而其記載若是之
異何也無乃　世祖朝諱言安平而曰近臣耶

舍人司蓮亭畜鶴一雙戊子己丑年間産鶴卵育也人家畜鶴而多未有産雛者産雛是奇事耳己丑夏余以貳公偶過蓮亭荷花盛開鶴雛蹁跹余戲語舍人權克智曰蓮亭近來罕招先生故事殊為落莫舍人曰池荷本來不盛而今則滿池鶴亦産雛吾意蓮亭之事勝於昔時矣相與大笑余即題于柱上曰曾入中書卅載餘如今重到足嗟吁莫言故事全消歇荷滿池塘鶴産雛

舍人司蓮亭有池台之勝舍人無職務每邀先生為群妓之樂宰相亦多赴焉人比之登瀛嘉靖壬子春

19

家貧治叔爲左舍人守慶爲右舍人至于萬曆辛卯
秋爲四十年矣治叔年八十二官經叅判爲同知中
樞守慶年七十六官經叅政爲判中樞先生案中聯
名俱存亦人世一幸也一日約赴蓮亭酒半守慶吟
一絶曰憶入蓮亭四十年當時僚契亦因緣俱成白
首真多幸此日同携醉旧筵治叔和之曰共醉玆亭
在盛年相携黄髮是何緣誰知此日同遊興地主風
流趣肆筵舍人盧稷以詩刻板懸于壁家貧年今八
十八守慶年今八十二尤爲幸也
中庙朝二宗亭中文景用泥以貳公帶文銜將欲傳

衙於南袞一日 南袞談話請賦 詩南袞吟呈曰楊
柳陰〻欲午鷄忽驚窮巷溢輪蹄爭看鳳裁歪鄰舍
促具盤筵窘老妻隶與但知傾藥玉忘形不覺挽鞓
犀沉吟欲賦高軒過鄭重荒詞未敢題文景嘆賞曰
衣鉢有所歸矣未幾南袞典文此事出於魚叔權稗
官雜記文景必於是日次南袞之韻而雜記不載焉
今敢擬文景而賦之偶過高門見殺鷄淹留半日熱
驚蹄瓊詞許以知音友斗酒謀諸舉案妻自擬方舉
能相馬須煩溫嶠試燃犀欲傳衣鉢孚人望拜賈無
違在品題

21

生員進士榜中尊待狀元以狀元不敢呼名見則輒拜而不敢揖及第亦然此斯文之古風也生進同榜者又謂及第同榜謂之同年吾癸卯生進同榜而又爲及第同榜者九人李光前爲生員狀元守慶爲及第狀元相呼以狀元亦一罕事也光前登第未久而沒惜哉

生員進士稱蓮榜或稱司馬同榜者相呼以兄弟情義親厚春秋設會講歡而歲久則廢吾癸卯榜居京者最多春秋之會久而不廢至丁亥爲四十五年而生存者十五人矣相與議曰吾同年情雖相厚一年

而會何足以講歡况今年老而數少亦不可不頻頻
作會逐月輪會于各家何如咸曰諾爭先設之周而
復始聞者皆以爲盛事而歆艷焉至壬辰夏生存者
十人嚴曙年八十一官爲副正柳成男年七十六官
爲副正守慶年七十六官經議政鄭惕年七十五以
承旨散李勘忠年七十四官爲掌苑權擘年七十二
官爲參議朴泓年七十二官爲司議李宏年六十九
以縣監散李惟寬年六十九官經守郡張士重年六
十八官爲參議遭亂而散後癸巳冬還京生存者守
慶鄭惕張士重三人而已嗚呼憯哉

23

吾鄕耆老之會有二焉一則阿耳峴諸老居峴下者
自庚辰秋赴會至壬辰夏遭乱而散每月各家輪設肉
而復始或射帿或射火的或着碁或賦詩以盡歡樂
初則二十餘人而終則九人瀛州監義卿年九十
同知宋贇年八十二瀛海監智卿年八十判中樞守
慶年七十七前直長成鶴岭年七十六前直長沈守
約年七十三僉正南銓年七十三前鷹鉀頭沈守毅
年七十二主簿沈守準年六十九一則萬里峴諸老
居峴下者自壬午春作會至壬辰夏遭乱而散每月
輪会及帿的碁詩並如阿峴初則十二三人而終則

七十宋同知及守慶年見上僉知李頤壽經歷棐蘭
年皆八十左尹睦居年七十八僉知徐嶔年七十五
參議宋賀年七十九乱後甲午冬生存在京者只宋
同知安經歷守慶三人而已不勝感嘆吟呈兩君曰
吾儕耆老會多年一散東西事幾還今日生存只三
箇回思旧與却茫然宋同知和之曰城西爭鵠屬残
年成癖難為他技還今日漂零思射　不禁衰淚自
潛趾安經歷和之曰四隣知姓不知年自大交情老
豈還今日三人成鼎坐這間肝膽照臨趾
挹翠軒朴誾與南袞容裔李荇自火以文相友善南

25

袞容齋皆推挹齋爲不可及挹翠年七十中司馬試
十八登第二十六以弘文修撰遭禍於燕山朝南袞
容齋皆主文官至議政容齋裒集挹翠詩文名曰挹
翠軒遺藁印行于世挹翠之胤僉判公亮收拾散逸
爲別藁孫朴愈朴楚謀印之以兩藁合袟爲上下卷
屬守慶爲跋遺藁卷末有五律三首曰天欲斯文喪
時如殄瘁章百身人莫贖萬古夜還長翰墨餘三昧
風流盡一場忍將湖海酒空酹菊花觴擇之容齋也
高才時不遇薄俗惡文章一事堪傳後浮生不較長
存亡嗟異路詩酒憶逢場尚有終南色依然挹翠傍

浩叔李沆也火作吾輕了還添十載功晚來驚入妖
身後覺增工奇嚳寡一生短長鳴萬世空終南翠離挹
暮色尚連穹明仲李隅也
近有石川林公億齡以能詩名有人請賦酒詩呼甘
字歃林即應聲曰老去方知此味甘又呼三字應聲
曰二盃通道曰不須三又呼男字應聲曰君看嵇阮陶
劉李不羨公侯伯子男真奇作也余嘆賞之餘乃次
其韻以戒兒孫曾聞大禹飮而甘嗜酒全身十二三
勿把一杯宜戒愼須知遠色是貞男及林之意而詩
則不及遠矣

27

南大門外一隣儕輩之士爲宰相者五人尹釜以庚午生年二十二中司馬試二十八登科官至叅判壽五十吳祥以壬申生年二十中司馬試二十三登科官至判書壽六十二尹鉉以甲戌生年十八中司馬試二十四登科狀元官至判書壽六十五柳昌門以甲戌生年二十七登科官至叅判壽五十七守慶以丙子生年二十八中司馬試三十一登科狀元官至議政壽八十二尚無恙守慶於五人中才德最下而官壽最高天之賦與豐嗇實未可知也無乃以晚達之故耶余以不才登第居魁一幸也登第十年陞爲

承旨二幸也素無物望而官至議政三幸也不執權柄故門庭客稀四幸也有此四幸而年又過於八十五幸也豈非天之賦命而人爲所不及者歟瀛奎律髓中有刘禹謨上吕相公詩曰重名清望遍華夷恐是神仙不可知一擧首登龍虎榜十年身到鳳凰池廟堂只似無言者門館長如未貴時除却洛京居守外聖朝賢相復誰庚寅年秋隣友竹溪安瀚以此詩而聯爲近似於余之官跡寫以見惠余即以不敢當之意次韻送之壬辰乱後甲午秋偶閱律髓見此詩仍憶次韻之作茫然不能記一句敢又搆拙以備

後覽乾坤何日屬淸肅亂後天心實未知半世宦途
嘗險阻一朝人事盡差池蟠棲未熟三千載華髮空
垂八十時許國丹衷徒耿耿艱危弘濟更伊誰
守慶於 明宗朝嘉靖丙午式年登科狀元文科三
十三人武科二十八人重試文科十八武科三十五
人譯科十九人陰陽科八人律科八人摠一百四十
七人合爲榜目一冊印出之各藏爲萬曆壬辰夏倭
寇陷京城國破家亡公私書籍蕩失無餘癸巳夏寇
退其冬 車駕還都甲午秋有人偶得丙午榜目以
贈余披而閱之則一百四十七人中生存者唯余一

人而已四十九年之內人事若此而生存者得見此
丹呼亦幸矣
國法庶孽不許科擧此古無之事也當初立法之意
未知其何如而近來許通之議屢起議竟不行亦未
知其何以也庶孽能文者先朝魚。跡曹無仲最有名
近世魚叔權〻應仁亦有名其餘不能盡記而抱才
未售豈不寃哉於旺家叔才亦有妨矣
元朝飮屠蘇酒古俗也少者先飮老者後飮今俗又
於元朝晨起逢人呼其名人應之則曰買我虛疎是
乃賣癡皆所以免災厄也余嘗愛東人元朝絶句曰

31

人多先我飮屠蘇已覺衰遲負壯圖事〻賣癡〻不
盡猶將古我到今吾於余八十元朝戲次其韻曰微
軀多病火醒蘇八十康寧是不圖何用賣癡先飮酒
詩場强敵可支吾錄呈于西郊宋同知
我国俗節正朝寒食端午秋夕則爲墓祭三月三日
四月八日九月九日則爲宴飮矣朱子家禮墓祭三
月上旬爲之今中朝亦如是而旺俗四名爲之未知
其出自何時也五禮儀內正朝端午秋夕祭於祠堂
寒食廟則之而旺俗並爲墓祭亦未知其何以也中朝則
寒食爲鞦韆而国俗則端午爲之俗節所尙亦

未知其何緣而異也 旺家 陵廟之祭極爲煩瀆而
私家墓祭亦爲煩瀆違禮未便矣壬辰乱後旺祭減
省私家墓祭亦當減也
白樂天自警詩曰蚕老繭成不庇身飢蜂蜜熟屬他
人須知年老憂家者恐似二虫虛苦辛眞達之言者
也余遭乱家亡托身無所欲買數間之屋而年踰八
十餘生幾何偶覽白詩深有所感焉笑而止其買
近世有童蒙教訓之書名曰童蒙先習者未知何人
所著或云斯文朴世茂所著而向於其姪朴挺立則
曰果是叔父所著其書先叙五倫次叙歷代次叙東

第

吐之事實兼經史之略童蒙之所宜先習也教童蒙
者盡以此爲先乎
近世作俚語長歌者多矣唯宋純俛仰亭歌陳復昌
萬古歌差強人意俛仰亭歌則鋪叙山川田野幽夐
曠濶之狀亭臺蹊徑高低回曲之形四時朝暮之景
無不備錄雜以文字極其宛轉眞可觀而可聽也宋
公平生善作歌此乃其中之最也萬古歌則先叙歷
代帝王之賢否次叙臣僚下之賢否大槩祖述陽節
潘氏之論而以俚語塡詞度曲亦可聽也人言復昌謫
在三水時所作眞所謂才勝德者也

世之爲先人請撰碑銘墓誌者必於文翰之手或不得請則遷延未就者亦多矣碑碣立於墓外誌石埋於墓前歲久而碑碣泯沒則可考誌石而知其爲某人之墓也碑誌之設意盖在此然則碑誌不必用各文用一文似當以而自古用各文請撰於兩人是何意也愚見如是知禮者幸可商量耶

我國士大夫喪禮祭禮載於五禮儀喪禮則全用朱子家禮而間或少變祭禮則與家禮多有不同處是必以國俗飲食之節與中朝異也祭物隨職品差等簡畧易辨而今人不遵國制任意豊侈以致竆家則

四時〻祭不能盡行只行一二時者有之或全不行者有之甚祭亦有推諉不行者皆由於祭物豐侈之弊也可勝嘆歟

漢都慶福宮光化門上有大鍾鍾樓又有大鍾皆以鳴晨昏也神德王后貞陵在敦義門內陵傍有寺陵移寺廢而大鍾猶在焉圓覺寺在都中寺廢而大鍾亦在焉　中廟朝金安老爲相建議移置兩鍾於東大門南大門亦欲以鳴晨昏而安老被罪鍾遂不懸委棄草莽者六十餘年矣萬曆壬辰倭夏寇陷都城肆行焚蕩光化之門鍾〻樓之鍾皆爲融鑠癸巳夏

冦退其冬 車駕還都甲午秋 命懸南大門鍾以
鳴晨昏都人聞鍾聲莫不悲且喜焉丁酉冬唐將楊鎬來京命移鍾于明禮洞峴上
曆書國家之大政也中朝每年頒曆而我国造曆亦
與中國脗合而無差唯晝夜中朝則極長六十刻我
國則六十一刻中朝則極短四十刻我国則三十九
刻盖以我国在偏方近於日出故一刻加減差異矣
常以鑄字印出頒行中外而壬辰夏倭冦陷都城曆
器等物蕩失無餘其冬義州隨 駕日官數人偶得
七政筭大統曆註等書造癸巳曆以刻板印出若干

37

春頒行癸巳冬　車駕還都有人得印曆鑄字献之
乃依舊造曆印出頒行可謂幸也
陸放翁名游字務觀宋詩人大家也其詩豪放平易
無淪溢莊奇之病余嘗愛之偶得刊間谷精抄一部
乃成判書任徐回四佳居正所儲而謄寫印出者也
第字細不合老眼故倩友人善寫安翰謄寫之以便
覲覽詩多老境之作而今安公及余皆年過八十老
人之詩老人寫之老人覽之亦一奇事也之放翁官至
禮部郎中寶章閣待制致仕享年八十五
英廟十六年甲寅歲謁聖親試榜乙科一等三人幼

學崔恒前文昭殿直書石门後改錫文生員朴元亨
三人皆為領議政而崔則主文其橋可謂得人之盛
也大典科擧乃曰甲科乙科丙科而祖宗朝或無甲
丙科只乙科分三等或有乙丙丁科或無某科而只
有一二三等其制皆未可詳也
光廟十二年丙戌五月拔英試曾為及第者正二品
以下許赴取四十人同年又為登俊試如拔英試例
取十人永順君溥參登俊試第五名又參戊子年重
試第一名春陽君徠參同年式年丙科第二名永順
乃廣平大君之子春陽乃宝城君之子皆以君參試

第

焉自国初至 光庙朝各年榜目無宗室登科者其
後亦無之似是二人以特命赴試非公道也河城尉
鄭顯祖乃鄭麟趾之子而爲 光庙公主駙馬得叅
親試第三名亦非常規也
婦人能文者古有曹大家班姬薛濤輩不可殫記在
中朝非奇異之事而我国則罕見可謂奇異更有文
士金誠立妻許氏即宰相許曄之女許篈筠之妹也
篈筠以能詩名而妹須勝云號樊堂景有文集時未
行于世如白玉樓上樑文人多傳誦而詩亦絕妙早
死可惜文士趙瑗妾李氏宰相鄭澈妾柳氏亦有名

議者或以爲婦人當酒食是議而休其蚕織惟事唫
哦非美行也吾意則服其奇異焉
國俗奕碁將碁雙陸之類謂之雜技奕碁用黑白子
海過黑石及蛤甲水磨者也將碁用車包馬象士卒
以木磨造而刻字塡彩雙陸用黑白馬兒亦以木磨
造而又用骨髓並有板局通謂之博局其爲技各有
工拙以較勝負皆是消日之戲也但或有耽玩喪志
者或有賭博傷財者雜技可謂無益而有損矣
中廟朝斯文朴祥號訥齋官至通政有訥齋文集行
于世而亂離之後文集未保其餘存矣爲忠州牧使

第

41

時所作律詩三首人多傳誦故今錄之使不至泯沒
世彈琴台往事悠々不可探彈琴台下水如藍文章
康首無遺墓翰墨全生有廢庵落日上江船両々斜
風盤渚鷺三々閙歸莫遣歌兒唱太守閒来面亦慚
川过藍輿出郭度踈松三月風光滿眼濃山鳥好
春如說話野花嬌笑似迎逢臨溪酌酒人三四煑雉
烹鮮味再重二十一年長在外望京安得上高峰寄
同年贈覺寺住持来蓬南省丙辰年師亦同時擢大
禪儒釋莫言殊世界科名曾幸共因緣未尋神勒江
心月謾食中原庫裡錢遙想上房坐事靜炷香終日

禮金仙

余少時士子學習古詩者皆讀韓詩東坡其來古矣近年士子以韓蘇爲格卑棄而不讀乃取李杜詩讀之未知李杜詩其可容易而學得耶非獨學詩凡俗尚莫不厭旧而喜新徇名而蔑實人心之不于常真可笑也

文士車天輅以能文名於世而最長者詩與四六也

壬辰夏倭寇陷京都 車駕西巡駐義州請救於中朝帝命遣侍郞宋應昌都督李如松討之癸巳春都督大破倭寇于平壤夏倭寇退屯于東萊釜山等處

秋都督還朝臨別求別詩於諸文士天輅作詩及七
言律詩一百首七言排律一百韻律詩則上下平聲
各韻盡押而二日作之排律則押陽字韻而半日作
之富贍敏捷當代無雙真天才也其詩世方傳播焉
萬里峴下鄉老之會日長時則設點心日短時則設
饅頭而酒則畧設焉壬辰夏遭亂雖散至甲午冬還
集都下生存者只宋西郊安竹溪沈聽天三人而已
三人皆蕩無家舍僑寓城中相話甚稀乙未秋九月
西郊曰舊契三人猶可以輪會修契事也聽天先設
饅頭及酒視舊尤畧席上聽天唱唫曰二年經大亂

三老保餘生舊會猶堪續新醅正可傾相看鬢髮白
共作笑談清托契知多少吾儕最有情西郊和之曰
濛濛昏雨歇促席話平生青眼論交對丹心挾酒傾
征鴻呼侶急寒菊送香清倚醉看斜日誰知坐大情
竹溪和之曰重修旧契客庚癸丙年生仙果金盤薦
香醅盡盞傾白頭扁嶺老高興竹林清百歲無多日
終須盡此情時西郊年八十天竹溪年八十三聽天
年八十也
癸而司馬同年每月輪設樗會壬辰夏遭亂分散甲
午春還都下生存者只池聽天鄭進谷張松嶺三人

而已乙未秋九月聽天曰三人猶可謂榜會聽天先
設席上聽天唱吟曰二百同年榜生存只箇三凋零
離太甚會集亦猶堪抵死拚佳約從人作笑談正逢
秋色好窓外晚終南遐谷和之曰令節月當九衰翁坐
對三新歡情不盡舊義思何堪懷抱憑詩酒光陰
付笑談俳佪不忍去一散滿東南松嶺和之曰佳節
團圞親會朋鼎坐三送秋懷作愁垂老病難堪寓興
詩兼酒逢場笑且談夕陽歸去路楓葉滿山南時聽
天年八十遐谷年七十九松嶺年七十二也
東知事賚　中廟朝丁酉年為生員壯元庚子年登

第 仁廟明朝 歷敭陞嘉善至當代己丑年以年
八十加階嘉義乙未秋 特命加階資憲爲知中樞
府事又 賜酒糗米斗盖以 四朝耆舊優老之典
出於尋常朝野嗟嘆公 上箋陳謝時年八十六而
精力不衰人稱地仙焉守慶以詩賀之曰八十加階
國典存頒年增秩亦殊恩一朝又是紆新命稀世榮
光萬口喧酒饌須來兼米斗朝家優老澤初霑九旬
耆舊亘如許閑局蒙恩且莫嫌(命下公曰枯槁荷寵未安云故云)
己亥春公年九十 命加崇政守慶送賀詩曰享年
九十世應難仍致崇班理固安稱以地仙非妄語求

47

之天下豈多着聖朝優異恩殊重耆席通尊禮亦寬
嗟我後生猶八袠執鞭長欲侍吟壇公和之曰鵬擧
高談觧道難低飛隹分一枝安匪熊渭老何緣謗浮
海決鷗欲押着漂決崇班忝莅蹶驚惶畢拕酌醪寬
執鞭譲語還為謔落落台躔立玉壇
尙州素稱文献之邦名士多出吾同年及第徐判事
克一居爲有二子尙男漢男己丑年间判事棄世二
子居廬于墓側廬傍有松亭有一童子學書於廬所
童子夜夢見亭中丈人會坐謂童子曰首坐者盧相
旺蘇斋次則金判事沖次即盧判事祺次即徐判事

克一次即金縣監範次即金進士彥健也坐中名其亭曰觀行作一詩令童子讀之累遍期於成誦覺而記得詩曰青山〻下數椽廬孝子營孝子幾竭如在誠孝子不廢風與雨日三來號哭拜中冥夢回觀行亭中六仙會真樂事觀行亭名留百禩洛江〻上可以立六仙社洛江萬古流不舍似是蘇翁手段也事甚奇異尚人傳播云

余於七十歲五生男八十一歲又生男皆婢妾出也八十生子近世罕見人曰慶事而余則以爲災變也戲唫二絶呈于西郊竹溪兩老契兩老皆和之仍致

傳播乞可笑也七五生男世固稀如何八十又生兒
從知造物真多事饒此衰翁任所為八十生兒恐是
兒不堪為賀只堪咍從教佐事人爭說其奈風情尚
未灰
嘉靖庚子冬余與尹君潔長原許君曄太輝讀書于
三角山重興寺一夜太輝勸余及長源聯句為詩遂
成七言近體一首每夜如是凡十七夜而止每篇用
燈月字書以為軸名之曰燈月錄余題其尾曰詩之
作每夜一篇十七夜而止詩亦十七而已其辭則燈
月交輝其意則肝肺相照浮生聚散不常其期他時

面目猶可以寓于此云耳太輝題詩曰重興十七首
新詩老眼着來喜可知泉石始経才子弄山林應盡
宝藏奇玉函遂卷光猶爛圓桂當中影不移他日蘭
亭堪絶唱吾人雖病欲相隨長源太輝丹以丁丑生
原為丁酉進士輝為庚子進士余以丙子生未為進
士矣厥後長源登癸亦第余與太輝登丙午第丁未
春余與長源為正言話间偶及重興聯句事長源曰
向其藁在鈍菴公可取覽遂取以覽用太輝詩韻各
〻賦一篇長源作小序曰庚子冬余與沈希安寓三
角之重興寺讀書之暇輒燒燈夜晤仍與聯句十七

51

夜雨上當時不甚致意故漫不復記余岜癸而第安
希擢丙午壯元今年春同入諫院方論離合偶閒鈍
菴公得重興舊藁亂案上時加披玩大以爲驚遂簡
求之來則希安手藁也希安之詩其時已圓熟余尚
生澁屈指而計已經八年相與感歎用太輝詩韻各
賦長律將求和於常所往來以爲雨中之一解頤爾
傾舊本頗污壞不堪舒卷故今改寫長源詩曰山堂
桃燈夜覓詩當時不料有人知被他傳玩真多事到
此重看亦一奇搜討共憑筋力壯別離頻見歲星移
職居補袞虛微報空負溪臺荷鍤隨余詩曰山中聯

句偶成詩却被人傳未始知愧我工夫今鹵莽多君
格律轉淸奇半生汨沒林泉遠陳迹蒼茫歲月移難
合多端還有數薇垣何幸更追隨鈍菴(礪城尉宋寅 以功臣承襲)
(正二品封君)詩曰兩君當世共鳴詩下筆驚人不自知古
寺同栖饒興趣新聯迭唱鬪雄奇傳向久仰聲名重
唫玩都忘晷景移嗟我疇孤仍蹇鈍肯容壇壘執鞭
隨林塘(弘文校理鄭惟吉 官至左議政主文)詩曰星動薇垣荷索詩淸
篇仍許老夫知三峯蒼翠當窓見二子文章特地奇
枯槁漸成南郭隱勤回長被北山移明春好趁梨花
落散策後頭一衲隨丁未冬也方擬多求於偷華而

戊申秋長源被禍源每親友論州事陳復昌聞之迺今其友吾達遂死於考訊不
復求和藏諸篋中至乙亥秋偶閱其篋不覺愴然乃
題其末燈月餘輝尚在詩當年肝肺有誰知却慚老
物生偏久堪恨高才數獨奇無耐世情多変幻自來
人事喜遷移忍看手稾留巾笥泉下他時儻可隨後
十餘年而鵝溪領議政李山海主文借覽題曰浮世空傳數首
詩冲襟寧許小兒知二公才調元無敵諸老鋪張又
一奇殘月曙鍾吟裡憶晚山空翠奏中移平生每惜
長源丈妙歲名高禍亦隨軸乃失於壬辰之亂吁可
恨也

成均館春秋釋奠祭後文武大小官聚會行飲福禮其禮甚盛自一品至于堂上三品坐于明倫堂上交倚自堂下三品至九品坐于階上長床略設饌卓皆起立於卓前以次伏俯興飲々福盡訖撤去饌卓及交倚長床平坐于本處各進大盤饌品極豐皆本館備辦堂上堂下各行酬酢又選能飲者別屬以大杯極醉而罷春秋纛祭後亦行飲福于訓鍊院一如釋奠兵曹給貴兵價布于本院備辦也例 賜宮樂伶妓盛陳歌舞極歡而罷春秋武藝都試開場終場之日政府六曹堂上今數都摠府訓鍊院堂上各一員

55

科擧之原

会坐例　賜酒樂令各該司供具亦極歡而罷皆朝
廷盛事也壬辰乱後飲福等事並不行之可爲太息
矣
國家科擧法典内只有式年而別試則出於近代式
四書三經抽栍而講或全不講之如謁聖庭試之
人在爲苟簡儒生之不勤講書實由於別試之頻數
也壬辰乱後不擧式年而別試在頻全廢講經不成
科擧模樣可嘆也
又科式年初試成均館以生員進士圓點滿三百者
取五十人蓋勸進士之居館也養賢庫設於館傍別

儲米豆每日給二百人之供而生進等不樂於居館
故又立圓點赴試之法圓點三百者許赴館試一百
五十者許赴漢試城及鄉試其培養勸勵之意至矣
然所謂居館乃欲其晝夜居之侍衛先聖勤勉讀書
而今之居館有名而無實徒為赴試之圖豈不寒心
朝夕坐食堂食訖署名於丹子許其名而置簿謂之
圓點或有一不居宿於館而自其家朝夕往參食堂
署名丹子後即還于家以為三百點者此可謂居館
耶壬辰亂後式年不擧圓點亦廃尤可慨也
世稱幼學及第為飛簾其義未詳而或曰未為生員

進士而為及第者也世以為稀貴故榜遊街時人家撤
簾而覘之也乙未冬別試族姪成以敏以幼學為壯
元同知中樞李忠元以幼學壯元為試官慶席之日
以敏請同知叅席余以病未叅吟呈一絶於同知曰
居魁及第世稀看幼學居魁是更難向道同知臨慶
席门生座主幸同歡同知次送曰九街千户擧簾看
共道文科第一難黄髮相公懷旧事為吟佳句侈兹
歡余亦曾忝壯元故云懷旧事也余又呈曰恩门邂
宴世多看衣鉢相傳更覺難却恨衰翁孤席末龍頭
佳會未成歡

使命之出外也有妓各官例定薦枕之妓而監司則
爲風憲之官雖薦枕於本邑不得駄載而行亦舊例
也姜晉川渾按嶺南時鍾情於星州妓銀臺仙一日
自星巡向列邑午憩于扶桑驛〻乃州之半程故妓
亦隨往至暮不忍别去仍宿于驛翌朝題詩贈之曰
扶桑館裏一塲歡宿客無衾燭燼殘十二巫山迷曉
夢驛樓春夜不知寒蓋寢具已送于開寧來及取還
故無衾而宿也又有一監司與妓宿于上房曉起如
厠從人密告曰公起出之後有年少人猝入房内犯
妓而出可駭可駭監司笑曰爾勿復言棄之物吾借

圭峯山号

第

而奸矣本夫之事何足怪乎晋川之守法監司之洪
量可謂難矣
嘉靖辛亥秋余以吏部郎奉使於關西其箕城妓洞
庭春有情還朝之後春寄書曰思君不見未堪生別
之苦寧欲死而同穴近將歿于嬋姸洞云洞在箕城
七星门外妓死皆瘞于此余戲作一絶送之曰滿紙
縱橫摠誓言自期他日共泉京丈夫一死終難免當
作嬋姸洞裡魂未幾春病死余復戲作一律曰生別
長含惻惻情那知死別忽吞聲乍聞凶訃腸如裂細
憶音容淚自傾書札幾曾來間水夢魂無復到箕城

嬋姸戲語還成讖愧我泉原負舊盟朋儕見而笑之
己未春出按湖西權判參庵昌公爲洪州牧使其庶
弟松溪權仁應隨之余到州之日松溪作教坊歌謠
律詩二首呈之末句人生適意無南北莫作嬋姸洞
裡魂切當有味時余頗春州妓玉樓仙松溪之詩驗
矣廵往洪州贈仙一律曰坐向東風暗斷魂窓前啼
鳥不堪聞離多會少春将晩路遠書稀日欲曛來信
星橋曾有鵲却疑巫峽更無雲此情欲寫還怊悵空
対金爐搜夕薰他詩亦多贈成軸焉萬歷癸巳春因
公到洪向仙存殁則生在村里詩軸亦藏云取而見

61

之手跡宛然略題跋語以還之屈指而計自己至癸
三十五年余年七十八矣復作舊作於遐方可謂幸
也
嘉靖庚申冬出按湖南辛酉春病遞調病於全州與
妓今介同處月餘年可二十性頗慧黠自全發還之
日午憩于郵亭妓亦隨來送別余題詩以贈曰一春
都向病中過離思無端奈爾何枕上幾回留疐寘酒
邊空復眼撗波愁看客舍千絲柳忍聽陽關一曲歌
門外日斜猶未發座間誰是暗然多其後二十餘年
余喪蓄妾有人來言全州妓某曾隨人上京人亡寡

居閒公喪妻欲講舊好余欲許之而適有事故未果
焉破鏡重圓亦有數耶
嘉靖庚戌春以事落職往省伯父于大丘任所仍遊
星州伽倻山牧使曺公禧戚丈也請留數日以兒妓
莫從屬之年甫二八矣及還于大丘牧使命遣去與
之數月戲作絶句贈之曰綽約梨園第一客客中今
日偶相逢靡他信誓堅金石萬語千言慎莫從他詩
亦多贈焉儕輩之奉使下南者見而多和之癸亥春
按節本道到星向之則妓選補京籍及余遞還妓又
還鄉鴻燕相違已爲可嘆未幾妓病死權松溪星人

63

也傳其訃音以詩吊之乃次其韻曰老去無心賦洛
神凌波不見襪生塵當年謾憶初呈態此日驚聞忽
化身暮雨朝雲迷舊夢舞衫歌扇付何人星山自此
黛華減寂寞臨風(名桂)座上賓
成徽君運報恩鍾谷人也行義甚高文章亦妙詩曰
一入鍾山裡松篁臥草廬天高頭背俯地窄膝猶舒
名下何人在林間此老餘柴門客自絕無日罷琴書
聞乙巳衛社罷勳作詩曰事往嗟何及懷賢淚滿衣
波乾龍爛死松倒鶴驚飛也下無恩怨人間有是非
仰瞻黃道日誰復掩光(揮)兩詩皆極佳徵君無意於世

不求人知眞處[illegible]也

唐會昌中洛陽居前懷州司馬胡杲年八十九衛尉

卿致仕吉旼年八十八前磁州刺史劉眞年八十七

前龍武軍長史鄭據年八十五前侍御史內供奉官

盧眞年八十三前永州刺史張渾年七十七刑部尙

書致仕白居易年七十四七人爲七老會各賦七言

六韻排律一首而白居易爲之序洛中遺老李元爽

年一百三十六僧如滿年九十五二人追入是爲九

老時人慕之圖傳於世秘書監狄兼謩河南尹盧貞

以年未七十雖與會而不及列宋至和中睢陽居太

65

子大師致仕杜衍年八十禮部侍郎致仕王煥年九

十司農卿致仕畢世張年九十四兵部郎中致仕朱

貫年八十八加部郎中致仕馮平年八十七五人為

五老會時人形于繪事以記其盛杜衍賦七言律詩

一首四人皆次韻而同鄉人錢明逸承杜公之命為

之序元豐中洛陽居司徒致仕富弼年七十九太尉

判河南府文彥博年七十七尚書司封郎中致仕席

汝言年七十七朝議大夫致仕。尚恭年七十王六太

常少卿致仕趙丙年七十六秘書監致仕劉几年七

十五衛州防禦使致仕馮行年七十五天章閣待制

提舉崇福宮楚建中年七十二司農少卿致仕王慎
言年七十二宣徽南院使判大名府王拱辰年七十
一太中大夫提舉崇福宮張向年七十龍圖閣直學
士提舉崇福宮張燾年七十端明殿學士兼翰林學
士司馬光年六十四十三人為耆會英命閩人鄭奐
繪象之王拱辰時在大名府貽書文潞公請入司馬
光年未七十而文潞公素重其人用狄兼謨故事請
入會公辭以晩進潞公令鄭奐自募後傳其像潞公
為第一會皆以次為會冨公先賦五言餘長篇文潞
公次賦七言六韻排律其餘或賦五言排律或賦七

言排律或賦七言長篇而司馬光爲之序七老會五老會者英會諸公皆以作會時年歲書之而其終享幾歲可得以考者唯白居易八十六杜衍八十一文彦博九十二司馬光六十八餘無可考也吾鄉耆老羡慕唐宋諸賢之事十餘人作會累年而遭亂乃散亂後生存只而鄭宋公竹溪安公及余三人而竹溪今又逝矣二人無復作會可勝嘆哉

讀書堂在豆毛浦北邊山揪距京城七八里許祖宗朝翹館儲才之意盛矣 是寵備至人比之登瀛成廟賜水精杯 中廟賜仙桃杯 明廟己酉夏

宣醞于堂賜醲醨杯醲醨盃名飲酒輒吞象此爲杯所以戒酒也觀物閔公箕騎村朴公忠元林塘鄭公惟吉菊碉尹公鉉暨守慶得參宣醞翌日堂僚使守慶作謝箋其一句曰與水精仙桃而並傳于 成宗中廟而並題林塘寫此句於堂中故事錄曰乃實錄也云云此事已過四十九年堂僚皆作古守慶獨存焉嗚呼憎哉壬辰兵亂之後堂府亦久可勝嘆哉

堂姪沈日昇以司饔院參奉爲沙器所監造官謂我曰願作一詩以送則欲寫於杯治而燔造焉作五言絶句曰酒德真堪頌醺醺養太和危觴我寓戒雖願

69

酌無多日昇燔造送之蓋此詩欲戒吾子姪而作敢
望他人覽而遵之酒之爲禍憯矣欲保其身者可不
念哉
明廟壬戌冬　命召金尉朴忠元吳祥暨守慶子政
院　下綃畫長屏次四件各連八幅而空其末幅乃
成川永興義州寧邊府也　教曰金尉成川圖朴忠
元永興圖吳祥義州圖守慶寧邊圖各製記及長篇
詩手寫于空幅以進四人拜伏惶懼而退各於數日
內製寫以進如臣鄭文拙筆至蒙　睿賞何其榮且
幸也前此又有漢陽宮闕圖　命洪暹製記鄭士龍

製長篇詩平壤圖鄭惟吉製長篇詩全州圖李樑製
長篇詩皆是屛畫云向諸　置諸左右將垂不朽而
壬辰兵變應烈焰嗚呼痛哉
徐居正所撰東人詩話曰前朝恭愍王時政丞柳思
菴叔送友人歸田詩曰人間膏火自相煎明哲如公
史可傳已向危時安社稷從平地作神仙更上五湖多
斷烟波緣三逕秋深野菊鮮顧我未能投紱去通来
殘鬢雪飄然辛馳以明哲五湖等語譖于王而殺之
金宗直所撰青丘風雅亦選此詩以為李仁復送柳
淑之作末端註曰末句初曰西風奎士意茫然而恐
圭之筆誤

辛旽見之改曰通來瓊蘂雪飄然徐興金皆文章情覽之人時之先後亦不相遠而記載如此之異何其陋也旽以詩譖王則詩爲柳作明矣

父母三年喪聖人之制也孝子慈孫雖或有哭泣飮食之過於禮期祥服制則無敢有改之者 國喪之制祖宗朝詳定著在令甲歷世遵行非一人私見所可變更者也頃於 王后喪有一藩官倡議以卒哭後百官著烏紗帽黑角帶爲未便 朝廷集議改以白帽白帶莫大之禮卒爲改之誠可寒心大臣禮官恐不得辭其責也

囯喪服制邊不擧哀云者乃是欲令敵人不知有
囯喪也邊將之守喪制則何以異於內地守閫武夫
之輩其於酒食姬妓一如平時誠可愛心 明廟之
嘗余以安邊府使移除南道兵使數月留防于甲山
行營々中有樓名曰定遠余題詩曰自笑浮生設若
年年々飄轉竪係新誰知玉帳孤眠客曾是青樓慣
臥人千里月明難度夜一庭花落已經春白頭盡領
非吾事却恨虛名誤此身是萬曆己巳春也數十年
後聞其詩板尚在云
明廟朝入守慶弘文館爲副修撰又再爲副校理副

應教皆不久而遞癸丑春初爲應教至秋初而遞
上勤御經筵日多三接或爲夜對朴判書啓賢爲翰
林謂守慶曰公之進講辭音可聽其年冬爲奉親求
除富平府使啓賢贈別詩曰講讀當今推第一會須
重覲范淳夫淳夫乃宋侍講祖禹字也程伊川稱其
色溫而氣和開陳是非導人主之意蘇東坡稱其得
講師三昧也如臣駑劣安敢比擬於萬一特詩人之
誕辭耳甲寅秋病遞富平居閑未幾以 特旨除典
翰館員特旨此其初也乙卯五月陞直提學八月陞
爲承旨榮寵近所罕見而未有涓埃之答誠可罪也

厥後非但經筵罕 御館員無二三朔久於職者病
辭相繼識者寒心
宋參政蔡齋喜酒登第壯元日飲醇酎往往至醉大
夫人年高頻憂之賈公餗愛齋之賢而慮其以酒廢
學生疾作詩諷之曰聖君寵擧龍頭選慈母恩深鶴
髮垂君寵母恩俱未報酒如成病悔何追齋矍然起
謝之自是非親客不對酒終身未嘗至醉世之耆酒
者雖父母戒之猶不能聽從蔡公 過客之諷而即
改其過眞可謂賢矣
明廟即位三年戊申春讀書堂同時被選者校理尹

弟

75

杏養正存

春年佐郎韓智源典籍朴氏獻修撰尹潔及佐郎守慶也尹春年甲戌生癸卯式年及第官至判書年過六十韓智源癸酉生甲辰秋別試及第官至校理年未五十朴氏獻丙子生丙午春別試及第官至參判年過七十尹潔丁丑生癸卯式年及第以修撰年三十二死於非命守慶丙子生丙午秋式年及第官至議政年過八十尚無恙守慶於五十中才德最下而官壽最高未知其所以然也官或可以恪勤而致無災孽壽或可以慎攝而致無夭札然大槩甚存分在於賦命而非人為所可容也

宋丞相文潞公彦博保洛日年千八與朝七散大夫
程珦朝議大夫司馬旦司封郎中席汝言為同甲會
各賦詩潞公詩曰四人三百十二歲況是同生丙午年
占得梁園為賦客合成商嶺採芝仙清談亹亹風
生席素髮蕭蕭雪滿　此會從來誠未有洛中應作
畫圖傳余常羨慕之次其詩韻曰潞公同甲四賢名
八十將臨未二年共道洛中多壽考誰知地上有神
仙百齡子野堪追武九老香山可並肩何用畫圖垂
不朽好看詩句至今傳潞公享年九十二程馬席三
公未知其享年幾許而同時洛中以七十八作會亦

77

云奇矣吾同甲丙子生三十五人作契而五十年後
余獨生存賂詩次韻之餘仍為感嘆更賦一首同丙
生人三十五火年為契到衰年光陰逝去多辭世八
十踰來畫作仙戲席寥〻空自嘆孤形孑〻比誰肩
長生之視真難事只有彭聃萬古傳
国朝壯元及第為大提學者權踶鄭麟趾崔恒金安
老鄭士龍鄭惟吉朴淳盧守慎李珥也 祖宗朝藝
文大提學主文而弘文大提學則他人兼之 中廟
朝以後兩大提學一人為之矣兼世謙李荇金安老
為議政後仍帶大提學物議或非之云

禪家師弟間傳道謂之傳衣鉢盖以衣鉢比道也前朝
時门生座主有衣鉢相傳之語以文章比衣鉢也大
提學亦有衣鉢相傳之語 祖宗朝大提學有大硯
面相傳云未知今尚存否也
官至一品年七十以上而繫國家重輕不得致仕者
賜几杖國典也萬曆癸酉四月領中樞府事洪暹既
經領議政以年七十 蒙賜几杖設宴以榮之諸宰
多集 中使及都承旨李希儉賫 宣醞注書李準
陪敎書几杖來右議政盧守愼三宰元混礪城君宋
寅判尹姜暹刑曹叅判朴大立右尹金啓在座而守慶

79

亦以戶曹參判亦參席末時相公大夫人年八十七而領議政宋軼之女相公先君亦以領議政蒙 賜几杖大夫人以領相之女領相之妻領相之母再見此榮寔近古未有之盛事也盧議政於座上作詩曰三從不出相門闌此事如今始有之更枉省中靈壽杖却被堂上老萊衣 恩霑雨露真千載歡接冠紳盡一時何處得來叨席次愧無佳句負龎黃守慶亦作詩曰几杖鴻恩罕世邦相公家慶更無雙傳三議政官槐棘奉大夫人福海江滿座榮光花映席騰空喜氣酒盈鍾(席上有造花二盞宣醞十鍾)一時盛事應須記安得

鋪張筆似杜礪城君家寅即相公表弟也追作記與
排律其餘亦皆追作或長篇或律詩相公令畫史圖
繪其事礪城寫諸作於圖後藏為一家之宝焉大夫
人享年九十四相公享年八十二人世福慶真無進
也
癸酉年忍齋洪相公 賜几杖宴時蘇齋盧相公詩
及守慶詩已録於上矣自癸酉至于今二十五年其
時在座者唯守慶與李準生存而李公官為二品余
官從議政年過八十追憶宴席不勝依〻第以拙詩
即席垂甬頻有未盡今敢點化改作而只恐嫫母粉

歸適足以增其醜耳几杖元因蔭爵堪高门徧荷
聖恩覃二朝繼躋稀年二三代相傳議政三奉大夫
入綬福履遐邀諸宰相盡東南世間榮耀誰如此喧播
應為萬口談忍爾之亂者英乃余女婿也聞其宴席
畫圖失於兵燹故書此以贈使藏之益庶幾於當時
畫圖之萬一也
讀書堂舊有大廳及南樓又有樓北寢房壬子年间
堂僚鄭林塘惟吉朴駱村忠元尹菊硐鉉金東園貴
榮暨守慶議措一堂於樓東甚蕭洒名曰文會後三
十餘年堂負等又措新堂於樓西北池上尤極蕭洒

邀堂之先生爲落成之宴安慶與任知事說起烏堂
負柳校理根李校理恒福李奉教好問在席四美二
難真勝會也酒半余先七作言律五言律諸公各賦
互相酬唱多至數十餘篇只記余先作者而餘不能
記憶昨登瀛洲載前南樓東閣伴神仙身敢閑下
官長繫路隅胡邊夢屢牽勝日猥蒙招舊物華堂夜
得赴初筵眼中風景渾如昔愧之題詩筆似椽幾年
思舊館今日賞新堂樹影三層砌天光半畝塘鶴凝
初鶴舞荷老尚含香盡日忘歸去寧辭詠且觴是萬
曆丁亥八月念五也時任知事年七十八余年七十

83

二柳校理年三十九李校理年三十二李奉教年三十八繪畫題名而各藏焉自丁至今十一年柳公兩李公官皆二品余亦官一品尚不死而書堂丘墟於兵燹不可復作斯文之會可勝嘆哉

俞議政松塘官二品時作別墅於廣州龍津邊無愁洞名曰退憂亭求詩於宰列朴議政思菴首題七言律盧議政蘇齋鄭議政林塘金議政東園李議政鵝溪及他宰相多和之守慶亦和曰纔出塵寰便是仙無愁洞裡別藏天黑頭勳業酬 恩日青嶂栖遲乞退年誰識世間忙歲月幾思方外好山川從君拂袖吾

將央啓去寧須負廓田林塘終不得退去年七十二
而卒守慶京於官二品年七十之後累乞退休而不
得請過八十僅得請爲若於數年前死亡則乞退之
志終不得遂今之得啓豈非天賜之幸歟乃次前詩
日怊悵松塘已作仙行藏修短摠關天荒園乞退多
今日別墅求詩憶昔年得喪桑田迷似夢光陰無耐
逝如川莫言雲里飛仙多雲啓來晚生計猶存數畝田庶
孽能文者　祖宗朝魚無迹曹伸名於世近世權應
仁亦有名而其文未售於用已爲作古良可惜也
平時與我酬唱頗多十年前寄我二律次韻送之權

詩不能記只記拙作處世真同醉失儀百年心事竟

誰知死生脩短皆閑数榮辱憂歎各有時病骨支離

侵壽賦華銜慚愧亞台司致　君謀国何能得自料

投閑分是宜明月長看照兩鄉相思千里鬢成霜不

堪風雨趁香土室羡圖書臥草堂下榻末由逢孺子

觀魚安得共濠梁窮通且可安天賦只恨良工棄豫

章

凡人官職之除雖是銓曹擬才擬授而實由於天之

賦命非人之所能為也世稱司憲府司諫院弘文館

官負政府吏兵曹郎廳為清要之職又稱二相三四

宰六曹判書八道監司兩界兵使開城留守承旨耆
華顯之職守慶遍歷三司官政府吏兵郎又歷二相
三四宰戶禮兵刑工曹判書江原忠清全羅慶尚咸
鏡京畿監咸鏡司上南道平安兵使留守承旨本無才
德物可堅固稱其職而屢歷如此豈非由於賦命乎世
武有欲以智力得之者斯可謂不知命也
守慶年十三家君見背賴慈母教育得至成立宦達
名遂常懷榮養報恩之志嘉靖乙丑夏得除開城留
守丁卯夏秩滿還朝其秋又求爲安邊府使戊辰夏
移除南道兵使己巳夏移拜本道監司辛未夏秩將

87

300 청천당 심수경 견한잡록

滿病辭而歸首尾七年四處甘旨之供火償宿債敢何
其幸也親年八十六遽抱風樹之慟昊天罔極而已
慈氏平生教訓嚴切凡於官府州郡獄訟之間一無
芭苴干請之事復政臨民免被譏謗宲由於無忝所
生官極品而壽過八旬豈是父母之餘慶耳
林參議億齡號石川海南人爲詩俊逸淸新早名於
世乙巳之禍與其弟百齡志意不同未參衛社勳而
猶仕于朝晚除潭陽府使作詩曰朝趍世閙暮南州
竊比明時僞許由縱跡似雲歸武卷行藏如水止還
況何妨混世陶腰折遲悔爭名羿轂遊歸老海邊吾

已決黃花朱橘故園秋又曰吏散庭空鳥印蹤杏花
疎影月明中白頭剛厭烏紗帽客去而懸客至籠
世之儒生好卜者滔滔余於平生一不問卜蓋以李
淳風邵康節雖得以過矣卜者言吉凶未必可信而
聞某年吉則或有僥倖待吉竟無其驗聞某年凶則
或有憂懼憂疑竟無其驗豈非無益而有害乎儒生
或有自以爲善推卜善人之吉凶亦非苟所爲也
地理風水之說杳然虛誕不足取信而或有有拘於
其說過時不葬其親者或有久遠祖先之墓掘而遷
葬者極爲無謂　世宗朝宰相魚孝瞻上疏極陳風
圭之

水之明澈白正大奠其父母於家園之側其子政丞
世讓奠其父母亦不擇地其家法如此誠可歎服也
高麗代諸陵皆用一山中朝歷代諸陵亦用一山其
必有定見矣
東湖楮子島絶勝也前朝政丞韓宗愈爲別業退老
其詩曰十里平湖細雨過一聲長篴滿蘆花直將金
鼎調羹手還把漁竿下晩沙簞衫短帽繞池塘滿岸垂
楊送晩涼散步歸山月來上杖頭猶襲露荷香詩亦
好矣奉恩寺在島西一里許昔年余於湖堂　賜暇
時乘舟泊島頭訪寺而還江邊漁村杏花盛開春景

正佳舟中有作東湖勝槩衆人知楮島前頭更絶奇
蕭寺踏穿松葉徑漁村看盡杏花籬沙暄草軟飛鳶
睡浪細風微一棹移春興春愁吟未了柳鷗亭畔夕
陽時今過四十年餘而無復往賞不勝其依依也柳鷗
亭在島西數里故相韓明澮別業亦以勝名
京城中名園非止一二而李亭成洗心亭最勝園中
有臺臺下清泉濺濺傍邊有山杏樹不知其數當春
盛開爛熳如雪他余花卉亦多李公頗知作詩每邀
客吟賞余亦屢往有上舍李宏欲賞勝甚遂其門李
適卧病不出見宏大書一句於門屏曰階前緣竹雖

91

醫俗臺下清川未洗心一時傳笑壬辰初春余到友
人家見李公婢彈琴(書)者在席余題一絶付婢使呈
其主曰彈琴可聽誰家女月洗洗心臺下人要待第株
山杏發為携畫酒去尋春其後仍遭兵亂臺之勝不
復賞矣
高麗時拙翁崔瀣稼亭李穀牧隱李穡樵隱李仁復
與寧君安軸皆登第於元朝而瀣才高志高不遇於
時終居鄉子山下自著猊山隱者傳而李穀為元朝
翰林国史院檢閱終為本国贊成事穡為元朝翰林
知制誥終為本国侍中仁復為本国檢校侍中軸亦

爲賛成事穀乃韓山鄉吏而穡即其子也仁復乃星
山鄉吏兆年之孫世稱賢人寄元朝同年馬彦翬承
旨傅子通學士詩曰每向瓊林懽醉歸賜花春幾影
雖〻別來更覺交情厚老去安知世事非駑鈍尚慚
懷棧至鵰危誰復顧藩籬請君莫笑東東西海上三
峰叢翠巘佔畢齋載此詩於青丘風雅註曰是時元
朝方亂末句招二人避地東來也云承旨學士乃皇
帝近侍秩高之官仁復雖曰同年托厚以外國之人
安敢招來乎竟末句則別無招來之意未知佔畢何
據而爲是註耶

萬曆辛卯秋耆老堂上只金領府事貴榮姜知事暹及守慶在焉宋同知贊睦左尹詹申參判湛李大司成堅皆以從二品入參而後入諸公歡輪設作會宋公先設金領府事睦左尹及守慶參會而申參判李大成有故未參守慶於席上賦詩曰鄰翁設席趂秋藍會得耆英有足觀紅顏白鬢花壓帽繡屏羅幕妓團欒風流適自三韓舊氣像真同九老歡最賀主人踰八袠世間茲事見之難諸公各和而不能記壬辰經亂已平丁酉惟宋公李公及余生存而耆老之會未能復作可勝嘆哉

94

正德丁丑年吾先君與季父默齋公一榜登第癸未
年間金明胤與其弟弘胤連榜登第而弘胤爲壯元
南袞送賀詩於金之父二相克愊兼視吾祖父逍遙公
曰二子登科世共誇壯元門户更光華光山金與豐
山並知是從前積慶多光山即金之本貫豐山即吾
沈之本貫也守慶以不肖又僥倖登第而子孫更無
登第者金門亦無登第者豈積慶之證亦驗於先世
而不驗於後世耶抑兩門皆衰子孫自不力於學業
耶
盧相國蘇齋有石假山十青亭求詩於宰列守慶賦

之曰墻下嵯峨作假山山前一掬水堪坐朝嵐暮靄
尋常裏衆壑群峯咫尺間曲清時時留鳥篆幽溪處
處着苔班不須嵩 規遊遍長對孱顏獨閑閱十樹
冬青擁一亭青青不改更青青寒聲遶爲風過戶窓
影交加月滿庭梅柳爭時嬌秀色雪霜嚴裏轉青形
世間何限榮枯事看取高標有典刑相国笑覽而不
棄爲竹知青也而不與十青之列盖竹有时而枯非
十青之比也人或言相公之取舍稍似未穩也
盧相国蘇齋七十歲甲申元日作詩曰寓也敢而免
陋然到者稀誰從聖人欲久昧大夫非一理君臣契

深秉老病逮只應梅柳色依舊八露衣守慶七十歲
乙酉元日次盧韻曰斗覺新年至誰言七十稀他經
榮與落多耐是兼非循極天應定行休理敢違思量
乞身事準擬解朝衣將歡乞退而述懷也八十歲乙
未元日又前次韻曰人生稀七十八十更應稀歡擧
武公式曾知遷蹉非貪是身局束乞退事乖違志恥
何時遂嗟哉食與衣果度乞退未蒙恩許以詩示西
郊公西郊和之其一聯曰城內仍留是林間欲去非
蓋以兵亂未止似難退在鄉村故其詩云云余復作
而示之曰齊祿人皆享期頤古固稀仍留果爲是欲

97

去未應非晚節尤宜退和心詎肯遲妖氛何日 唯
望一戎衣丙申冬末乃始蒙 恩休退餘生不多休
日幾何然猶降債志願死應瞑目矣
嘉靖庚戌春伯父為大丘府使余以吏書佐郎作散
仕者之永川河陽皆其隣邑也永川郡守金斯文乾
文河陽縣令閔斯文箎而閔公曾有文分一日來巷
到府謂余曰永川明月樓世稱勝槩盡往觀乎余辭
以郡守不相識散人遊賞非便閔公強之挽以往則
樓果有勝槩登覽之餘設小酌談話金閔兩公請余
賦詩余辭以不敢強請猶不輟酒闌金公寫出七言

律詩一首曰平生不作詩而要觀高作敢為此弱者先手耳余於席上即和之翌日臨還聞昨日金詩乃板上古作謄書為己作以欺余也相與大噱以別厥後謁趙參判士秀公於其第曰公頃者按節嶺南到永川見樓上有及詩其一聯曰黃鳥一聲春色晝靑蕪十里夕陽邊頗佳云蓋金公以余拙詩為懸板也越十餘年癸亥春按節到永詩板尚在而金閔兩公皆作古不能無感旧之懷矣

高麗李奎報陳澕文章動一時翰林別曲所謂李正言陳翰林雙韻走筆即奎報與澕也兩人以走筆齊

99

名李官至太保平章事陳官至右司諫其年壽長短
未能知也徐居正所撰筆苑雜記曰東国筆法金生
爲第一姚學士堯一僧坦然靈業亞之李奎報詩論
以崔忠獻爲第一坦然爲第二柳紳爲第三阿附權
貴非公論也若以阿附權者得名則文章何足視哉
其杜门詩曰爲避人間謗議騰杜门高臥髮鬅鬙
如蕩々懷春女漸作寥々結夏僧兒戲牽衣聊足樂
客敲來戶不須應窮通榮辱皆天賦斥鷃何曾羡大
鵬當時亦必有重讀矣
世宗受禪於魯山尊魯山爲上王朴彭年成三問柳

誠源李塏河緯地兪應孚及金礩三問父勝上王之
舅權自愼等潛謀復上王約議擧事之日失其事機
金礩知事不濟馳告其妻父鄭相國昌孫 詣闕上
變金礩錄功餘皆被誅約事失機金礩告變皆天也
豈人爲哉當初 世祖誅安平大君及大臣金宗瑞
等爲靖難功臣之時彭年三問以集賢殿官宿衛循
例叅勳三問礩之功臣等論設宴會三問獨不設及
其受禪三問以禮房承旨持國寶失聲痛哭 世祖
若疑其獨不設宴失聲痛哭之情而詰問之則豈不
殆哉三問之處事可謂迂矣彭年爲忠淸監司凡於

101

上達啓目不書臣字只稱朴某非止一再 世祖若
察悟而詰向其不書臣字之情則豈不殆哉彭年處
事亦遠矣欲舉大事而處事之遠若此安可保其不
敗露乎南秋江孝溫所撰六臣傳罕傳於世人之見
者亦不多矣彭年文章中潛筆法高妙三問以 世
宗朝重試壯元榮寵比至名望亦重誠源塏緯地皆
世宗寵愛之人應孚武人宰相也 世祖爲領議政
時設宴於政府彭年賦詩曰廟堂深處動哀絲萬事
如今惣不知柳綠東風吹細々花明春日正遲々
先生旧業抽金櫃聖主新恩倒玉巵不樂何爲長不

樂慶歌醉賦太平於

科場借述法禁甚嚴而嗜利無恥之輩犯者滔滔士

風不美 謁聖後製述取人 祖宗朝以後漸為頗

數急遽紛擾之間非但取之不精借述得中者亦多

矣 以廟朝有外戚權臣之子李廷實未習舉業而

借述為壯元顯敍華要公論竟寢至於制戒當世又

有呂繼先借述於文士韋天軫為壯元事露訊鞫亦

至削科 國家養士為如何哉 謁聖後試 親臨

命官試講經書如古之抽經問難式 賜第式 賜

賞則亦足以慰悅多士製述取人勿為之恐是得體

吾祖父作堂於陽川縣東北孔巖西江岸上名曰逍遙其形勝爲漢江以下諸江亭榭之最一時名士題詠滿楣南袞有二律其一曰水從驪漢山從華盡向亭前更致奇孤島巧當江闊處長烟遍起月生時望中京口看猶似夢裡帆迴到自疑天欲逍遙寧遜他年長往贅垂緣張斯文玉以四六作序五六十句人稱佳作比之滕王閣序其起頭曰巴陵縣北漢陽城西三島(九岩及二十島)浮來天鼇戴三十里長江流下海口千尺斷岸走入波心又曰天香滿袖遠飄西湖之風江雨入顏微醒北關之酒警句甚多余少時覽之

及第狀元此誠難事而李石亨申從濩李珥尤難也
一家疊爲狀元及第者金訢金銓兄弟及訢之子安
老皆爲狀元金千齡金萬鈞金慶元連三代爲狀元
蔡壽及女壻金安老李耔皆爲狀元誠罕有之事也
國朝五子登科者無幾其父母生者 賜米死者
贈爵法也李禮長智長誠長孝長恕長皆文科安重
厚謹厚敦厚文科寬厚仁厚武科李苞苻薇文科蓍
登武科尹皓晫暾晌曙皆文科四年內連登 父母
尤奇也又有沲達源遠源逢源遹源皆文科而連源
爲重試逢源爲英擢試達源早死其子銓爲重試誠

遣閑

遣閑雜錄

沈守慶撰

國朝科擧疊爲狀元者無幾鄭撝趾爲及第重試狀元南季瑛爲生員及第狀元李石亨一年爲生員進士及第狀元而初試皆狀元金守溫爲拔英試登俊試壯元金訢爲進士及第狀元申從濩爲進士及第重試狀元裵孟厚爲生員進士狀元金千齡爲進士及第狀元金克成爲生員及第狀元金絿爲生員進士狀元梁應鼎爲生員重試狀元金弘度爲進士及第狀元李珥一年爲生員及第狀元生員初試及第覆試皆狀元丁胤禧爲及第重試狀元姜紳爲進士

3

2

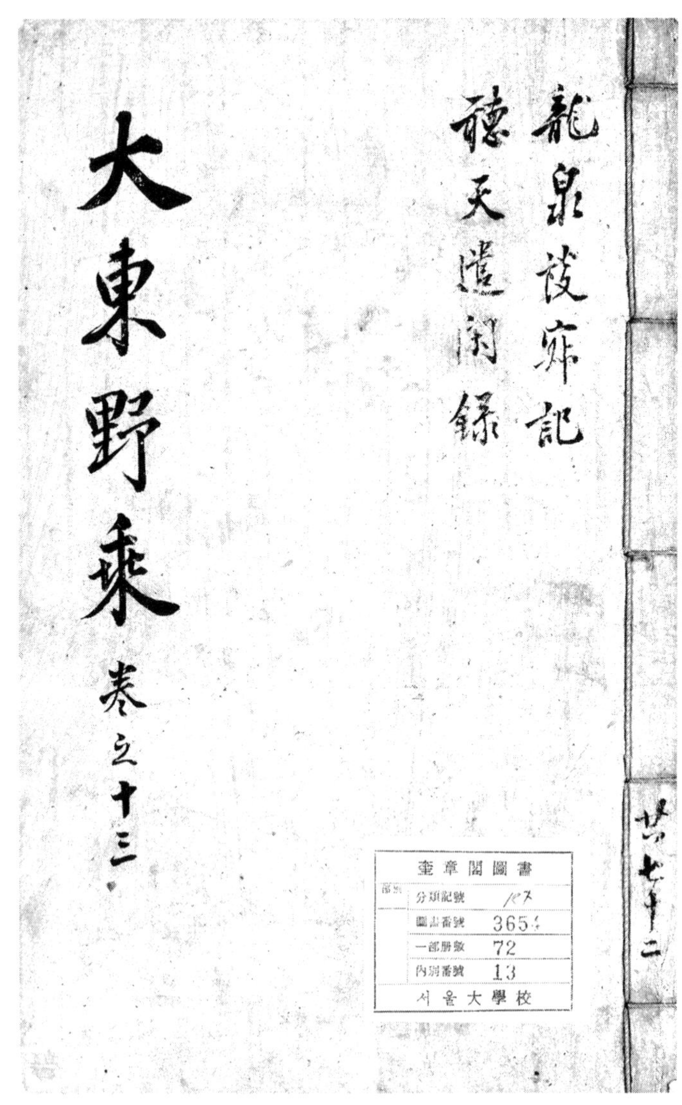

1

견한잡록

遣閑雜錄

영인 자료

《대동야승》 권13, 서울대학교 규장각한국학연구원 소장

여기서부터 영인본을 인쇄한 부분입니다. 이 부분부터 보시기 바랍니다.

역주자 신해진(申海鎭)

경북 의성 출생
고려대학교 국어국문학과 및 동대학원 석 · 박사과정 졸업(문학박사)
전남대학교 제23회 용봉학술상(2019) ; 제25회·제26회 용봉학술특별상(2021· 2022)
제6회 대한민국 선비대상(영주시, 2024)
현재 전남대학교 인문대학 국어국문학과 교수

저역서 『기재 박동량 임진일록』(2024), 『남천 권두문 호구일록』(2023)
『말의 기억』(공저, 2023), 『구포 나만갑 병자록』(2023)
『팔록 구사맹 난후조망록』(2023), 『이탁영 정만록의 임진변생후일록』(2023)
『용주 조경 호란일기』(2023), 『암곡 도세순 용사일기』(2023)
『설하거사 남기제 병자사략』(2023), 『사류재 이정암 서정일록』(2023)
『농포 정문부 진사장계』(2022), 『약포 정탁 피난행록(상·하)』(2022)
『중호 윤탁연 북관일기(상·하)』(2022), 『취사 이여빈 용사록』(2022)
『양건당 황대중 임진창의격왜일기』(2022), 『농아당 박홍장 병신동사록』(2022)
『청허재 손엽 용사일기』(2022), 『추포 황신 일본왕환일기』(2022)
『청강 조수성 병자거의일기』(2021), 『만휴 황귀성 난중기사』(2021)
『월파 류팽로 임진창의일기』(2021), 『검간 임진일기』(2021)
『검간 임진일기 자료집성』(2021), 『가휴 진사일기』(2021), 『성재 용사실기』(2021)
『지헌 임진일록』(2021), 『양대박 창의 종군일기』(2021), 『선양정 진사일기』(2020)
『북천일록』(2020), 『괘일록』(2020), 『토역일기』(2020)
『후금 요양성 정탐서』(2020), 『북행일기』(2020), 『심행일기』(2020)
『요해단충록 (1)~(8)』(2019, 2020), 『무요부초건주이추왕고소략』(2018)
『건주기정도기』(2017)
이외 다수의 저역서와 논문

청천당 심수경 견한잡록
聽天堂 沈守慶 遣閑雜錄

2024년 5월 7일 초판 1쇄 펴냄

원저자 심수경
역주자 신해진
펴낸이 김흥국
펴낸곳 도서출판 보고사

책임편집 이경민
표지디자인 김규범

등록 1990년 12월 13일 제6-0429호
주소 경기도 파주시 회동길 337-15 보고사
전화 031-955-9797(대표)
팩스 02-922-6990
메일 bogosabooks@naver.com
http://www.bogosabooks.co.kr

ISBN 979-11-6587-699-9 93910

정가 25,000원